유아교사-되기 운동

유아교사론 ^{2판}

| 이경화 · 손원경 · 남미경 · 정혜영 · 김남희 · 손유진 · 정혜영 · 이연선 공저 |

학지사

머리말

   2018년 3월, 『유아교사론: 유아교사-되기 운동』의 첫 선을 보이며 저자들은 이렇게 말했습니다. 이 책은 유아교사-되기(becoming)에 대한 우리의 이야기이며 하나의 실험이자 운동이라고 말입니다. 최근 몇 해 동안 국가 수준 유아교육과정의 패러다임에는 큰 변화가 있었고, 그 어느 때보다도 유아교육을 둘러싼 담론들이 다양하게 펼쳐져 왔습니다. 이러한 흐름과 마주하며 만들어진 또 하나의 실험이자 운동으로 책의 내용을 일부 개정하게 되었습니다.

   이 책의 쓰기/읽기에 관해 저자들의 몇 가지 생각을 말하고자 합니다. 첫째, 이 책은 '유아교사 알기' '유아교사 되기' '유아교육 하기'의 3부로 구성되어 있습니다. 제1부에서는 교육의 의미와 유아교사의 삶을, 제2부에서는 유아교사의 지식, 발달, 전문성을 바탕으로 유아교사의 되기 과정을, 제3부에서는 유아와 유아교육과정, 시간과 공간, 정책 등 유아교육 실천에 관해 이야기하였습니다. 이 짜임은 '유아교사론'의 내용을 편의상 묶은 것일 뿐, 독자는 이 책을 순서대로 읽지 않아도 됩니다. (예비)교사로서 자신의 관심과 의식의 흐름에 따라 각 장을 넘나들며 사유의 즐거움을 경험하면 좋겠습니다.

   둘째, 저자들은 유아교육의 다양한 담론을 이 책에 품고자 노력하였습니다. 유아교육 분야에서 익숙해진 이론과 개념을 언급하는 한편, 상대적으로 소외되어 왔던 비판교육학적 관점이나 오늘날 교육 현실에서 작동하고 있는 포스트모던 관점, 포스트휴먼 관점, 복잡계 관점, 해체/탈구조적 관점 등을 함께 담았습니다. 낯선 이론이나 개념을 설명하기보다 다양한 시선으로 풀어낼 수 있는 질문들을 제시하였고, 함께 생각을 나누는 과정에서 여러분 스스로 사유하기를 바랍니다.

셋째, 이 책에는 여러 사람의 목소리가 담겨 있습니다. 교사의 목소리, 아이의 목소리, 연구자의 목소리를 들으며 독자들이 끊임없이 이들과 대화를 나눌 수 있으면 좋겠습니다. 그들의 목소리가 말하고자 하는 것이 무엇인지, 그리고 그것이 자신에게는 어떤 의미가 될 수 있을지 고민하기를 권합니다. 또한 각 장의 내용을 그대로 받아들이기보다는 질문을 던지고 다시 만들어 볼 수 있기를 기대합니다. 그리하여 각자가 자신만의 『유아교사론: 유아교사-되기 운동』을 다시 쓸 수 있기를 …….

오랜 인연으로 유아교육을 공부하고 함께 대화를 나누어 왔던 저자들은 이 책을 통해 유아교사들 그리고 유아교사가 되고 싶은 사람들과 만나고 싶습니다. 초판의 머리말에서도 밝혔듯이, 이 책은 앞으로 여러 번의 개정을 거친다 하더라도 완성의 순간이 없는, 비(非)완성의 실험과 운동이 될 것입니다. 우리의 이야기 또한 결코 완성되지 않을 겁니다.

떠다니는 호흡들, 움직임들, 물질들이 마주치며 만들어 내는 흐름 속에서
2020년 2월 저자들 씀

Chapter 4 유아교사의 자기돌봄

PART 02 유아교사 되기
Becoming Early Childhood Teacher

Chapter 5 유아교사의 지식

Chapter **6** 유아교사의 발달

Chapter **7** 유아교사의 전문성

PART 03 유아교육 하기
Doing Early Childhood Education

Chapter 8 유아에게 귀 기울이기

Chapter 9 유아교육과정 만들어 가기

Chapter 10 유아교육의 시간과 공간 읽기

Chapter 11 유아교육 공동체 만들어 가기

Chapter 12 유아교육 정책에 참여하기

● 부록

PART
01

유아교사 알기

Knowing Early Childhood Teacher

Movement in Early Childhood Teacher Education

Chapter

I

교육과 교사

교육(教育)은 무엇인가? 말 그대로 가르치고 기르는 일이다. 또한 교육은 배움을 전제로 하는 동시에 배움이란 결과를 만들어 내는 의도적·비의도적 행위이다. 무엇을 어떻게 가르치고 무엇을 어떻게 배우는지는 교육의 본질에 관한 것으로, 서로 분리해서 생각할 수 없다. 한편, 교사(教師)는 누구인가? 교육하는 사람, 즉 가르침과 배움의 행위에 관계하는 사람이다. 미래에 교사가 될 사람 그리고 현재 교사인 사람 모두는 가르침과 배움의 행위의 의미를 끊임없이 질문하고 성찰해야 한다.

이 책은 가르침과 배움의 일에 종사하게 될 예비유아교사들, 그리고 가르침과 배움의 일을 하며 살아가고 있는 현직 유아교사들을 위한 것이다. 그 시작을 교육에 대한 이야기로부터 출발해 보려 한다. 교육의 행위, 즉 가르침과 배움의 의미를 생각해 보고 교사를 바라보는 여러 시선을 살펴볼 것이다. 독자가 현재 하고 있는 일 또는 미래에 하게 될 일의 의미를 스스로 찾고 만들어 가기를 바라며 첫 장을 시작한다.

1 가르침과 배움의 의미

가르친다는 것은 배움을 불러일으키는 사건이나 경험이다(Davis, Sumara, & Luce-Kapler, 2008/2017). 누가 무엇을 어떻게 가르치는가는 곧 누가 무엇을 어떻게 배우는가와 직결된다. 그렇다면 어떠한 가르침과 배움이 참되고 의미 있는 것인가? 가르침과 배움에 관한 이야기를 읽으면서 자신의 생각을 살펴보자.

생각 나누기

🔁 다음 글을 읽고, 가르침과 배움에 대한 자신의 생각을 발표해 봅시다.

교육의 요체는 스스로 훌륭하게 산다는 것, 즉 자신이 자신을 교육한다는 데에 귀착한다. 오직 이 방법에 의해서만 사람은 타인을 감화하고 교육할 수 있다.

✔ 송순재 외(2002: 7)

아이들을 믿어야 한다는 것이다. 모든 교육이 여기서 시작된다. 교육목표를 찾을 때, 교육방침을 세울 때, 교육방법을 생각할 때, 그리고 교육을 실천할 때 아이들을 믿지 않으면 그 모든 것이 거짓이 된다.

✔ 이오덕(2005: 74)

배운 다음에야 자신의 부족함을 알고, 가르친 다음에야 자신의 문제점을 알게 된다. 부족함을 알고서야 스스로 반성할 수 있고, 문제점을 알고서야 스스로 강해질 수 있다. 그러므로 가르침과 배움은 서로가 서로를 성장시킨다(敎學相長).

✔ 『예기』의 '학기'

인(仁)을 좋아하면서도 배움을 좋아하지 않으면 그로 인한 잘못된 결과는 '미련함'이고, 지혜를 좋아하면서도 배움을 좋아하지 않으면 그로 인한 잘못된 결과는 '허황됨'이며, 믿음을 좋아하면서도 배움을 좋아하지 않으면 그로 인한 잘못된 결과는 '해로움'이고, 곧음을 좋아하면서도 배움을 좋아하지 않으면 그로 인한 잘못된 결과는 '각박함'이며, 용맹을 좋아하면서도 배움을 좋아하지 않으면 그로 인한 잘못된 결과는 '무질서'이고, 굳셈을 좋아하면서도 배움을 좋아하지 않으면 그로 인한 잘못된 결과는 '멋대로'이다.

✔ 『논어』의 '양화'

혼히, 가르침과 배움을 논할 때 자주 등장하는 질문들이 있다. 교육의 목적은 무엇인가? 다시 말해, 교육은 무엇을 지향하는가? 그러한 교육의 지향을 위해 교육에 포함되어야 할 내용은 무엇인가? 교육의 내용을 풀어 가는 방법은 어떠해야 하는가? 교육의 목적이나 지향에 따라 무엇을 어떻게 평가해야 하는가? 등이다. 교육의 주 목적이 학문의 전승(transmission)에 있는지 학습자의 자아실현에 있는지 등에 따라 교육의 내용이나 방법, 평가의 모습은 다양하게 나타날 것이며, 교사에게 기대하는 역할이나 역량(competence) 또한 매우 상이할 것이다.

이 책을 읽고 있는 여러분은 교육의 목적을 무엇이라고 생각하는가? 무엇을 어떻게 가르치고 배워야 한다고 생각하는가? 바람직한 교사의 역할과 그 역할을 수행하는 데 필요한 능력은 무엇이라고 보는가? 예비교사로서 그리고 현직교사로서 교육의 본질을 둘러싼 질문들을 스스로에게 끊임없이 던져 보기 바란다.

2 교사를 바라보는 관점

교사는 누구인가? 좋은 교사는 어떠해야 하는가?와 같은 질문은 교사를 바라보는 관점에 대한 것이다. 이러한 질문에 대한 답은 교사에게 기대하는 역할과 역량에 따라 다양할 수 있다. 학습자와의 진정한 인간관계를 맺는 것을 교사의 가장 중요한 역할이라고 보는 입장도 있고 학습자에게 지식과 기술을 효율적으로 가르치는 교수 능력에 초점을 맞추어 교사를 판단하는 관점도 있다. 여러분은 어떠한 시선으로 교사를 바라보고 있는가? 자신의 관점을 알아차리고 그러한 관점이 어디에서 비롯된 것인지 성찰하는 것이 필요하다.

다음에 소개하는 교사를 바라보는 관점들은 교사에게 기대하는 역할이나 역량을 중심으로 구분 지은 것으로, 각각의 관점이 상호배타적이거나 위계적 관계에 있는 것은 아님을 전제하고 읽기 바란다.

1) 영성이 충만한 사람

가르침의 소명을 받은 교사는 다른 어떤 것을 가르치는 사람이기 전에
먼저 자아를 가르치는 사람이다.

Palmer(1998/2013: 2)

좌절을 극복할 수 있는 확고한 신념과 용기를 지닌, 영성적으로 성숙한 사람을 훌륭한 교사로 추구하는 관점이 있다. 이때 영성은 종교적 개념을 넘어 실존적 차원에서의 영성을 의미한다. 영적 성숙은 자아의 확립과 실현과 같은 개인의 실존적 자각을 포함하며, 나아가 우리 자신과 보이지 않는 신비적이고 놀라운 어떤 거대한 것과의 연결성과 통합성을 깨닫는 것을 말한다. 영적으로 성숙한 교사는 학습자의 전인적인 성장을 위해 그리고 동료 및 선후배 교사들과의 인격적 관계를 위하여 상당한 시간과 에너지를 투자하며, 동시에 교실과 교내에서 자신이 속해 있는 교육기관의 교육이념에 충실한 업무 수행을 보여 준다. 또한 학생들이 자신의 내면세계와 만나도록 돕고, 신뢰와 용납의 분위기로 충만된 공동체를 구성할 수 있다(심은주, 이경화, 2016).

이러한 관점에서 Parker J. Palmer(2003)는 전인(a whole person)으로서의 교사의 중요성과 영혼의 교육학(pedagogy of the soul)을 강조하면서, 교사들을 위한 영성교육 프로그램(Courage to Teach: CTT)을 개발하여 실제 교사교육을 실천하였다. 그는 내면의 목소리에 귀 기울이기 위해 교사는 고독과 침묵, 명상적 독서와 산책, 일기 쓰기 등을 통해 '자기 자신에게 말을 거는 방법'을 찾아내라고 조언한다(Palmer, 1998/2013). 국내에서는 유아교사의 일터영성을 함양하는 교사공동체 활동을 개발, 운영함으로써 교사들의 영성 함양 과정을 보고한 연구(심은주, 2016)가 발표된 바 있다. 이들은 교사의 영적 성숙을 지향하는 관점에 바탕을 둔 연구 및 실천의 예라 할 수 있다.

2) '나-너'의 관계를 맺는 인격자

교사는 자기와 같은 인간에게 흉금을 터놓고 의견을 소통하는 살아 있는 전인(全人)이 되어야 한다. 살아서 움직이는 교사의 생동력은 아주 강력하고 순수하게 학생들에게 스며들어 영향을 미치게 된다.

✔ Buber(1947/1979: 180)

교사의 인간성을 강조하면서 교사의 역할을 교사-학생 간의 진정한 관계 맺음이라고 보는 관점이 있다. 실존철학자인 Martin Buber의 '만남의 철학'은 이러한 교사관과 관련이 깊다. 즉, 교사는 학생과 '나-그것'이 아닌 '나-너'의 진정한 관계를 맺어야 하며, 그렇게 되기 위해 교사는 학생을 수단적·도구적 존재로 보지 말고 동등한 인격자로서 대해야 하며, 교사 스스로가 인격적인 모범을 보여야 한다는 것이다(강선보, 1992).

돌봄의 윤리를 주장한 Nel Noddings(2002) 또한 학생들과 인격적 관계를 맺고 학생들 돌보는 사람으로서의 교사의 역할을 강조하였다. 교육을 관계성, 상호의존성, 책임, 사랑의 실천, 사유 과정을 수반하는 돌봄 활동이라고 주장한 그는 학생들의 요구에 반응하기 위해 전념하는 돌봄의 실천을 교사의 중요한 역할이라고 보았다.

3) 사회 개선에 참여하는 비판자

> 가르치는 일은 교사의 입장에서 보면 끊임없는 준비와 자기개발을 요구하는 작업이다. 이러한 개발은 자신의 실천을 비판적으로 분석하는 능력에 달려 있다.
>
> ✔ Freire(1998/2000: 71)

비판교육학에서 지향하는 교사는 그 역할을 학교 안으로 국한하지 않고 사회 상황과 관련지어 바라본다. 브라질의 교육실천가이자 비판적 교육학자인 Paulo Freire(1998/2000)는 교사를 고정적·정태적 존재로 여기거나 구획화되고 예측 가능한 것처럼 바라보아서는 안 된다고 주장하였다. 그는 학생들에게 내용을 '주입'하는 은행저금식 교육을 하는 것이 교사의 임무가 아니라고 강조하면서, 해방교육, 문제제기식 교육, 자유를 실천하는 교육을 주장하였다. 그가 지향하는 교사는 겸손하고 개방적인 자세로 끊임없이 이전의 생각을 재고하고 자기 입장을 기꺼이 수정할 용기를 가지고 있는 사람이다. 또한 학생들에게 사회 변화를 가로막는 장벽을 깨고, 갈등을 통해 의사소통하며, 다양한 관점을 고려할 수 있는 능력을 키워 주는 교육을 하는 것을 교사의 역할로 본 것이다.

이러한 관점에서 볼 때, 교사교육은 이론적 지식을 배우는 데 목적을 두지 않고, 예비교사나 현직교사들이 사회문제에 직접 참여하고 정책이나 교육실제에 대해 비판적으로 목소리를 내고 개선해 나가는 데 중점을 둔다. 일례로, 의미 있는 사회봉사와 학구적 성격의 학습을 결합하는 봉사학습은 교사교육에서 이러한 관점을 반영한 예라고 할 수 있다(이경화, 김정숙, 2016). 이와 관련하여 현행 교사자격 취득을 위해 교사교육과정에서 이수해야 하는 '교육봉사'의 본질적 의미를 숙고할 필요가 있다. 사회의 소외계층과 다양한 삶에 대해 이해의 지평을 넓히는 경험은 미래에 교사가 될 사람들에게는 매우 중요하다. 교육봉사는 교육기관에 국한하여 단기집중적으로 실시되는 학교현장실습과 차별화되어야 할 것으로, 예비교사들에게 진정한 의미의 봉사학습을 통해 사회에 참여할 수 있는 기회가 되어야 할 것이다.

4) 수업을 잘하는 교수전문가

> 최상급 강의는 학생이 한 질문에 다른 학생이 답하도록 유도하는 것이다.
>
> ✓ 조벽(2008: 58)

교사의 가장 중요한 역할을 수업(授業)이라고 생각하는 관점이 있다. 즉, 교수전문가로서 교사의 역할과 능력을 강조하는 입장이다. 수업을 학생에 대한 처방으로 보면서, 교사는 학생들에게 최대한 효과적/효율적으로 학습이 이루어질 수 있도록 교수행위자로서 최선을 다해야 한다고 본다. 교수자로서의 교사 역할을 강조하는 관점은 교사중심, 교수중심, 수업중심, 계획중심의 교육과정 지향과 밀접히 관련되어 있다. 이러한 관점에서 좋은 교사는 수업을 어떻게 설계하고 관리할 것인지 지속적으로 관심을 가지고 훈련받아야 하며, 교과(지식)와 다양한 수업기법을 익히기 위해 노력하는 교사라 할 수 있다.

한편, 오늘날 창의융합 시대에서는 교수전문가로서의 교사에게 단순한 지식이나 기술의 전달 역할 그 이상을 기대하고 있다. 교사는 학생들의 자발적 열정을 자극할 줄 알아야 하고, 기술과 지식 습득을 도와주어야 하며, 학생들이 실험하고 질문을 던지고 독창적인 사고를 할 수 있도록 격려할 수 있어야 한다(Robinson, 2015/2015).

5) 교육과정을 상상하고 변용하는 예술가

> 가르치는 일은 그 일이 예술적 경험이라는 점에서, 수업의 질에 대한 조정이 예술적 감각에 의존하고 있다는 점에서, 일상적 행위가 아니라 창조적 행위라는 점에서, 그리고 목표가 그 과정 속에서 이루어진다는 점에서 예술이다.
>
> ✔ Eisner(1979/1983: 49)

　교사는 이미 정해진 설계도에 따라 일을 처리하고 진행하는 노동자가 아니라, 상황이나 맥락에 따라 자율성을 발휘해서 교육을 창안해 나가는 사람임을 강조하는 관점이 있다(이혁규, 2007). 교육과정 이론가인 Elliot Eisner(1979/1983)는 학교 교육과정이 과학적이고 조직적이고 목적-수단이라는 경향을 띠고 있는 것에 대해 비판한다. 그리고 계획된 교육과정을 살아 있는 교육과정(curriculum as lived)으로 변용(transformation)하고 재구성하는 과정에서 교사의 지적인 활동만큼이나 상상력이 필수적인 능력이라고 강조하였다. 이때 교육과정은 모든 학습자에게 동일한 의미로 전달되는 닫힌 텍스트가 아니라 교사와 학습자의 개별적·주체적 경험과 이해의 지평에 따라 다양하게 이해되고, 해석되어야 하는 열린 텍스트를 의미하는 것이다(이경화, 손유진, 2014).

　교사의 중요한 역할은 자신의 의지와 열망, 상상력으로 교육과정을 변용하는 데 있으며, 이러한 관점은 유아중심, 놀이중심, 교육과정의 자율성을 추구하는 「2019 개정 누리과정」이 교사에게 기대하는 방향이라고 할 수 있다. 그리고 교사가 교육과정을 상상하고 변용하기 위해서는 감성과 이성을 아우르는 상상력을 지닌 교사, 교육과정을 재현하고 창조해 낼 수 있는 능력을 지닌 교사(허영주, 2011)를 양성하는 방향으로 교사교육이 전환될 필요가 있다.

6) 삶의 모범이 되는 완전한 스승

> 오직 도(道)를 체득한 것을 기준으로 교사로 본받을 뿐, 나이가 많고 적음이 중요한 것이 아니다. 그러므로 교사의 자격은 신분의 귀천과 관계없고, 나이의 많고 적음과도 상관없다. 도(道)가 있는 곳이 교사가 있는 곳이다.
>
> ↰ 한유(韓愈)의 사설(師說)

동양에서는 전통적으로 스승을 부모나 임금과 같은 반열에 있는 사람으로 이해했다. 흔히 '군사부일체(君師父一體)'라는 말로 요약되는 이러한 이해는 이 세상에 태어날 수 있게 해 준 부모, 삶을 살아갈 여건을 보장해 주는 임금, 이 세상을 어떤 눈으로 바라보고 어떤 마음으로 살아갈지 이끌어 주는 스승은 자신의 삶에 있어 절대적인 존재라는 생각을 반영하고 있다(송순재 외, 2002).

한유(韓愈)는 이러한 관점에서 교사의 역할을 다음과 같이 정의한 바 있다(강선보, 신창호, 2001). 첫째, 교사는 일상에서 인간의 도리(道理)를 전하는 사람이다. 즉, 인간이 어떻게 살아야 하는지에 대한 삶의 내용을 일깨워 주는 윤리적 · 도덕적 각성자다. 둘째, 교사는 인간이 해야 할 일, 즉 생업과 학업 등 과업에 대한 올바른 관점을 주는 사람이다. 삶의 방법에 관한 상담자의 역할과 마찬가지이다. 셋째, 교사는 일상생활에서 의심나는 문제들을 풀어 가는 데 도움을 주는 사람이다. 예컨대, 합리적 삶을 살아가기 위한 문제해결의 방식을 제공해 주는 것이다.

교사는 총명하고 슬기로움을 갖추어 학생들과 마주할 수 있고, 너그럽고 온화함을 갖추어 학생들을 포용할 수 있으며, 힘차고 굳센 성품을 지니어 지조 있게 행동하고, 근엄하고 올바른 태도로 공경함이 있으며, 사물을 조리 있고 세밀히 살펴서 분별할 수 있는(『중용(中庸)』 31장) 건전한 인격자, 즉 군자(君子)여야 한다. 한마디로, 완전한 스승으로서 모범이 되는 사람을 바람직한 교사라고 보는 관점이다.

7) 끊임없는 마주침을 통해 생성되는 존재

> 나는 내가 하고 있는 것들에 늘 조금씩 놀란다. 나를 통해 이루어지는
> 행동을 보면 그 역시 놀랍다. 그것은 우연히 변이하고, 변화하며, 때로
> 는 갈라진다.
>
> Latour(1999: 281)

　인간은 누구나 보다 고양된 삶의 변화를 위해 부단히 노력하며 '되어 가는(devenir/ becoming)' 존재, 생성의 존재이다(김성숙, 2015). 되어 가는 존재로서 인간을 바라보는 시선은 포스트모던 철학자인 Gilles Deleuze와 Félix Guattari(1980/2001)의 사유를 바탕으로 한다. 그들은 두 개의 이질적인 항이 만나서 새로운 제3의 무언가를 생성하는 '접속'과 그 자신의 관심사, 태도, 안목 등의 속성을 새롭게 변이시키는 '배치'를 통해 주체가 자기동일적인 어떤 고정된 상태에 갇히지 않고 끊임없이 '되기'를 수행한다고 강조하였다(김성숙, 임부연, 2015).

　이러한 관점에서 볼 때, 교사는 교육적 삶을 구현하기 위하여 끊임없이 성장하고 변화하려는 욕망을 지닌 존재이다. 뿐만 아니라, 교사는 그 자신이 거주하고 있는 거시적·미시적 세계 내 존재와 마주치며 매 순간 차이를 거듭 반복하면서 새롭게 변이하는 존재이자, 판단과 감성을 수반하는 수행적 활동에 참여하는 존재라 할 수 있다(최승현, 2017). 끊임없는 마주침을 통해 변화하는 존재로 교사를 바라보는 관점에서 교사의 역할은 '철로를 따라가는' 것이 아니라, '항해'를 하는 것이 된다(김재춘, 배지현, 2012). 즉, 교사는 학생들이 반드시 따라야 할 고정된 것을 강요하거나 무언가를 재현하도록 가르치는 존재가 아니다. 문제의 방향이 완전히 열려 있는 공간에서 교사는 학생들에게 '귀 기울이고'(Davies, 2014/2017), 학생들의 기호에 감응(affect)하면서 함께 배우는 존재인 것이다.

3 교사가 된다는 것

교육이란 무엇인가? 교사가 된다는 것은 어떤 의미인가? 좋은 교사는 어떤 역할을 하는 교사인가? 이러한 질문에 대한 답은 자신이 지니고 있는 신념과 철학, 그리고 경험에 따라 다를 것이다. 이를 고려하면서, 교육을 지배하고 있는 교사에 대한 관점은 어떠한지 그리고 신념이나 철학과는 상관없이 반드시 지켜야 할 교사로서의 본질적 역할은 무엇인지에 대해 성찰할 필요가 있다.

근대 이후 지금까지 공학적 합리주의가 교육에서 중요한 패러다임으로 작동해 왔다. 이러한 패러다임에서는 가르침을 지식이나 기술을 전달하는 행위로 간주하면서 교육적 경험의 개인적인 특수성과 그것의 실존적 의미에 크게 관심을 갖지 않는다(김성훈, 2008). 그리고 교사의 이미지는 학생들을 사랑하고 따뜻하게 돌보는 사람이라기보다 수업계획을 세워 체계적으로 지도하는 교수자(instructor)에 가까우며, 교육기관은 그러한 교수가 일어나는 곳으로 바라본다. 수업을 잘하는 교사, 학생들을 효율적으로 통제/관리하는 교사가 전문가로 여겨지고, 이러한 교수 전문가가 존재하는 곳이 좋은 학교로 인식되는 경향이 있다.

여러분은 교사의 본질을 무엇이라고 생각하는가? Davis와 그의 동료들(2008/ 2017)은 진정성 있게 행동하는 데 교사의 본질이 있다고 강조한다. 교사에 대해 가지고 있는 시선이 어떠하든지 간에 교사가 될 사람들 그리고 교사인 사람들은 자신이 누구인지, 무엇을 알고 있는지, 무엇을 할 수 있는지 끊임없이 스스로에게 질문을 던지고 주위를 돌아보아야 할 것이다. 자신이 어떤 교사로 살아갈 것인지, 자신이 생각하는 좋은 교사는 어떤 사람인지에 대해 끊임없이 질문을 던지고 내면의 목소리에 귀를 기울이는 노력이 필요하다.

생각 나누기

1. 오늘날 한국의 교육 현실에 관해 떠오르는 생각을 단어나 문장, 기호나 상징, 그림 등으로 자유롭게 표현해 봅시다.

2. 나는 유아교사로서 유아에게, 동료에게, 학부모에게 어떤 사람으로 기억되고 싶은지 이야기 나누어 봅시다.

Movement in Early Childhood Teacher Education

Chapter

2

유아교사의 삶

 생의 초기 경험과 발달의 중요성에 대한 관심이 높아지고, 사회의 변화에 따라 영유아가 영유아교육기관에 머무는 시간이 증가하면서 유아교사의 중요성이 특히 강조되고 있다. 유아교사가 가지고 있는 교사의 역할에 대한 생각이나 신념, 정체성 등은 교육 행위와 밀접히 연결되어 영유아의 삶에 영향을 미칠 수 있다.

 이 장에서는 이러한 유아교사의 특성, 유아교사의 역할과 자질, 그리고 유아교사의 삶과 정체성에 대해 이야기 나누어 보고자 한다.

1 유아교사직의 특성

모래사장으로 떠밀려 온 불가사리가 여기저기에 있다.

대부분 이미 죽었고, 따가운 햇살을 받으며 모래 위에서 질식한 듯하다.

나머지 불가사리는 타는 듯한 모래 위에서 사력을 다하고 있다.

때마침 그곳을 지나가던 사람들 중 한 사람이

"끔찍하군, 그러나 이게 자연이지."라고 말한다.

반면, 동행하던 사람은 몸을 숙여 불가사리가 살아 있는지 자세히 살펴본다.

"뭐해?"하고 먼저 사람이 묻는다.

"소용없는 일인 거 몰라? 하나를 구해 준다고 해서 해결될 일이 아니야."

그러자 동행하던 사람은 "요놈에게는 중요한 일이지."라고 말하면서 불가사리를 바닷물 속으로 던져 준다.

✔ van Manen(2002/2012: 89-90).

유아교사는 생의 초기 학습자를 교육의 대상으로 하는 사람으로서, 초 · 중등학교의 교사에 비하여 교육과정 운영에 있어 자율성의 범위가 넓은 편이다. 또한 교수자로서의 역할이 강조되는 초 · 중등학교 교사와 달리, 영유아기의 발달적 특성에 따라 이 시기의 교사는 가르침과 돌봄을 동시에 수행해야 한다는 특성을 지닌다.

생각 나누기 💡

🔁 다음은 유아교사의 이미지를 그림과 글로 나타낸 것입니다. 다음 예에 나타난 유아교사의 이미지에 대해 이야기를 나누어 봅시다. 자신이 생각하는 유아교사의 이미지, 유아교사직의 특성을 그림 또는 글로 표현해 봅시다.

*출처: 조운주(2007: 324-328).

[예] • 유아교사는 다정하다.
  • 유아교사는 이해심이 많다.
  • 유아교사는 자신의 생각을 강요하지 않는다.
  • 유아교사는 착하다.

1) 돌봄

유아교사는 유아교육기관에서 영유아를 관찰하고 유아의 표정이나 행동을 민감하고 적절하게 해석하여 필요한 도움을 주는 일들을 한다. 기저귀가 불편해 보이는 아이의 기저귀를 확인한 후 갈아주기도 하고, 기운이 없어 보이는 아이에게 다가가 손으로 이마를 짚어 본 후 가볍게 안아 주기도 하고, 또 그림을 그리고 있는 아이에게 관심을 보이며 정서적 지원을 표시하기도 한다.

이러한 돌봄(caring)에 대한 관점은 학자들마다 다르지만 크게 전통적 관점과 재개념화된 관점의 두 가지로 나눌 수 있다(이가형, 정선아, 2015). 전통적 관점에서는 돌봄을 보호를 필요로 하는 자를 직접 보호하는 행위로 규정한다. 이러한 관점에서는 돌봄의 행위들을 특별한 지식이나 훈련 없이도 누구나 할 수 있는 비전문적인 일이며 대리양육이나 보호로 인식하고, 전통적으로 어머니가 하던 일을 대신하는 여성의 일로 인식한다. 이에 따라 유아교사에 대해 착하고 순종적이며 '비전문적' '여성적' '비주체적'인 이미지를 갖는다.

재개념화된 관점에서는 돌봄을 돌보는 행위 이상의 것을 포함하는 복잡한 현상으로 보면서, 도덕적 · 인지적 · 감정적 요인이 포함되는 과정으로 규정한다. 이는 타인의 요구를 민감하게 듣고 이를 이해하며 그에 맞는 적절한 대처를 하는 등 매우 민감하고 상당한 수준의 전문성을 요하는 것이다. 즉, 돌봄은 영유아의 보호와 성장을 촉진하기 위해 그리고 사회가 기대하는 바를 영유아가 효과적으로 습득할 수 있도록 도와주는 것으로서, 교사의 끊임없는 성찰과 민감한 반응, 책임이 필요한 전문적인 일이다.

2) 가르침

유아교사의 가르침은 불확실성, 동시성, 딜레마의 측면에서 다음과 같은 특징을 가진다.

첫째, 유아교육현장은 교사가 예측하고 준비한 대로 하루가 흘러가지는 않는다.

교사는 유아의 능력과 흥미에 따라 계획을 하고 환경을 지원하지만 교실이 언제나 교사의 예측대로 진행되지는 않는다. 바깥놀이터에서 미술활동을 하려고 계획한 날 미세먼지 때문에 활동이 불가능해지기도 하고, 야심차게 준비했던 놀잇감에 유아들이 흥미를 보이지 않는 일이 생기기도 한다. 이처럼 유아교사의 가르침은 예측 밖의 일이 끊임없이 일어나는 불확실성이라는 상황적 특성을 지닌다.

둘째, 한 명의 교사는 적게는 3명에서 많게는 20명이 넘는 영유아들과 생활한다. 그리고 영유아들 모두는 저마다의 다양한 관심과 요구를 가지고 있다. 한 아이는 화장실에 가고 싶다며 선생님을 찾고, 한 아이는 친구가 색연필을 빌려주지 않는다며 울면서 선생님에게 다가온다. 또 쌓아 놓은 블록을 다른 유아가 무너뜨리는 일이 발생하면서 다툼이 일어나기도 한다. 동시에 교사의 눈에는 혼자서 힘겹게 가위질을 하고 있는 아이의 모습이 보인다. 교사는 개별 영유아의 요구에 응답하고 문제를 해결하고 적절한 도움을 주어야 하지만, 어떤 문제를 먼저 해결해야 하는지 신속하게 결정하는 데 어려움을 겪는다. 유아교육현장은 이처럼 동시성이라는 특성이 있으며, 이에 적절히 대처하는 능력은 유아교사에게 반드시 필요하다.

셋째, 교사는 하루 일과 중 많은 딜레마 상황을 만나게 된다. 하루 종일 유아들이 자유롭게 바깥놀이를 할 수 있도록 하고 싶지만, 또는 교실에서 영역 구분을 없애고 교구 중심이 아닌 관계 중심으로 교실로 꾸미고 싶지만 원장의 교육방침이나 각종 평가의 벽에 부딪혀 구조적인 시간과 공간을 운영해야만 할 때 고민하게된다. 또 친구와 자주 싸우는 유아에게는 인간적으로 부정적인 감정을 가질 때가있지만, 교사로서는 그의 요구를 경청하고 그 아이의 입장에서 문제를 바라보며필요한 교육적 조치를 취해야 한다. 이처럼 자신의 교육적 신념과 현실, 인간으로서의 감정과 교사로서의 책무, 한 아이의 요구와 전체의 요구가 상충하는 딜레마상황이 유아교실에서는 자주 일어난다. 이러한 딜레마 상황에서는 언제나 옳은하나의 정답은 없으며 그 상황에 적합한 다양한 해답들이 있을 뿐이다. 따라서 교사는 상황에 따라 최선의 결정을 내리기 위해 끊임없이 갈등하고 고민하게 된다.

한편, 유아교사직은 돌봄과 가르침이란 특성을 지니지만 돌봄과 가르침은 이분

법적으로 나누어 생각할 수 없다. 유아교육기관에서 가르친다는 것은 곧 돌봄이고, 돌본다는 것은 곧 가르침이다. 그러나 돌봄과 가르침 중 어느 하나에만 가치를 두는 경우, 유아교사로서의 정체성에 혼란을 겪게 된다. 교사로서의 전문성을 교수와 수업에서 찾고 싶어 하면서도 유아교사라는 자신의 존재 이유를 돌봄에서 발견하는 것은 교사 인식의 혼란(이가형, 정선아, 2015)을 나타내 준다. 가르침과 돌봄은 유아를 행복하게 하고 교사의 전문성을 발휘하는 데 필요한 것으로, 결국 같은 개념이다. 영유아교육현장에서 세심한 관찰을 통해 특정 상황을 해석하고 이에 맞는 적절한 해결전략을 선택하며 돌봄과 가르침을 실천하는 것이 유아교사직의 특성이라고 할 수 있다.

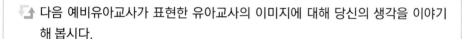

🔄 다음 예비유아교사가 표현한 유아교사의 이미지에 대해 당신의 생각을 이야기해 봅시다.

디퓨저의 나무막대가 유리병 안의 액체를 끌어올려 향기를 퍼지게 하는 것처럼, 유아교사도 유아들이 가지고 있는 잠재된 재능이나 꿈을 끌어올리는 역할을 한다고 생각해서 이 사진을 찍었습니다. 제가 유치원에 다니던 시절에 저의 많은 능력 중에 특히 그림에 대해 많은 칭찬을 해 주신 것이 기억에 남는데요. 유치원 선생님께서는 항상 저에게 "표현력이 참 풍부하구나. 그림을 참 잘 그린다."라는 칭찬을 많이 해 주셨는데, 그래서 더 그림에 흥미를 느꼈고 유치원 시절에 혼자 그렸던 그림들이 집에 쌓여 있던 것 같습니다. 각자 다른 재능이 있고 또 재미있어 하는 영역이 다른데, 아이의 잠재된 능력을 믿어 주고 밖으로 끄집어내는 역할이 교사의 중요한 역할 중 하나라고 생각합니다.

✔️ 예비유아교사, 최인제의 저널에서

처음 유아교사라는 주제를 들었을 때 가장 먼저 떠올랐던 것은 엄마, 이불, 담요였다. 내가 유치원 담임 선생님에게 느꼈던 따뜻함이 떠올랐기 때문이다. 일단 겨울 이불은 겨울에 꼭 필요한 물건이다. 따뜻함과 포근함, 안락함, 나만의 공간으로 사용될 수 있기 때문이다. 우리가 겨울 아침이면 이불 안의 따뜻함과 포근함 때문에 나오기 싫듯, 나는 아이들에게 따뜻하고 포근하고 편안한 선생님으로 기억되고 싶다. 또 어렸을 때 많이 했던 놀이 중 이불을 텐트처럼 해 나만의 공간을 만들어 그 안에 나의 보물이나 비밀을 숨겼듯이, 아이들의 텐트가 되어 품어 주고 믿을 수 있는 그런 선생님이 되고 싶다! 이렇듯 나는 '겨울 이불' 같은 어린이집 · 유치원 선생님이 되고 싶다.

◖✓ 예비유아교사, 김재은과 이민영의 저널에서

2 유아교사의 역할과 자질

생각 나누기

🔁 유아교사는 현장에서 어떤 역할들을 수행하고 있다고 생각하는지 자유롭게 적어 본 후, 친구들과 함께 이러한 역할들을 유목화해 봅시다.

1) 역할

(1) 유아교사의 역할 유형

유아교사의 역할은 매우 다양하며, 또한 시대적 · 사회적 영향에 따라 변화되어 왔다. 초기에는 유아교사의 역할을 어머니의 역할과 비슷한 것으로 보고, 돌보고 보호하는 양육의 역할을 강조하였다. 이러한 관점에서의 교사 역할은 위험으로부터 유아를 보호하고 적절한 돌봄을 제공하는 것으로 이해되었다. 그러다가 점차 가르치는 역할을 강조하면서 지식전달자 그리고 평가자로서의 측면이 강조되었다. 이러한 관점에서는 교육에 적절한 환경과 학습자원을 제공하고 유아와 적절한 상호작용을 하며 유아의 발달과 행동을 관찰하는 사람으로서 교사를 바라본다.

최근에는 단순한 지식전달자의 역할이 아닌 교육과정을 구성하고 교육적 의사결정을 내리는 능동적이고 자율적인 교사의 역할이 강조되고 있다. 교육과정 설계자, 일과 계획 및 운영자, 상담자 및 조언자, 생활지도자로서의 역할뿐 아니라 스스로 지식을 구성해 가는 현장연구자와 의사결정자로서의 유아교사의 역할이 논의되는 한편, 부모의 역할을 지원하거나 지역사회의 일원으로서 노력하는 것 또한 유아교사의 역할로 간주되고 있다.

유아교사의 다양한 역할에 대한 학자들의 의견을 정리하면 다음과 같다.

〈표 2-1〉 유아교사의 역할

학자	유아교사의 역할 유형	
Katz (1972)	• 모친모형 • 교수모형	• 치료모형
Ellis & Others (1982)	• 계획자 • 안내자 및 상담자 • 지역사회 연결자 • 학교사회의 일원으로서의 역할 수행자	• 학습 조력자 및 감독자 • 문화의 설명자 및 중재자 • 교직의 일원으로서의 역할 수행자
Spodek (1985)	• 양육역할 • 관련적 역할	• 교수역할

Saracho (1988)	• 교육과정 설계자 • 진단자	• 교수조직자 • 상담자 및 조언자
Schickedanz et al. (1990)	• 지식전달자 • 훈육자	• 계획자, 조직자, 평가자 • 의사결정자
교육과학기술부 (2008)	• 교육과정 설계자 • 상담자 및 조언자 • 현장연구자 • 의사결정자	• 일과 계획 및 운영자 • 생활지도자 • 행정업무 및 관리자 • 동료와의 협력자
임부연, 김성숙, 송진영(2014)	• 학급 관련(양육담당자, 교육담당자, 관리담당자) • 기관 관련(경영 참여, 행사 진행, 프로그램 개발) • 부모 관련(부모역할지원, 의사결정 참여지원) • 지역사회 관련(모범적인 사회인, 사회 변화 촉진)	

*출처: 이은화, 배소연, 조부경(1995: 79)을 바탕으로 재구성함.

　최근에는 영아기부터 기관에 다니는 경우가 많아지면서 영아교사의 역할에 대해 관심이 증가하고 있다. 영아는 성인의 보호와 돌봄을 더 많이 필요로 하고, 성인에 대한 의존도가 높기 때문에 영아교사에게는 유아교사와는 또 다른 역할이 요구된다. 즉, 비언어적 의사소통, 적극적인 상호작용과 개입, 개별 영아와의 애착 형성, 영아의 요구에 대한 신속한 반응, 따뜻한 신체 접촉, 개별적인 상호작용 등 보다 개별적이고 민감한 돌봄의 역할이 강조된다. 민감성은 영아와 교사 간의 상호작용의 본질이며 신체적인 보살핌 이상의 개념이다. 민감한 보육은 능동적이고 정서적인 대상으로서 영아를 존중하는 것이며, 따라서 영아의 몸짓의 의미에 대해 사고하고, 의사소통하려는 영아의 노력에 민감하게 반응하며, 존재에 대해 탐구하는 것이다(Leavitt, 1994/2014: 134). 이러한 민감성은 영아교사에게 특히 강조되는 역할이라고 할 수 있다.

　(2) 역할 갈등
　유아교사의 역할에 대한 인식은 유아교육의 주체, 즉 유아, 교사, 학부모에 따라 다를 수 있다. 부모들은 교사 역할에 대하여 엄마를 대신하여 아이를 돌보고 보살피는 '양육담당자'와 아이를 안내하고 가르치는 '교육담당자'의 역할 등 학급 내에서의 역할에 치우친 개념을 가지고 있다(김혜진, 손유진, 2016). 유아교사의 역할이 점차 확대되어 전문적 지식과 기술을 가진 교육과정 전문가로서의 역할, 지역사회에 기여하는 사회인으로서의 역할 등을 수행해야 한다는 연구들이 많음에도 불구하고, 부모의 인식은 여전히 학급 내 보호와 양육자로서의 역할에 머물고 있어 교사의 역할에 대한 인식 차이가 크다고 할 수 있다.

자신의 신념과 주변의 기대에 차이가 있을 때 교사는 갈등을 경험하게 되는데, 이러한 갈등 발생의 원인과 교사가 느끼는 정서를 유형별로 정리하면 다음과 같다.

〈표 2-2〉 유아교사의 역할 갈등의 원인과 상황

갈등 발생 원인	원인	상황	교사가 느끼는 정서
역할기대 ≠ 역할지각	교사에게 기대하는 역할을 교사가 인식하지 못하거나 부정하는 경우	영아반 보육교사에게 주어지는 양육의 역할을 인식하지 못하는 경우	혼돈
역할기대 ≠ 역할행동	교사에게 기대한 역할을 수행하지 못하거나 지위에 맞지 않는 역할을 기대하는 경우	한 학급으로 구성된 공립 병설유치원의 경우, 초임교사임에도 불구하고 원감의 역할까지 해야 하는 경우	부담
역할기대 > 역할지각	교사가 인식하는 것보다 훨씬 더 많은 역할을 기대하여 희생을 요구하는 경우	저출산 문제로 보육에 대한 사회의 요구가 크지만 실제 사회적·경제적 보상은 매우 미약한 경우	불만
역할지각 > 역할행동	교사가 자신이 해야 하는 역할을 인식하였으나 행동이 그에 미치지 못하는 경우	유아를 공평하게 대해야 한다고 인식하지만 실제로는 편애하는 경우	자괴감 실망

*출처: 박은혜(2013: 91).

다른 사람이 인정하고 기대하는 역할기대와 자신이 인식하는 역할지각 그리고 실제로 수행하는 역할행동 간에 차이가 있을 때 교사는 역할 갈등을 경험하게 되며, 이로 인하여 혼돈, 부담, 불만 또는 자괴감과 실망스러운 감정을 경험하게 된다. 이러한 경우, 교사는 외부의 요구에 마찰을 일으키지 않고 적응하는 반응을 보이거나 문제의 원인을 찾아 해결방법을 찾으려고 노력하기도 하지만, 문제의 원인을 전적으로 외부에서 찾으며 교사로서 인정받지 못하는 것에 대해 불만을 제기하기도 한다(정현숙, 2002). 이러한 불만이나 혼돈이 누적되면 소진이 가속화되고, 결국 이직을 고민하거나 이를 실행에 옮기기도 한다.

2) 자질

아이들을 좋아해서 유아교사가 되겠다고 생각하는 사람들이 많다. 교사에게 이러한 인간에 대한 관심과 애정은 기본적으로 필요하다. 그러나 사랑만으로 충분할까? 어떤 교사가 좋은 교사일까? 이러한 질문들에 대한 연구자들의 의견을 정리하면 다음과 같다.

〈표 2-3〉 유아교사의 자질

연구자		유아교사의 자질	
이경하, 석은조 (2010)	개인적 자질	밝은 표정과 웃는 얼굴을 가진 긍정적 성격, 인내심, 공평함, 유아를 사랑하는 마음, 최선을 다하는 열정, 신체적 건강	
	전문적 자질	유아 발달 및 유아교육에 대한 전문지식, 교육적 신념, 권위 있는 훈육, 자기계발을 위한 노력, 상호작용 능력, 눈높이에 맞는 친구	
임부연, 김성숙, 송진영 (2014)	개인적 자질	정신적 · 신체적 건강, 인간에 대한 사랑, 온정적인 성품, 성실성, 창의성, 융통성, 인내심, 열정, 유머감각	
	전문적 자질	전문적 지식	유아에 대한 지식, 유아교육과정에 대한 지식, 교수-학습 방법과 평가에 관한 지식, 일반교양 지식
		교수기술	교육과정 구성 기술, 교육과정 운영, 교구교재의 제작 및 활용 기술, 프로그램 실천 및 평가 기술, 의사소통 기술 및 상호 협력체제 유지의 기술
		교육관/ 직업윤리	교직에 대한 긍정적인 전망, 교직에 대한 직업윤리, 교육에 대한 소명감, 교사로서의 전문성, 동료교사와의 상호작용

김혜진, 손유진 (2016)	개인적 자질	정신적 · 신체적 건강, 용모, 성품, 자세, 태도
	전문적 자질	전문적 지식, 교수기술, 교육관과 직업윤리

〈표 2-3〉에서 보듯이, 유아교사의 자질은 크게 개인적 자질과 전문적 자질로 구분될 수 있다. 유아교사에게는 교육과정에 대한 지식, 프로그램의 실천 및 평가기술 등 전문적 자질 외에도 정신적 · 신체적 건강, 사랑, 성실성, 인내심 등 개인적 자질도 좋은 교사의 필요조건이 된다. 특히, 부모들은 유아교사가 갖추어야 할 가장 근본적인 자질로 예의 바름, 밝음 등을 들고 있어(김혜진, 손유진, 2016), 유아교사의 자질에 대한 인식이 교육주체별로 다르다는 것을 알 수 있다.

한편, 영아교사의 중요한 자질로는 민감성(sensitivity)이 강조된다. 민감성이란 느낌이나 반응이 날카롭고 빠른 성질을 말한다(국립국어원, 2016). 즉, 주 양육자가 영아에게 관심을 갖고 영아의 신호를 민감하고 정확하게 해석하며, 상황에 따른 적절한 반응을 따뜻하고 일관적으로 하는 것이다(Howes & Smith, 1995). Easterbrooks와 Biringen(2005)은 양육의 질 측면에 있어서의 민감성이란 영아의 정서적 · 신체적 욕구에 대해 적절하고 즉각적인 반응을 제공하는 양육자의 능력이라고 정의한 바 있다. 민감성의 구성요인을 네 가지 요소로 설명한 Ainsworth 등(1971)에 의하면, 민감성은 첫째, 영아의 신호에 맞추어 행동할 수 있어야 하고, 둘째, 영아들이 보내는 신호, 특히 울음의 의미를 적절하게 해석해야 하며, 셋째, 영아의 신호에 적절하게 반응해야 하고, 넷째, 양육의 반응은 신속하게 이루어져야 한다.

유아교사에게 필요한 자질은 무엇일까? 유아의 연령에 따라 유아교사가 갖추어야 할 자질에는 차이가 있을까? 가장 핵심적인 유아교사의 자질은 무엇일까? 자신이 생각하는 유아교사의 자질을 갖추기 위해 스스로 어떤 노력을 하고 있는가?

생각 **나누기** 💡

⤴ 가장 중요한 유아교사의 자질은 무엇이라고 생각하는지 친구들과 이야기 나누어 봅시다.

❸ 유아교사의 정체성

1) 교사의 정체성

우리는 의식적으로 우리가 아는 것을 가르치지만, 무의식적으로 우리가 누구인지를 가르친다(Hamacheck, 1999). 즉, 교사는 자신이 알고 있는 것을 가르칠 뿐만 아니라 교사 자신을 가르치는 것이다. 따라서 교직에서 삶을 분리할 수 없으며, 교사의 교육활동에는 자신의 삶이 반영된다.

우리는 삶에서 다양한 경험을 하고 세상과 관계를 맺으면서 스스로를 이해하고 자신에 대한 개념을 형성해 나간다. Norton(1997)은 사람들이 어떻게 자신과 세상과의 관계성을 이해하고, 그 관계성이 시간과 공간에 따라 어떻게 다르게 형성되는지, 그리고 어떻게 미래에 대한 자신의 가능성을 이해하는지를 설명해 주는 용어로 정체성을 사용하고 있다(홍영숙, 2013). 교사의 정체성은 교사의 신념, 목표, 기준을 포함하여 구성되는 매우 중요한 구성체로, 교사가 스스로를 아는 것, 교사로서의 전문성의 특성과 본질에 대해 아는 것, 교사의 역할에 대한 신념과 밀접하게 관련되어 있다(박은혜, 이성희, 2010). 교사의 정체성은 교사 개인의 삶의 과정, 개인과 그를 둘러싸고 있는 사회의 역사, 교사로서의 역할을 통해서 정의될 뿐만 아니라, 그들의 정치적·사회적·개인적·구조적 환경의 변화 속에서 개인이 원하는 교사상과 가치를 통해서도 정의된다(권미경, 2016; Day, 2004).

　성인이 되면 자신의 정체성을 직업적 측면에서 찾으며 자신의 삶을 보다 의미 있게 만드는 자기실현의 장으로 직업을 인식한다는 점에서 교사의 정체성은 직업적 정체성과 그 맥을 같이한다고 할 수 있다(류태호, 2000). 교사의 정체성은 교사가 매 순간 무엇을 가르칠 것인가를 결정하는 핵심 요소이고, 교사의 실천은 교사가 자신을 규정하는 정체성에 영향을 받는다(정혜정, 2013). 이처럼 교사의 정체성은 교사의 교실 속 실천행동과 밀접하게 관련되어 있고, 학습자의 경험에 큰 영향을 주므로 교사가 어떤 정체성을 형성하고 있는가는 매우 중요하며, 유아교육자로서 어떤 삶을 살 것인가 또는 어떤 삶을 살기를 원하는가에 대한 좌표 역할을 한다(김미화, 2011; 정순경, 2016).

2) 유아교사의 정체성 형성 과정

 교사들의 목소리

　가 한때 무언가를 원하고 꿈꾸고 그렇게 되고 싶은 절실함이 있었다. 그게 바로 어린 영유아들과 함께 생활하며 해맑게 웃고 사랑으로 가르치는 예쁜 선생님이 되는 거였다. 그 꿈을 이루었지만 진정한 교사, 내가 원하는 교사가 되었는지 돌아보니 한숨만 나오고, 나태함과 두려움, 조바심, 게으름이 나를 뒤처지게 했다는 생각에 한심하다는 생각이 든다.

　　　　　　　　　　　이미경, 배지현(2016: 293)에서 발췌한 경력 13년 교사의 이야기

　나 학교에서 수업을 들을 때 좋은 교사에 대해서 들었는데요. 아이들을 잘 돌봐야 하고, 정확한 지식을 가르쳐야 하고, 사랑해야 하고, 이런 게 좋은 교사라고 생각했는데, 지금은 아닌 것 같아요. 유치원교사는 다 잘해야 해요. 첨엔 좌절 많이 했죠. 모든 면에서. 특히, 예체능. 적재적소에서 잘 판단해야 하고, 어떤 상황에서든 잘해야 하고, 완벽해야 하는 것 같아요. 완벽한 교사를 원하는데 나는 완벽할 수 없고, 그럼 나는 어떤 사람이어야 하는가 힘들었죠.

　　　　　　　　　　　박은혜, 이성희(2010: 174-175)에서 발췌한 2년차 교사 이야기

다 아이들이 다치고 나면, 특히 더 그런 게 애들 있을 때 무척 긴장돼요. 다치면 어떡하나. 한 번 애 다치면 그동안 잘한 것은 다 날라가니까. 사고에 대한 걱정이 늘 있으니까. 어떤 때에는 밖에 나가면 무조건 안 다치게 지키게만 되더라니까요.

↻ 박은혜, 이성희(2010: 183)에서 발췌한 10년차 교사 이야기

라 나는 구성주의 관점의 유아교육관에 매료되어 있다. 나도 그런 교사가 되고 싶다는 생각을 늘 하며 나의 교육관이 되었다. 대학교 때의 Piaget, Vygotsky도 새롭게 다가왔고, 모든 과목이 정말 흥미롭고 재미있었다. 배운 내용을 활용해서 지난해에는 만 5세반 유아들에게 발달에 적합한 교구를 제작해 주었다. 유아들은 창의적인 생각과 반짝이는 아이디어로 적극 활용하는 모습을 보여 주었다. 이러한 유아들과의 생활은 나에게 진정한 보람을 느낄 수 있는 시간이 되었다.

↻ 이미경, 배지현(2016: 295)에서 발췌한 경력 11년 교사의 이야기

마 영아이기 때문에, 유아랑 다른 특성 때문에 이해를 좀 다르게 해야 하는 데에도 불구하고, 그냥 어린이로 딱 취합해 버리고 '얘는 왜 친구랑 같이 안 놀죠?' '얘는 왜 이렇게 떼를 써요?' 이런 등등의 여러 가지 걱정이 있잖아요. 그런 것도 잘 설명해 드리고 도움을 드리는 것도 전문성인 것 같아요.

↻ 유주연, 이승연(2015: 274)에서 발췌한 4년차 교사의 이야기

Dewey(1902/2004)는 모든 경험은 경험을 하는 사람을 어떤 식으로든 변화시킨다고 하였다. 교사는 다양한 경험에 영향을 받으며 정체성을 형성해 나간다. 앞의 교사들의 이야기는 교사가 겪는 다양한 경험, 그로 인한 수동적 반응과 부정적 변화, 또는 경험에 대한 반성과 성찰을 통한 긍정적 변화 등을 보여 준다. 이전 경험, 즉 학교에서 배운 이론과 현장의 실제에서 오는 차이로 인해 정체성에 혼란을 겪고 있는 교사 '나', 현장에서 겪은 경험을 통하여 자신의 철학이나 신념을 현실적으로 바꾸는 수동적 정체성의 모습의 교사 '다'를 볼 수 있다. 또한 새로운 배움을 통해 인식의 변화를 겪는 교사 '라', 부모의 불안감을 이해하고 전문 지식을 설명

해 주는 실천행동에서의 변화를 보이는 교사 '마'의 모습도 읽을 수 있다.

유아교사의 정체성은 현장에서 만나는 다양한 경험을 통하여 끊임없이 변화한다. 과거에는 정체성을 본질적이고 단일하고 고정된 것으로 규정해 왔으나 최근에는 다양한 사회적인 관계에 의해서 재구성되는 유동적인 것으로 본다. 좋은 교사는 그렇게 태어나는 것이 아니라, 교육적 경험에 대한 지속적인 성찰과 반성을 통해 교육적 가치의 문제를 고민하고(이은영, 2012) 정체성을 형성하면서 좋은 교사가 되어 가는 것이다.

교사가 겪는 여러 어려운 경험은 교사에게 부정적인 요소로만 작용하는 것이 아니라, 교사의 통찰과 반성을 일으키고 긍정적 변화를 가져오게 함으로써 바람직한 교사의 정체성을 형성하게 된다. 반면, 교사가 직면하는 어려움에 대한 수동적 반응은 부정적 변화로 이어지고 정체성의 혼란과 상실을 가져오기도 한다. 이러한 개별 과정은 긴 교직 생활 동안 교사 정체성의 발전, 반전, 퇴보 등의 변화를 가져오며, 전체 교직 생활을 통해 역동적·순환적 흐름을 보인다. 정체성의 형성 과정을 그림으로 나타내면 [그림 2-1]과 같다.

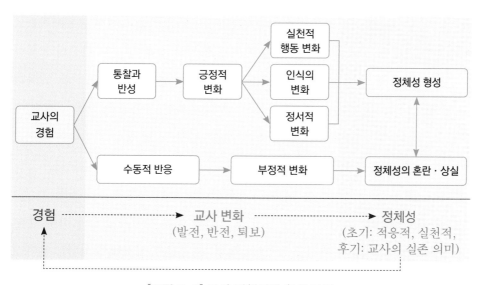

[그림 2-1] 교사 정체성의 형성 과정

*출처: 정순경, 손원경(2016: 196).

[그림 2-1]에서 볼 수 있듯이, 개별 경험을 통해 형성되는 정체성은 두 가지 형태로 나타난다. 첫째, 경험에 대한 통찰과 반성을 통해 교사의 실천행동, 인식, 정서에 변화를 가져오면서 정체성이 형성된다. 교사들은 유아, 부모, 동료교사들과 상호작용하면서 또는 일과를 돌이켜 보면서 교사 자신의 자질과 전문성, 교사의 역할, 실천성 등과 관련된 반성을 하게 된다. 그리고 이를 통하여 유아에 대한 인식, 수업이 갖는 의미 등에 대해 다시 생각하게 되고 교육에 대해서, 만남의 의미에 대해서, 좋은 교사에 대해서 생각을 다시 정립하게 된다. 이러한 성찰적 반성은 교사의 존재적 변화를 가져오고 교육실천의 변화로 이어지면서 교사로서 진정한 정체성을 형성하게 된다(정혜정, 2013).

둘째, 경험에 대한 반성과 성찰이 이루어지지 않고 상황과 맥락에 순응하는 수동적 반응을 통해 정체성의 혼란과 상실을 가져오기도 한다. 이 경우에 교사들은 자신의 철학이나 신념을 현실적으로 바꾸거나 교사에 대한 부모의 낮은 인식 수준에 자신을 맞추게 된다(박은혜, 이성희, 2010). 이러한 수동적 반응을 통하여 교사는 새로운 도전이나 의욕을 상실하고, 열망이 식어 가는 경험(정현주, 전영국, 2014)을 하게 되며, 특별한 도전과 성찰, 소명의식 없이 사회적 관습에 얽매인 채 직업인으로서 교사직을 관행적으로 유지하게 된다. 사회적 인습 속에서 공동체적으로 형성된 단일화된 정체성, 제도적 관행 속에서 형성된 정체성, 교사 자신의 치열한 고민을 통하여 형성된 것이 아닌 외부에 의해서 주어진 이러한 정체성을 '교육화된 정체성'이라고 한다(이은영, 2012). 이러한 '교육화된 정체성'은 한번 결정된 교사의 정체성을 다양한 삶의 맥락과 조건, 관계, 상황, 경험 등을 고려하여 재구성하고자 하는 노력이 결여되어 있기 때문에 고정되고 경직된 특성을 갖는다.

이와 같은 과정을 통하여 정체성이 형성되더라도 한번 형성된 정체성은 그 상태로 머무르는 고정된 것이 아니라, 전체 교직 생활 동안 시기와 상황에 따라 발전, 반전, 퇴보 등의 역동적 과정을 겪는다. 특히, 초임교사 시기에 형성되는 정체성은 교사의 역할과 관련한 적응적·실천적 정체성인 반면, 경력이 쌓이면서 점차 교사의 실존의 의미를 찾아가는 정체성으로 그 성격이 달라진다. 또한 교사의 정체성은 교사가 처한 상황과 맥락에 따라 그리고 경험에 대한 통찰과 반성에 따라 전체 교직 생활 동안 역동적·순환적 흐름을 보인다.

교사의 정체성 형성의 전 과정에 걸쳐 영향을 주는 핵심 요소는 반성과 통찰이라고 할 수 있다. 반성하지 않는 삶은 살 가치가 없다고 제자들에게 강조한 소크라테스의 말처럼, 인간은 꾸준히 자아를 발견하려는 노력을 해야 하며, 자기성찰을 통하여 자신의 정체성을 발견해야 진정한 인간이 될 수 있다(류태호, 2000). 따라서 교사가 확고한 정체성을 형성한다는 것은 끊임없는 통찰과 반성을 통해 자기를 들여다보는 경험이 이루어질 때 가능하다. 교사들은 다양한 어려움에 직면했을 때, 자기의 수업 경험 속에서, 교사로서의 존재 의미를 찾아가는 과정에서 반성과 통찰을 수없이 반복하고, 이러한 성찰을 통하여 어려움을 극복하고 보다 나은 방향으로 나아가게 된다.

반성과 통찰은 의미 있는 타인과 관계를 맺을 때, 관계를 사려 깊게 바라볼 때, 평소 당연하게 바라보던 현상을 낯설게 경험할 때, 주위 현상을 임의로 해석하거나 미리 단정하지 않고 있는 그대로 바라볼 때 일어나기 쉽다(이재용, 이종연, 2015). 사려 깊은 태도로 주위 사람들과의 관계에서 일어나는 현상을 주의 깊게 바라보며, 스스로 당연하다고 믿고 특별히 주의를 기울이지 않았던 것에 의문을 제기하고, 선입견 없이 주변을 있는 그대로 바라보며 본질을 보려고 노력할 때 교사의 반성과 통찰이 일어나게 된다. 이러한 과정을 통하여 불변의 고정된 교사의 정체성(임, being)이 아닌, 끊임없이 변화하고 성장하는 교사의 정체성(됨, becoming)을 형성하게 되는 것이다. 이처럼 진정한 의미의 정체성은 나의 삶을 주체적이고 창조적으로 가꾸어 나갈 수 있는 힘을 토대로 이루어진다(정혜정, 2013).

교사는 자신을 돌아보며 평소 인식하지 못했던 자신의 모습을 바라보고 직면함으로써 새로운 사유를 시작할 수 있다. 이러한 마주침이 있어야만 내 속의 깊은 울림인 공명이 일어날 수 있으며, 내 안의 깊은 공명이야말로 진정한 자기성찰의 목소리를 낸다(이미경, 배지현, 2016). 이러한 과정을 통하여 '주어진' 또는 '만들어진' 또는 '일방적인 타자의 언어와 시선에 맞추어 가는' 모습으로서의 교사가 아니라 경험에 대한 성찰과 반성을 통해 '만들어 가는' '스스로 구성해 가는' 교사로서의 삶, '스스로 주인이 되는' 교사, '주체자로서의 삶'을 살아갈 수 있을 것이다.

생각 나누기

1. 지금까지 만났던 선생님 중에 '좋은 선생님'으로 기억되는 선생님을 떠올려 보고, 그 선생님의 어떤 점 때문에 '좋은 선생님'으로 기억되는지 이야기 나누어 봅시다.

2. 신문과 뉴스, 잡지 등에서 유아교사와 관련된 글을 찾아봅시다. 기사에 내포된 유아교사를 보는 관점은 어떠한지 이야기 나누어 봅시다.

3. 자신의 삶에서의 '의미 있는 만남'과 그 만남을 통한 정체성 변화에 대해 이야기를 나누어 봅시다.

Chapter

3

유아교사의 윤리와 권리

모든 사회에는 공공의 선(善)에 기여하는 사람들이 있다. 오랜 역사를 되돌아봤을 때, 이들 중 가장 중요한 직업군의 하나는 교사임에 틀림없을 것이다. 이러한 교사에게 가르치고 돌보는 일은 지적인 일인 동시에 매우 윤리적인 일이라고 할 수 있다.

이 장에서는 유아를 돌보고 가르치는 교사에게 요구되는 윤리를 인지적 · 정의적 · 실천적 차원에서 나누어 고민해 보고, 이와 함께 교사의 권리는 구체적으로 무엇이며 교육현장에서 어떻게 존중되어야 하는지에 대해 살펴보고자 한다.

1 유아교사의 윤리

1) 교직윤리

교직윤리란 "교직자가 그 직무 수행과 관련하여 스스로 지켜야 할 것으로 기대되는 사회적 규범"을 의미하며, 이는 "비록 강제성을 수반하는 법률적 성격을 갖지는 않지만 교사가 교육활동을 수행하면서 마땅히 지키고 실천해야 할 행동규범 또는 도덕적 의무"(염지숙, 이명순, 조형숙, 김현주, 2014: 294)이다. 이러한 윤리란 이를 둘러싼 당위적인 외투로 인해 딱딱하고 무거운 형상으로 느껴지는 경우가 많지만, 좀 더 들어가면 그 속에는 어떻게 사는 게 제대로 사는 것인지 또한 교사답게 산다는 것은 무엇인지에 대한 근본적인 질문이 내재되어 있다(서영채, 2013).

그래서 의식하든 의식하지 못하든 간에 우리의 일상 속에는 윤리와 관련한 문제들이 늘 존재하고 있다.

생각 나누기

🔁 **다음 상황에서 당신은 어떤 선택을 하겠습니까?**

여기 브레이크가 고장 난 트롤리에 대한 딜레마 상황이 있습니다. 당신은 과연 어떤 선택을 하시겠습니까? 『EBS 세상의 모든 법칙: 트롤리 딜레마, 당신의 선택은?』(2017년 3월 14일 방영)이라는 동영상을 보면서 함께 생각을 나누어 봅시다.

✅ 동영상 출처: http://www.ebs.co.kr/tv/show?prodId=119207&lectId=10651001

첫 번째 사례 트롤리는 선로를 따라 달려오고 있고, 선로에는 다섯 사람이 있습니다. 당신은 선로 밖에 서 있고 다섯 사람을 구하기 위해서는 선로 전환기를 당기면 되지만, 그렇게 되면 다른 선로에 있는 다른 한 사람이 죽게 됩니다.

• 당신은 어떤 선택을 할 것인가요?
• 다수를 구하기 위해, 선로 전환기를 당길 것인가요?
• 그런데 만약 다른 선로에 있는 그 한 사람이 당신 자신이라면 어떻게 할 것인가요?

두 번째 사례 트롤리는 선로를 따라 달려오고 있고, 선로에는 다섯 사람이 있습니다. 당신은 선로 밖에 육교 위에 서 있고, 당신의 바로 옆에는 상당히 무게가 나가는 사람이 한 명 서 있습니다. 다섯 사람을 구하는 유일한 방법은 옆에 서 있는 사람을 선로 위로 밀쳐서 그 무게로 트롤리를 멈추게 하는 것인데, 이 경우 트롤리는 멈추게 되지만 그 사람은 죽게 됩니다.

• 당신은 어떤 선택을 할 것인가요?
• 다수를 구하기 위해, 직접 누군가를 밀친다는 것은 왜 망설여지나요?
• 그런데 만약 선로에 있는 다섯 사람 중 한 사람이 당신이 사랑하는 누군가라면 어떻게 할 것인가요?

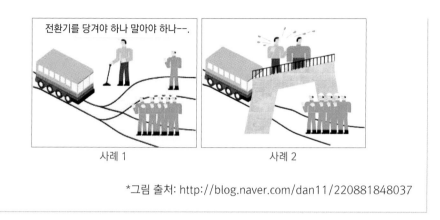

　유아교육현장의 복잡하고 역동적인 맥락 속에서 교사의 윤리가 어떻게 실천되어야 하는지 살펴보기 위해서는 다음과 같은 근본적인 질문에 대해 생각해 볼 필요가 있다.

(1) 윤리와 도덕의 차이점은 무엇인가?

　도덕은 라틴어 mores에 어원을 둔 단어 morality에서, 윤리는 희랍어 ethos에 어원을 둔 ethics에서 각각 번역된 용어다. 본래의 뜻을 살펴보면 두 단어 모두 한 사회나 공동체 내부에 존재하는 풍속적·관계적·관습적 질서를 지칭하는 말에서 시작된 것이다(서영채, 2013).

　그러나 윤리와 도덕이라는 말은 약간 상이한 어감을 가지고 사용되는데, 이를테면 윤리는 상대적인 것에 비해, 도덕은 절대적인 것으로 여긴다. 이는 본래의 개념이 그런 차이를 지니고 있었던 거라기보다는 구체적인 사용 속에서 축적된 결과라고 볼 수 있다. 심지어 최근에는 "절대적인 느낌을 주는 도덕이라는 말과 달리 윤리라는 말은 다양한 분야에서, 이를테면 생명 윤리, 성 윤리, 경제 윤리, 정치 윤리, 생태 윤리, 기업 윤리 등에서와 같이 다채롭게 구사되고, 심지어는 사기꾼의 윤리, 전쟁의 윤리, 도둑질의 윤리처럼 역설적인 의미"(서영채, 2013: 202)로 사용되기도 한다.

(2) 윤리는 절대적이고 보편적인 것인가?

어원에서도 살펴보았듯이, 윤리란 한 사회나 공동체 내부에 존재하는 관습적인 질서의 한 형태로, 다른 사람들과 더불어 사는 가운데 지켜야 할 것으로 기대되는 사회적 규범이다(염지숙, 이명순, 조형숙, 김현주, 2014). 따라서 특정 집단이나 사회에 존재하는 윤리 또한 절대적이고 보편적인 것이기보다는 시대와 상황에 따라 변화하는 것으로 볼 수 있다.

예를 들어, 발달론적 관점이 지배해 온 근대교육에서는 교사의 역할이 유아들의 학습과 발달에 어떤 영향을 미치는가라는 결정론적 관점에서의 직업의식과 윤리적 판단이 이루어졌다. 불확실하고 다원화된 포스트모던 사회를 살아가는 오늘날의 유아교사에게 필요한 윤리는 "관계에 기초한 돌봄 윤리, 해방적 관점에서의 페미니즘 윤리, 다양성의 평등성 공존을 추구하는 다문화 윤리, 생태주의에 기반한 생명 존중 윤리" 등으로 보다 복잡한 양상을 띠고 있다(염지숙, 방유선, 2013: 229). 또 다른 예로, 교육현장에서 윤리에 대한 특정 집단 간 인식의 차이는 최근 더 심각한 양상으로 드러나고 있다. 최근 교사교육에서 교사 전문성을 강조하는 흐름에 맞춰, 기존에 천직(calling, vocation)으로 보는 전통적 교직관에서 전문직(profession)으로 보는 현대적 교직관으로 변화되는 과정에서 교사 세대 간 가치갈등이 나타나고 있다(곽덕주, 2007). 또한 학부모는 교사집단에게 공무원이나 다른 직종에 비해 높은 도덕성을 요구하는 반면에, 교사들은 스스로가 '이 정도면 됐지'라는 인식을 갖고 있다고 한다(손봉호, 김해성, 조영제, 2001).

(3) 윤리강령은 필요한가?

대부분의 전문직에는 직업윤리가 존재하며, 이는 고유의 윤리강령이라는 형태로 문서화되어 있다. 유아교사에게도 유아를 돌보고 가르치는 전문인으로서 가져야 할 자질과 함께 올바른 가치관에 바탕을 둔 직업윤리가 요구되며, 구체적인 윤리강령이 있다.

그동안 오랫동안 유치원교사 및 보육교사를 위한 윤리강령이 따로 존재하지 않았으나, 유치원 및 보육교사의 책임과 전문성에 대한 논의가 활발해지면서 2010년 유아교육단체가 공동으로 '유치원교사 헌장·강령'(부록 1)을 발표하였으며, 같은 해에 한국보육시설연합회와 육아정책연구소가 주관하여 '보육인 윤리 선언'(부록 2), '어린이집 원장 및 보육교사 윤리강령'(부록 3)을 개발 및 제정하였다(염지숙, 이명순, 조형숙, 김현주, 2014).

　최근 우리 사회 전반에 퍼져 있는 윤리성의 약화와 더불어, 법과 제도적 허점을 이용하여 자기책임을 소홀히 하거나 집단적인 이기주의를 나타내는 상태나 행위인 도덕적 해이가 우려되는 시대적 상황 속에서, 윤리강령은 유아교사가 교실 현장에서 유아를 둘러싼 다양한 관계 속에서 올바른 가치 판단과 의사결정을 하는 데 혼동을 막을 수 있다(조형숙, 2009). 이와 같이 윤리강령의 선언은 유아교사에게 윤리의식이 얼마나 중요한지에 대해서 상징적으로 말해 준다(염지숙, 방유선, 2013). 하지만 이렇게 문서화된 윤리강령이 교사의 판단과 행동을 억압하는 규범 그 자체가 되지 않도록 해야 한다. 윤리란 사람으로서 마땅히 행하거나 지켜야 할 도리를 뜻하는 것으로, 윤리강령은 없어도 문제이지만 지나치게 강화되어도 문제가 될 것이다. 내재하는 윤리적 성격을 고려한다면 교사는 유아, 학부모, 동료교사, 교육행정가, 지역사회 등의 관계에서 필요로 하는 윤리강령은 필수적으로 요구되지만, 이러한 교육행위가 일어나는 다양한 맥락 속에서 개별 교사의 실천에 보다 초점을 맞추어야 할 것이다.

(4) 교직윤리는 가르칠 수 있는 것인가?

　특정 집단이나 사회의 윤리라는 것은 가치중립적이지 않으며, 주관적이며, 상대적이고, 많은 부분에서 드러나지 않는 것도 있기 때문에 직업윤리를 가르친다는 것은 어렵다고 보는 입장이다(최문기, 2007). 특히, 교사로서의 역할 수행은 개별 교사가 지니고 있는 각자의 가치, 신념, 태도에 비교적 크게 의존한다는 점을 고려한다면(염지숙, 방유선, 2013), 교사의 윤리성은 교사양성과정에서 가르쳐서 쉽게 바뀔 수 있는 것이 아니다.

　그럼에도 불구하고, 알고 행동하는 것과 모르고 행동하는 것은 큰 차이가 있기 때문에 교사들에게 객관적이고 보편타당한 윤리적 지식을 가르치는 것은 필수적이다. 특히, 교사교육에서 교사의 교과교육, 교육방법에 대한 지식과 기술을 발달시킬 것을 강조하지만, 이러한 과정에서 반드시 필요한 윤리적 지식에는 별로 주의를 기울이지 않아 왔다(최문기, 2007).

(5) 교직윤리는 교육행위로 연결되는가?

교사가 강한 윤리의식이 있다고 하더라도 또는 지식적인 측면에서 가르칠 수 있다고 하더라도, 이것은 과연 유아교육현장에서 교육행위로 실제 연결되는지에 주목할 필요가 있다. 즉, 교사윤리의 문제는 단지 직업윤리강령 선언의 차원이나 교육을 통한 개인의 윤리성을 향상시키는 것에 그치는 것이 아니라, 교육실천의 일부로 간주되어야만 한다(염지숙, 방유선, 2013). 최근 학부모나 교사들의 마비된 개인적 양심들이 빈번하게 나타나는 현실에서(곽덕주, 2007) 윤리적인 것은 단순히 규범성을 좇아가는 고립된 개인의 문제가 아니다. 윤리적 실천을 위해 교사는 규범이나 관습에 꽉 묶여 있는 사고에서 벗어나 경청하기와 사유하기의 실제와 함께하는 자세가 필요하다(Davies, 2014/2017).

2) 유아교사의 교직윤리

교육현장 속에서 유아교사의 하루 일과는 끊임없는 의사결정으로 이루어진 교육행위로 가득 차 있다. 등원하면서 엄마와 떨어지기 싫어하는 유아를 힘들게 교실로 데리고 들어와야 할지, 대집단 활동에 참여하기 싫어하는 유아를 그냥 두어야 할지, 유아에게 먹기 싫어하는 반찬을 권할지, 낮잠 자기 힘들어 하는 유아에게 누워 있으라고 해야 할지 등에 대해 교사는 교육적인 판단과 행동을 해야 한다. 이와 같이 매 순간 이루어지는 교사의 의사결정은 사소해 보일 수도 있지만, 이러한 교사의 판단과 행위가 유아에게 미치는 영향력은 매우 크다(김호현, 장희선, 2017). 그렇기 때문에 교육현장에서 모든 순간 교사의 전반적인 행위에는 근본적으로 윤리적 성격이 내재되어 있다(최문기, 2007).

특히, 전문직으로서 유아교사에게 윤리라는 측면이 더욱 중요한 이유는 다음과 같다(염지숙, 이명순, 조형숙, 김현주, 2014; 염지숙, 방유선, 2013; 임승렬, 김연미, 이은 정, 2014).

- 유아교사의 힘과 지위의 측면에서 유아들은 스스로 의사결정을 하고 생각을 표현하는 데 한계가 있을 뿐만 아니라, 스스로 자신을 방어할 수 있는 능력이 부족하다.
- 유아교육 대상은 유아만이 아닌 부모와 가정 및 지역사회의 다양한 집단이 연결되었기 때문에 유아교사가 우선적으로 유아에게 충실하 고 유아에 대한 책임을 중요하게 생각하지만 부모나 지역사회의 요구 를 고려하지 않을 수 없다.
- 유아교사의 역할이 광범위하고 때로는 모호하기 때문에 유아와 부모, 가족, 동료교사들이나 기관장과의 관계에서 어느 한쪽으로 치우치지 않는 역할을 수행하기 위해서는 윤리적 측면에서 근거하여 결정하는 것이 필요하다.

그런데 여기서 깊이 고민해 보아야 할 문제는 하루에도 수차례 이루어지는 교사 의 의사결정은 신중한 판단의 결과가 아닌 경우가 더 많다는 점이다. 사실 교사의 교육행위는 의도적으로 선택한 의사결정의 문제가 아니다. 교사가 알고 있고, 느 끼고, 믿고 있는 것이 무엇인지에 따라, 또한 어떻게 행동해야 하는지에 대해 배우 고 익힌 것에 따라 이미 결정된 생각을 교육실제로 옮기는 것이다. 따라서 유아를 가르치고 돌보는 유아교사의 윤리관은 "교과서적으로 문서화된 내용이 아닌 교사 들의 내면에 살아 숨 쉬는 내용으로 그들의 일상에 존재"하도록 하기 위한 노력이 필수적이다(염지숙, 방유선, 2013: 232).

 연구자의 목소리

대개의 가르침의 행위는 의식적으로 생각하면서 의도적으로 선택한 결과가 아

> 니다. 교사의 주의력은 제한적이지만 요구사항은 너무 많아 대개는 자동반사적
> 으로, 즉 몸에 밴 상태로 일을 하게 된다. 달리 말하면, 가르침의 순간은 의식적
> 의사결정의 문제가 아니라, 이미 내린 의사결정을 활성화하는 것에 가깝다.
>
> ☛ Davis, Sumara, & Luce-Kapler(2008/2017: 356).

교직윤리에 투철한 유아교사는 윤리적 문제에 대한 인지적 능력과 정의적 특성을 골고루 겸비하고 이를 교육현장에서 실천할 수 있는 사람이라고 볼 수 있다. 유아교사에게 필요한 구체적인 교직윤리의 내용은 [그림 3-1]과 같이 최문기(2007)가 제안한 모형에 따라, 인지적 차원, 정의적 차원, 실천적 차원으로 나누어 살펴볼 수 있다.

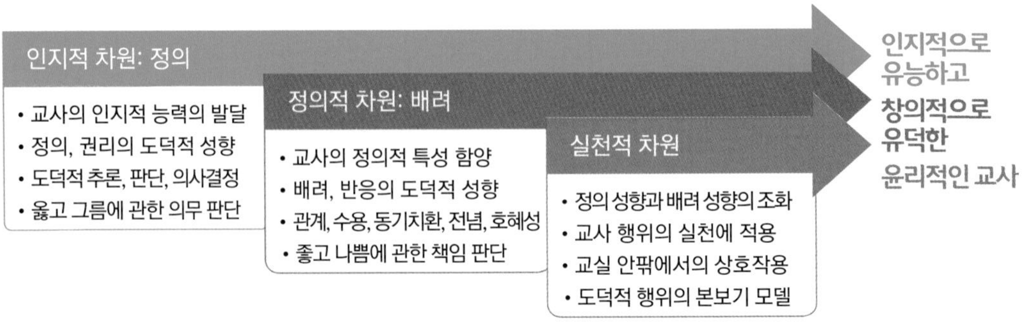

인지적 차원: 정의
- 교사의 인지적 능력의 발달
- 정의, 권리의 도덕적 성향
- 도덕적 추론, 판단, 의사결정
- 옳고 그름에 관한 의무 판단

정의적 차원: 배려
- 교사의 정의적 특성 함양
- 배려, 반응의 도덕적 성향
- 관계, 수용, 동기치환, 전념, 호혜성
- 좋고 나쁨에 관한 책임 판단

실천적 차원
- 정의 성향과 배려 성향의 조화
- 교사 행위의 실천에 적용
- 교실 안팎에서의 상호작용
- 도덕적 행위의 본보기 모델

인지적으로 유능하고 **창의적으로 유덕한** 윤리적인 교사

[그림 3-1] 교직윤리 이론의 통합적 모형

*출처: 최문기(2007: 192).

(1) 인지적 차원: 정의

유아교사는 추상적인 도덕철학이 아니라, 교사로서의 가장 기본적이고 보편적인 윤리개념을 배워야 한다. 인지적 차원에서의 윤리는 개인이 윤리적인 문제 상황에 직면했을 때 합리적이고 공정한 윤리적 추론, 윤리적 판단 및 윤리적 의사결정을 내릴 수 있는 기준이다. 이때 '~을 해서는 안 된다'와 같은 행위 규정에 의존

하는 것이 아니라, 윤리적 상황에서 의사결정을 내리는 데 가이드의 역할을 할 수 있다. 따라서 유아교사는 현장에서 유아, 학부모, 교사를 둘러싼 다양한 윤리적 문제를 포함한 상황을 예민하게 지각하고, 어떻게 윤리의 원리들이 사례에 적절하게 적용할 것인지 등 윤리적 추론 및 판단하고 합리적인 의사를 결정하는 인지적 능력을 발달시키는 것이 중요하다.

(2) 정의적 차원: 배려

인지적 차원의 정의 윤리에서는 의무, 규칙, 그리고 보편적 도덕 판단을 강조하는 반면, 정의적 차원의 배려 윤리에서는 관계적·맥락적 판단을 강조한다고 볼 수 있다. 윤리적인 삶은 단순한 원리나 규칙을 따르는 것 이상이며, 함께 살아가는 타인에 대한 진정한 배려와 관심의 맥락 속에서 윤리적 문제에 대해 갈등하는 책임이 요구된다. 예를 들어, 유아교사가 모든 일에 옳은 것만 행하려는 일방적인 자세를 취하는 것이 아니라, 현장에서 실제로 만나는 특수한 개별 유아의 상황을 고려하여 사유해야 한다. 이때의 배려는 흔히 유아교사에게 강요되는 따뜻함, 미소, 상냥 등과 같은 감정 또는 기질이 아니라, 친절한 교사의 이미지를 초월한 교직의 도덕적 및 지적 본성을 포괄하고 있다.

(3) 실천적 차원

유아교사는 정의나 배려에 의존하는 윤리뿐 아니라, 교육현장에서 필연적으로 직면하게 되는 수많은 윤리적 딜레마에 대해 성찰적 사고를 할 수 있어야 한다. 또한 이러한 성찰이 윤리적 의사결정 및 실천적 행동으로 이어질 수 있도록 해야 한다. 이를 위해 유아교사는 현장에서 마주하는 수많은 현상들을 통해 사유하는 존재, 끊임없이 배우는 존재, 실천적 삶을 사는 존재, 질문하는 존재로 서 있을 수 있는 힘을 키워야 할 것이다(남궁상운, 이현근, 정태식, 강영기, 손수경, 2017).

생각 나누기

📑 다음 내용을 읽고 토론해 봅시다.

윤 선생님의 딜레마

경력 5년차의 윤 선생님은 만 4세반을 담당하고 있다. 유독 남자 유아들이 많은 편이기도 하고, 이 시기에 유아들의 신체 발육이 활발히 일어나는 시기이기도 하므로 게임이나 야외 활동 등 활동적인 시간들을 많이 만들어 주려고 노력하고 있다.

그런데 놀이기구를 타던 유아가 입술이 터져 피가 나는 일이 발생했다. 윤 선생님은 교무실에 가서 약을 바르고, 사고 조사서도 쓰고, 학부모께 전화 드리는 등의 사고 처리를 했다. 그 후에도 윤 선생님 반의 유아들은 여러 번 크고 작은 사고가 생기면서 윤 선생님은 자신이 계획한 활동에 대해 회의감이 들기 시작했다.

만약, 교실에서 정적인 활동 위주로 일과를 운영하면 훨씬 다치는 횟수도 줄어들 것이고, 학부모에게도 전화하지 않아도 되고, 기관장에게도 미안해하지 않아도 될 텐데 라며 고민에 빠졌다. 그리고 무엇보다 유아들이 다칠 때마다 교사로서의 자존감도 같이 하락하는 것 같아 어떻게 해야 할지 모르겠다.

*출처: 허미경(2014: 193).

1. 앞의 이야기에서 중요한 윤리적 문제는 무엇이라고 생각합니까?

2. 당신이 윤 교사라면 처음 생각대로 행동하겠습니까? 아니면 유아들의 안전을 위해서 활동을 수정하겠습니까? 당신의 행동을 선택하고, 그 이유에 대해 이야기해 봅시다.

2 유아교사의 권리

1) 교사의 권리

교육현장에서 하루 종일 영유아들과 생활하는 유아교사들은 법과 무관하게 생활하는 것처럼 보이지만, 교사들에게 법과 관련된 많은 의사결정을 요구하고 있으며 여러 가지 이유로 교사들의 권리와 행동이 제약받기도 한다(임승렬, 2007). 예를 들어, 언론매체를 통해 보도되는 아동학대 사건의 여파로 학부모의 불안이 가중되면서, 결국 어린이집에 CCTV 설치를 의무화하는 조항이 2015년 「영유아보육법」에 포함되었다. 이는 영유아에게 안전한 보육환경을 조성하기 위한 공적인 측면이 있는 반면, 아동학대 정황 파악을 위한 부모의 영상자료 공개 요구에서 유아교사들의 권리가 심각하게 침해될 수 있는 문제라 할 수 있다(육아정책연구소, 2016).

그러나 이보다 더 심각한 문제는 대부분의 유아교사가 스스로에게 부여된 권리를 분명하게 알지 못할 뿐만 아니라, 교육현장을 둘러싼 법체계와 문제 발생 시 이와 관련된 법 적용 능력이 부족하다는 것이다(구은미, 정혜영, 2015; 임승렬, 2007). 이로 인해 많은 교사가 권리를 침해당해도 정당하게 권리를 주장하지 못하거나, 법적인 분쟁의 상황에서 교원으로서의 법적인 권리의 한계를 이해하지 못한 가운데 행동하여 사회적으로 비난을 받는 경우도 있다(위미숙, 2005).

예비유아교사로서 여러분은 스스로의 권리에 대해 얼마나 알고 있는지 점검해 보자.

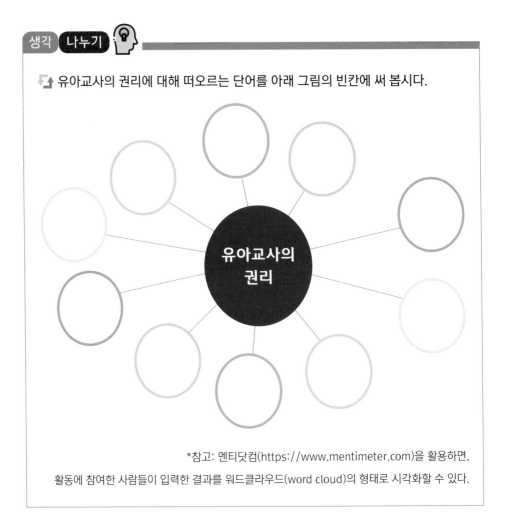

생각 나누기

🔁 유아교사의 권리에 대해 떠오르는 단어를 아래 그림의 빈칸에 써 봅시다.

유아교사의
권리

*참고: 멘티닷컴(https://www.mentimeter.com)을 활용하면,
활동에 참여한 사람들이 입력한 결과를 워드클라우드(word cloud)의 형태로 시각화할 수 있다.

교사의 권리란 교원이 전문직으로 직무를 원만히 수행할 수 있도록 법이 인정하는 힘을 의미한다(임승렬, 2007). 따라서 유아교사는 전문직으로서 교직에 종사하는 교원으로, 교육적 철학을 가지고 진리와 양심에 따라 외부의 부당한 지배나 간섭 없이 자유롭고 당당하게 영유아들에게 교육을 행할 수 있는 권리를 가지고 있다. 이는 교사들의 사적 이익을 위한 권리가 아니라 영유아에게 참교육을 실천하기 위해 반드시 필요한 권리라고 볼 수 있다(김용택, 2013). 이러한 교사의 권리는 〈표 3-1〉과 같이, '교육자로서의 권리, 전문직 종사자로서의 권리, 인간으로서의 권리'가 포함되며, 이에 따른 교사의 책무도 있다.

〈표 3-1〉 교사의 권리와 책무

구분	권리
교육자로서의 권리	1. 교육자는 가르치는 일에서 학문의 자유를 누려야 한다. 교육자는 교육 내용 선택과 교육방법 결정, 평가와 학생 지도에서 전문가로서의 식견과 윤리의식에 입각하여 자유롭게 전문성을 발휘하여야 한다. 2. 교육자는 연구자로서 새로운 교육과정과 교육자료를 개발하는 일에 적극적으로 참여할 수 있도록 장려되어야 한다. 3. 교육자는 학교 공동체의 중요한 일원으로서, 학교의 공동 사무에 적극적으로 의견을 개진하고 참여할 수 있도록 장려되어야 한다.
전문직 종사자로서의 권리	1. 교사가 안정적으로 직무를 수행할 수 있도록 교사의 신분은 보장되어야 한다. 사립학교 교원의 신분을 보장하고 직업적 안정을 도모하기 위하여 사회 각계의 최선의 노력이 있어야 한다. 2. 교사들이 각종 전문적 단체를 조직하여 자신들의 교직 전문성을 계발하는 일은 적극 권장되어야 한다. 3. 교사는 교육활동과 관련된 부당한 요구로부터 자유로워야 한다. 학교 행정가는 교사가 부당한 요구를 받지 않고 자유롭게 교육활동을 전개할 수 있도록 최선의 노력을 다하여야 한다. 4. 교사에 대한 징계 조치는 명확히 규정되어야 한다. 모든 교원은 어떤 징계 절차든 각 단계마다 다음과 같은 권리를 보호받아야 한다. ① 징계 회부와 그 이유를 서면으로 통지받을 권리, ② 징계 사유에 관한 증거를 충분히 알아볼 수 있는 권리, ③ 충분한 준비 기간을 가지고 스스로 변호하거나, 자기가 선택한 대리자로 하여금 변호하게 할 수 있는 권리, ④ 결정 사항과 그 사유를 서면으로 통지받을 권리, ⑤ 명확히 지정된 기관이나 기구에 소청할 수 있는 권리 5. 교사는 건강하게 교직 업무를 수행할 수 있어야 하며, 교육행정당국은 교사의 건강을 유지·증진하기 위하여 적절한 노력을 다하여야 한다. 6. 여 교사에 대한 어떠한 차별 행위도 존재하지 않아야 하며, 특히 가정의 책임을 가진 여 교사가 육아와 교육활동을 조화롭게 전개할 수 있도록 적극적으로 배려하여야 한다.
인간으로서의 권리	1. 교사는 인간으로서 헌법상 보장된 기본적 권리를 특별한 이유 없이 제한받지 않아야 한다. 2. 교사는 교육활동과 관련하여 인간으로서의 존엄과 행복을 추구할 권리를 보장받아야 한다.

교사의 책무

1. 교사는 자신의 전문성과 윤리의식을 신장하기 위하여 지속적으로 노력하여야 한다.
2. 교사는 교육활동 중에 학생의 권리를 보장하고 학생을 보호하기 위하여 최선의 노력을 다하여야 한다.
3. 교사는 교육활동 과정에서 정치적·종교적 중립을 유지할 수 있도록 노력하여야 한다.
4. 교사는 학부모의 정당한 의견을 수렴하도록 노력하여야 한다.
5. 교사는 학교의 공동 사무에 적극적으로 협력하여야 한다.

*출처: 경기도교육청 교권보호헌장(https://edup.goe.go.kr/eapc)(2020년 1월 2일 인출).

2) 교사의 권리 보호

오늘날 교육현장에서 교사의 권위는 과거보다도 많이 낮아졌고, 교사에 대한 사회적 존경이나 교권의 중요성에 대한 사회적 인식도 하락하고 있다(이종근, 2015). 한국교원단체총연합회가 발표한 '2014년 교권회복 및 교직상담 결과'에 따르면, 지난해 교총에 접수된 교권침해 상담사례 가운데 절반 이상이 학부모와의 갈등을 겪는 교사 사례로 밝혀졌다. 더욱이 최근 유아교육기관과 교사에 대한 부정적인 보도와 사회적 비판, 기관 내 CCTV 설치 의무화 등은 교사와 학부모 간의 갈등의 골을 깊게 만들고, 무엇보다 교사 스스로의 자부심을 저하시키고 있다.

교사는 평상시에는 그들의 권리에 대해 인식하지 못하다가 저임금, 부당해고, 교육현장에서 상해를 입었을 때 등과 같이 어렵고 답답한 상황에 처하게 되어서야만 권리의 필요성을 인식하게 되는 경우가 많다. 또한 사고가 두려워 교육활동에 소극적이고 법률지식이 없어 정당하게 권리를 주장하지 못하는 경우도 있다(위미숙, 2005). 유아교사는 권리에 대한 이해가 낮고 침해되었을 때 대처하는 방법을 잘 모르며 권리 보장에 대한 인식이 부족하다는 것이 연구를 통해 보고된 바 있다(김보영, 2011; 양다경, 이연승, 2012). 유아교사의 교사들이 자신의 권리에 대해 분명히 알지 못할 경우 교사의 권리가 침해되고, 또한 사회경제적으로 정당한 대우를 받지 못할 때 교사의 사기는 저하되고 업무 능률은 떨어지게 된다. 이런 현상은 교직에 대한 불만과 무관심을 불러일으키고, 교육효과에 심각한 영향을 미

치게 된다(임승렬, 2007). 이와 같이 교사들이 겪는 어려움을 해소하고 소신껏 학
생들을 교육할 수 있도록 돕기 위한 정부와 지방자치단체 차원에서의 노력들이
이루어지고 있다.

　최근 교육부(2019a)는 교육활동 침해행위로 피해를 입은 교원의 보호조치 비용
부담 및 구상권의 범위, 절차 등 법률에서 위임된 사항을 정하고, 현행 제도의 운
영상 나타난 미비점을 개선 및 보완하기 위해 「교원의 지위 향상 및 교육활동 보
호를 위한 특별법」을 개정하고 이에 따른 시행령을 공표하였다. 이와 함께 교육부
(2019b)는 한국교육개발원과 함께 『교육활동 보호 매뉴얼』을 17개 시ㆍ도교육청
과 학교현장에 보급하였다. 또한 교권침해를 당한 교사들이 안정적으로 상담받을
수 있도록 각 교육청에 설치된 교원치유지원센터의 상담실도 개선하며, 교육활동
중 일어난 사고에 대해 배상금을 지원하는 교원배상책임보험비도 지원하는 등 지
역교육청 및 단위 학교에서 교원의 교육활동을 보호하기 위한 교권보호 종합대책
을 시행하고자 노력하고 있다.

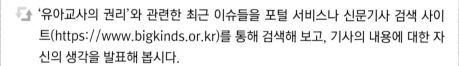

'유아교사의 권리'와 관련한 최근 이슈들을 포털 서비스나 신문기사 검색 사이
트(https://www.bigkinds.or.kr)를 통해 검색해 보고, 기사의 내용에 대한 자
신의 생각을 발표해 봅시다.

3) 유아교사의 권리 회복

　초ㆍ중ㆍ고등학교 교사들에 비해 영유아교사의 권리 침해는 그 수준이 더 심각
할 수 있다. 어느 교사의 "아이들을 교육, 보육하는 사람이지 때리는 사람이 아닌

데, 왜 감시를 하나요?"(임수정, 이일랑, 이대균, 2013)란 목소리를 통해 이러한 현실을 짐작해 볼 수 있다. CCTV를 아동학대의 사건으로만 결부지어 인식하고 교사의 인권 및 사생활 침해 문제, 그리고 교권과 교육과정 자율성의 문제 등으로 연결시키지 않는 것(연희정, 이연선, 2016)에 대해 재고해 볼 필요가 있다.

오늘날 유아교육현장에서 나타나고 있는 문제를 해결하기 위해서는 감시와 통제를 먼저 내세울 것이 아니라, 현장의 문제부터 재검토하고 서로에 대한 사회적 민감성을 회복하는 노력이 필요하다(손원경, 2015).

🔁 다음 내용을 읽고, CCTV에 대한 여러분의 생각을 이야기해 봅시다.

〈CCTV에 대한 학부모의 은유적 표현〉

더 듬 이: 곤충이 더듬이를 통해 주변 환경이 어떤지를 기억해 내는 것처럼, CCTV도 교실 내에서 아이들에게 일어나는 모든 일들을 기억해 주고 있기 때문이다.

탐 정: 내 아이가 저번에 다른 애한테 맞고 왔을 때 계속 그 아이가 발뺌을 해서 CCTV로 찾아낸 적이 있기 때문이다.

가 위: 엄마들이 느끼는 걱정이나 내 아이가 누군가에게 괴롭힘을 당하지 않는지 두려움을 한순간에 싹 잘라버릴 수 있을 것이기 때문이다.

응 급 처 치: 아이가 다쳤을 때, 왜 다쳤는지 모를 때 진짜 황당하고 당황스러웠고 나도, 아이도 마음에 상처가 생겼었는데 그나마 CCTV가 있어서 조금은 빨리 해결되었다고 생각하기 때문이다.

울 타 리: 아이를 안전사고로 지켜 줄 수 있고 교사와 아이들 간에 생길 수 있는 오해도 해소시킬 수 있을 것 같기 때문이다.

양 날 의 검: 설치 안 하게 되면 부모들은 불안하고 설치하게 되면 무슨 일이 생길 때마다 계속 보고 싶기 때문이다.

〈CCTV에 대한 교사의 은유적 표현〉

제 2 의 눈: 나를 바라보는 눈은 사실 부모, 원장이 있는데 교실에 나를 바라보는 또 다른 눈을 심어 놓은 것이기 때문이다.

스 위 치: 실험교실처럼 교사와 아이들 모두 CCTV가 켜지는 순간 사회에서 바라는 행동들을 하려고 애쓰기 때문이다.

보 호 장 치: 마음 놓고 아이들에게 교육할 수 있도록 하며 언젠가는 무슨 일을 저지를지 모른다는 일반 사람들의 불편한 시선으로부터 착하고 교육 잘하는 교사를 지켜 주기 때문이다.

비 상 구: 부모들이 하는 과도한 오해로부터 탈출할 수 있는 유일한 비상구 역할을 CCTV가 할 것으로 예상되기 때문이다.

만능 해결사: 아동학대, 아이들끼리의 싸움, 원장 비리 등 숨어 있던 나쁜 일을 한방에 해결해 줄 수 있기 때문이다.

야누스의 얼굴: 부모들은 안심할 수 있지만 교사들은 더욱 일하기 싫게 만들기 때문이다.

*출처: 연희정, 이연선(2016a: 360-370).

Movement in Early Childhood Teacher Education

유아교사의 자기돌봄

교사는 유아만을 사랑해야 하는가? 교사에게는 자신을 사랑하고 마음을 챙기는, 즉 자기돌봄 또한 필요하고 중요하다. 교사는 자신의 역할을 성공적으로 수행하기 위해 전문적 자질을 갖추어야 하지만, 이러한 자질 못지않게 중요한 것이 정신건강이다. 교사로서 나는 누구이며 어떤 가치를 가지고 살고 있는가에 대한 근본적인 고민을 바탕으로, 교사 스스로 자신을 돌보아야 한다.

이 장에서는 유아교육현장에서 흔히 볼 수 있는 유아교사의 위기를 소진과 이직 현상을 중심으로 살펴보고 교사 스스로 자신을 돌보는 자기돌봄의 삶이 무엇인지에 대해 이야기 나누고자 한다.

1 유아교사의 위기

생각 나누기

🔁 당신이 만났던 교사는 어땠나요?

참관, 교육봉사, 실습 등을 통해 유아교육현장에서 만났던 교사는 어땠나요? 유아들과 함께 있을 때의 교사, 동료교사들과 함께 있을 때의 교사, 부모들과 함께 있을 때의 교사 등의 장면을 떠올려 본 후, 유아교사가 소진을 느끼는 순간에 대해 생각을 나누어 보세요.

1) 소진

교직은 스트레스를 많이 받는 직업 중의 하나로 소진의 위기를 겪을 가능성이 높다. 이때 소진이란 직무와 관련된 스트레스에 장기간 노출된 경우에 나타나는 현상으로, 흔히 낮은 에너지와 만성피로 같은 정서적 고갈, 동료로부터 부정적 혹은 냉소적인 느낌을 받는 비인간화 및 자신의 일이 쓸모없다고 느끼는 개인적 성취감의 결여와 같이 일정의 정의적 반응을 뜻한다(이경화, 주미정, 이희영, 2011).

이러한 소진은 교사 자신에게는 물론 일과에서 장시간 함께하는 유아에게도, 나아가서는 기관의 모든 구성원에게도 영향을 줄 수 있는 위험한 심리상태라고 할 수 있다. 교사가 경험하는 소진의 정도는 개인마다 다르게 나타난다. 즉, 같은 근무 환경 속에서도 장기간의 스트레스로 인해 소진을 겪는 교사가 있는 반면, 그렇지 않은 교사도 있다. 또한 유아교육기관에서 경험하는 동료 및 원장과의 불편한 인간관계, 학부모와의 충돌, 교수능력에서 오는 좌절감, 열악한 근무조건, 개인적 여유를 누릴 수 없는 삶, 안전사고 등으로 인한 갈등상황(이경화, 2013)에서 발생하는 스트레스를 받아들이는 교사의 개인차에 따라 소진의 강도는 달라진다. 유아교사의 개인적 성향이나 근무환경의 영향 등에 따라 교사 개인이 스스로 소진을 극복하고 활력을 찾으려는 노력을 하는 경우도 있지만(정은경, 2017), 자본주의 사회 내에 존재하는 다양한 한계와 억압 속에서 교사의 교육관이 무너지고 저항하지 못한 채 힘없이 주저앉기도 한다(차주경, 이경화, 2011).

 교사들의 목소리

〈A교사의 이야기〉

오늘 같은 경우에는 운동장에 나가서 운동회 연습을 하고 교실로 돌아가서 같이 점심을 먹고, 점심 먹고 나면 바깥놀이 가서 같이 놀고, 다시 들어와 하루를 회상하면서 동화 듣고, 귀가하고, 애들이 가면 기다리는 교실에서 가는 애들 봐 주다가 전화 받고, 2차(귀가지도 차량 탑승) 나갔다가 들어오고, 들어와서는 간식 먹고, 다음 주 주안 회의하면서 계획하고, 퇴근하고…… 늘 같은 일상, 똑같은 하루예요.

가장 회의감이 들 때는 학부모들이 안 믿어 주고 신뢰가 깨졌을 때예요. 얼마 전에도 한 학부모가 자기 아이의 말만 믿고 원장님하고 이야기를 한 거예요. 유치원 입장에서는 요즘 시대가 이러다 보니 이 일을 더 키우지 않으려고 교사 입장에서 이야기하기보다는 학부모 입장이나 유치원 입장에서 이야기하는 게 많아요. 그렇다 보니 교사 입장에서는 '내가 지금까지 이렇게 해 왔는데 유치원이든, 학부모이든 나를 믿어 주지 않으니 이게 무슨 소용이 있나' 하는 이런 생각이 들어요.

〈B교사의 이야기〉

유치원에서 업무가 많다 보니 힘들어요. 집에 도착해서 씻고 하면 (밤) 12시인데 불안해서 잠을 못 자겠어요. 집에 가서 내 업무를 더 해야지 마음 편하게 잘 수 있어요.

동료교사에게서 받는 스트레스도 많아요. 별…… 진짜, 프린트 하나 가지고도 서로 의견이 다르고, 입장이 다르고, 이런 스트레스가 쌓이고 쌓여서 엄청난 갈등이 생기기도 해요. …… 작년에는 교사들끼리 너무 의견이 안 맞았어요. …… 항상 의견도 갈리고, '무조건 이대로 해야 된다'라는 식이었어요. 이런 대립 상황이 좁혀지지가 않았어요.

일을 할 때 부정적인 것을 표현해 봤자 어차피 저한테 돌아오는 것 같아요. 그러니까 계속 참게 되는 것 같아요. 화를 내고 싶어도 화를 안 내고 꾹꾹 눌러서 참는 거죠.

작년에 있었던 일인데요. 집에 가려고 앉아 있는데 한 아이가 뒤에 있는 친구한테 말을 하려고 돌다가 부딪혀서 입 안쪽이 찢어졌어요. 바로 병원에 데려갔는데…… 그 엄마가 카톡에 다친 아이의 사진을 찍어서 프로필 사진을 해 놓고 제 욕을 적어 놓은 거예요. 그때 정말 처음으로 충격을 받아서 화장실에 들어가서 엄청 울었어요.

📌 심은주, 이경화(2015: 337-343)에서 발췌한 두 명의 사립 유치원교사들의 이야기

2) 이직

🔄 소설 『82년생 김지영』 속의 주인공, 그리고 지금을 살아가고 있는 나에 대해 이 야기 나누어 봅시다.

여권이 신장된 시대, 그러나 여전히 '여성'이라는 조건이 굴레로 존재하는 사회에서 살아가는 한 여자의 인생을 다룬 『82년생 김지영』(조남주, 2016)은 30대를 살고 있는 한국 여성들의 보편적인 일상을 완벽하게 재현하였습니다. 그리고 지금 여성/남성으로서 학생으로 삶을 살고, 앞으로는 엄마/아빠로 교사로 삶을 살아갈 당신은 이 소설을 어떻게 바라보는지 함께 토의해 봅시다.

*출처: 교보문고(http://www.kyobook.co.kr/)
(2020년 1월 2일 인출).

이직(移職)이란 직장이나 직업을 옮기거나 그만두는 것을 의미한다. 사회 구조의 변화나 가치관의 변화 등으로 이직은 흔하게 나타나는 현상이 되었다. 한번 들어간 직장을 평생직장이라고 생각하며 얼마나 오랫동안 다녔는지가 직장인의 성실함을 보여 주는 척도라 여길 때도 있었다. 최근에는 대인관계, 연봉, 복지, 비전 등 다양한 이유로 자발적 이직을 하는 경우가 많아지고 있다. 그래서 흔히 평생직업은 있더라도 평생직장은 없다는 말을 하곤 한다.

이러한 현상은 유아교육현장에서도 나타나고 있다. 유아교사로서의 사명감으로 삶을 열심히 살았지만, 유아교육기관이라는 특수성으로 인해 경험할 수밖에 없는 교사로서의 힘겨움과 갈등이 해결되지 못한 상태로 지속될 때 교사로서 살아가는 것에 회의를 느낄 수밖에 없을 것이다. 유아교사의 이직과 관련한 요인으로는 지나친 업무량으로 인한 스트레스와 소진, 원장, 동료, 학부모와의 갈등, 급여와 보수에 대한 불만족, 직무만족, 조직헌신도, 직업적 안정성, 유아교사에 대한 이미지, 근무여건 및 복지 보장 등으로 나타날 수 있다(정혜영, 이경화, 2014).

조금 더 구체적으로 살펴보면, 유아교사들이 이직을 결심하는 과정은 다음과 같이 '유아교사의 사회적 이미지, 여성의 본질적 문제, 사립유치원의 현실'이라는 관점에서 바라볼 수 있다(차주경, 이경화, 2011).

- 유아교사의 사회적 이미지: 유아교사란 천사같이 예쁜 교사이자 돌봄의 상징이라는 사회적 이미지는 늘 친절함을 유지해야 하는 감정노동을 요구하고, 돌봄과 배려의 마음은 엄격하게 가르치는 모습이 아닌 화내지 않고 헌신하며 늘 좋은 관계를 유지하는 것으로 그것이 곧 유아교사로서의 미덕임을 강요한다. 바쁜 하루의 일과 속에서 사명감으로 버텨 보지만 다양하게 직면하는 어려움을 감내하는 과정에서 갈등하고 힘들어 하는 일들이 반복되고 누적되면서 교사로서 생명의 한계를 경험하기도 한다.
- 여성의 본질적 문제: 유아교사들의 이직에는 결혼생활과 육아를 병행할 수 없는 여성의 본질적인 한계가 내포되어 있다. 결혼 또는 출산으로 인해 유아교사는 자의적, 타의적으로 그만두게 되는 경우가 많다. 또한 나이가 들면 하지 못하는 직업이라는 사회적 가치관으로 인해 짧은 교직주기를 당연히 받아들이기도 한다. 나아가, 육아휴직이라는 제도가 마땅히 보장되어야 함에도 불구하고, 조직 내의 다양한 요인으로 인해 눈치를 보면서 이 또한 제대로 당당하게 요구하지 못하는 상황에 놓이기도 한다.
- 유아교육기관의 현실: 재충전과 휴식, 결혼과 출산이 휴직이 아닌 이직 또는 퇴직으로 이어지는 이유는 유아교육기관의 현실과 결부되어 있다. 특히, 사립유치원 및 민간어린이집의 근무조건과 물리적 요건, 운영자들의 일방적인 규제, 국공립교사들과의 동등한 제도적 지원이 부족한 것은 여전히 문제로만 남아 있을 뿐 개선되지 못하고 있다.

유아의 발달적 특성이나 교육과정 및 교육방법의 특수성 때문에 유아교사에 의

존하고 있기 때문에 유아교사의 이직은 직무 수행에 부정적인 영향을 미칠 수 있을 뿐만 아니라, 유아들의 정서적 안정감을 상실할 수 있다(차주경, 이경화, 2011). 유아교사의 이직이 승진 등으로 자연스럽게 이루어질 때 이직이 가지고 있는 긍정적 의미를 살릴 수 있지만(황은지, 2007), 유아교사의 이직이 잦은 우리 교육현장의 현실을 재인식하고, 유아교사들의 이직현상에 대한 사회적 · 제도적 · 정책적 보완이 이루어져야 할 것이다.

생각 나누기

📑 다음 교사들의 이야기를 읽고 생각을 나누어 봅니다.

〈A교사의 이야기〉

어느 순간 일을 하다 보니까 지치는 시기가 온 거예요. 아! 유치원교사는 항상 엄마들한테 미안해해야 되고, 아이가 한 명 그만두면 원장님한테 죄송해해야 되고, 아이 입장에서 사정이 여의치 않아 "엄마가 다른 유치원을 보내고 싶으시대요." 그러면 나도 속상하고 똑같이 속상한데 나 혼자 "원장님 정말 죄송합니다." 이렇게 얘기가 되는 거예요. 그런데 원장님은 "네가 좀 더 잘하지. 다시 전화해라." 항상 그것을 강압적으로 하니까 얘가 하루만 결석해도 내 탓 같은 거예요. 아이가 다치면 '잘못했어요. 미안해요. 제가 본다고 봤는데······.' 유치원은 정말 많은 다양한 이변이 일어나잖아요. 유치원교사는 왜 항상 미안해해야만 할까 고민하게 되는 거예요.

〈B교사의 이야기〉

제가 그 유치원에 마지막으로 들어갔거든요. 세 명은 원래 있었고 제가 느끼기에 교사들의 성품이라는 것이 보이잖아요. 지내다 보면 누구는 편하고 누구는 어렵고 그런데 ○○반 선생님은 편한데 다른 두 명은 너무 좀 이기적이라고 해야 하나? 남을 배려도 안 하고 자기 마음대로 해 버리는 거예요. 그래서 어디 가나 이런 사람 있고 저런 사람 있고 하니까 그냥 그런가 보다 했는데 지나면 지날수록 도가 지나친 거예요. 왜냐면 ○○반 선생님이랑 저 같은 성격은 뭐든지 좋다는 성격이니까 사람을 무시하고 완전 자기 마음대로 해 버리는 거예요. 이제 그게 쌓이다 폭발을 해 버리니까 완전 큰 싸움이 되어 버리고 그러다가 주임선생님은

"내가 너희보다 나이가 어리다고 그러냐" 하며 이런 이야기도 나왔었고 "그런 생각한 적 없다" 해도 계속 보이지 않게 불만을 표시하고……

〈C교사의 이야기〉

　교사생활 때는……. 처녀 때는 결혼하고 나서 이런 상황이 올 거라는 것을 저는 이런 걸 상상을 못했었거든요. 교직을 절대 포기 안 할 거라는 생각을 해 왔고, 유치원의 여러 가지 어려움들을 다 알고 다 감안하고 시작해서 포기를 안 할 거라 생각을 했는데 결혼을 안 하고 아기를 안 낳아 보니까 이 생각을 못했던 거예요. 이런 일로 교직을 포기해야 한다는 것은 상상을 못했어요.

　✔ 차주경, 이경화(2011: 411-419)에서 발췌한 세 명의 사립 유치원교사들의 이야기

1. 세 명의 유아교사가 경험하는 갈등의 원인은 무엇인가요?

2. 만약 당신이 세 명의 교사와 같은 상황에 놓인다면, 갈등 해결을 위해 어떤 노력을 할 수 있을까요?

2 유아교사의 자기돌봄

생각 나누기

↪ 틱낫한(Thich Nhat Hanh) 스님이 추천한 『화가 났어요』(Gail Silver, 2010)라는 동화를 읽은 후, 생각을 나누어 봅시다.

얀의 할아버지는 얀에게 블록쌓기 놀이를 그만하고 함께 저녁을 먹자고 말합니다. 계속 놀고 싶었던 얀은 할아버지의 말씀을 따르고 싶지 않았지요. 하지만 얀은 아무 말도 못하고 눈물만 뚝뚝 흘리면서 큰 소리로 울고 맙니다. 그러자 할아버지가 얀에게 자기 방으로 돌아가서 "화와 함께 앉아 있어라." 하고 말합니다. 방으로 들어간 얀에게 새빨간 털투성이 괴물이 갑자기 나타났습니다. 그 괴물은 얀의 화였습니다. 얀과 새빨간 털투성이 화는 함께 이야기를 나누고, 손을 맞잡고 춤을 추고, 방바닥을 쾅쾅 두드리기도 합니다. 그러면서 조금씩 진정된 얀은 바닥에 편안하게 앉아 천천히 깊이 숨을 쉬더니 점점 화가 가라앉고 기분이 좋아지게 됩니다.

ⵋ 교보문고(http://www.kyobook.co.kr/) (2020년 1월 2일 인출).

1. 당신은 화가 나면 어떻게 하나요?

2. 아이들이 화를 내는 것에 대해 어떻게 생각하나요?

3. "화와 함께 앉아 있어라."라는 할아버지의 말씀은 어떤 의미일까요?

4. 아이들이 화가 났을 때 교사는 어떻게 해야 할까요?

1) 마음챙김

유아교사는 늘 유아만을 사랑해야 하고, 하루의 모든 시간을 유아를 위해 써야 하는가? 교사도 교사이기 전에 개인적인 삶을 살아가는 사람이며, 교사로서 역할을 제대로 수행하기 위해서는 스스로 자신을 돌보는 것이 중요하다. 화가 날 때, 지치고 힘들 때, 슬플 때 등 심리적으로 힘든 '나'를 위해 스스로 할 수 있는 일로 긍정적으로 생각하기, 시간 관리하기, 스트레스 관리하기, 지지집단 찾기, 휴식하기, 교사 자신의 건강 돌보기, 혼자서 일하지 않기, 통제력 갖기, 재미있게 지내기 등과 같은 다양한 방법이 알려져 왔다.

최근에는 심리학적 기반으로 한 자기관리 방법의 한계점을 넘어서, 교사의 자기돌봄(self-care)에서 마음챙김(mindfulness)에 주목하고 있다(김정호, 2016; Munk, 2014/2016). 마음을 챙긴다는 것은 자신의 마음에 주의를 기울이고 잊지 않고 지속적으로 방심하지 않고 정신을 차린 상태를 유지하는 것으로, 이를 통해 자신의 마음에 대한 알아차림뿐만 아니라 자신을 객관적으로 보게 해 주고 마음의 건강한 요소를 키울 수 있는 데 도움을 준다(김정호, 2016).

교사 이전에 한 인간으로서 자신의 삶을 멈추고, 살피고, 보듬고, 껴안는 것에 대한 중요성은 강조되어야 한다. 이는 주관을 개입시키지 않고 주체와 객체를 분리하여 깊게 바라봄으로써 일상에서 벌어지는 고통스러운 사건을 분석하여 자기비관을 막을 수 있도록 이끈다. 즉, 나를 괴롭히는 생각을 멈추고 그 순간에 갈등하는 자신을 깊숙이 관찰함으로써 진짜 '나'와 대면할 수 있도록 하고, 이를 통해 용서와 사랑의 마음, 그리고 마침내 타인과 세상을 껴안는 과정으로 안내한다 (Brach, 2011/2013).

역동적인 교육현장에서 교사들은 여러 문제상황에 직면하면서 많이 성장하기도 하지만, 반면에 좌절하고 괴로워하기도 한다. 그때 흔히 우리는 자신이 부족하다는 생각을 지우지 못하고 살아가기도 하고, 또는 이는 내 탓이 아니라고 외치며 단순히 문제상황에서 탈출하는 경우도 많다. Brach(2011/2013)은 자신에게 생기는 부끄러움과 분노, 미움과 절망, 슬픔과 외로움을 객관적으로 바라보고 모두 받아드릴 수 있는 자기돌봄의 구체적인 방향으로 'RAIN'을 제시하였는데, 구체적인 내용은 다음과 같다.

- R: 인식하기(Recognize). 이는 단지 '아, 지금 여기서 뭔가 벌어지고 있군!'이라고 인식하는 정도로도 충분하다는 것이다. 즉, 벌어지고 있는 나쁜 일들에 감정을 동일시하지 않고 생각을 잠시 멈출 때 거기서 선택과 자유의 기회가 생긴다.
- A: 허용하기(Allow). 자신의 어딘가 막혀 있는 부분을 인식하고, 그것을 부정하거나 거부하지 않고 있는 그대로 허용하는 것이다.
- I: 살피기(Investigate). 지금 우리의 몸과 가슴에서 실제로 일어나는 일을 제대로 살펴보는 것으로, 살피는 것의 대상에는 지금 일어나는 자신의 신념이나 느낌, 감각, 감정이 포함된다.
- N: 동일시에서 벗어나기(Not identified). '화가 난다, 슬프다, 괴롭다' 등의 일, 감정, 느낌을 인식하면서 서서히 자신과 그 안 좋은 느낌을 분리한다. 즉, 내가 지금 여기에 '현존'하게 되면 나와 감정을 '동일시하는 것에서 벗어나게' 된다.

많은 교사는 언젠가는 좀 더 나은 교육환경 속에서 근무할 수 있을 것이란 막연한 기대를 가지고 살아간다. 그리고 그런 날이 올 때까지 이 현실 속에서 스스로할 수 있는 일을 찾아 하면서 어려움이나 좌절을 극복하고자 노력하지만, 그날은 쉽게 오지 않을지도 모른다. 따라서 변화의 시작은 나의 현재, 지금을 인정하는 것, 즉 나의 '자각'에서부터 출발되어야 한다(Brach, 2011/2013).

교사들의 삶에 대한 성찰의 과정을 들여다보면 안타깝게도 많은 아픔과 상처가 나타난다. 실적과 성과를 강요하는 교육정책으로부터 받은 상처, 권위적이고 수직적인 학교문화로부터 받은 상처, 과중한 업무로 받은 상처들이다(남궁상운, 이현근, 정태식, 강영기, 손수경, 2017). 교사로서 자기돌봄을 위해 자신에 대한 자각, 즉 언제나 지금, 자신을 깨어 있는 눈으로 보기 위해서는 어떻게 해야 할까? 교사양성기관인 대학은 예비교사에게 전문직에 필요한 수많은 지식, 기술, 태도를 체계적으로 가르치기 위한 노력을 하고 있지만, 예비교사들이 교육의 본질에 대해 나아가 교사로서의 삶에 대해 사유할 수 있는 기회를 충분히 제공하지 못하고 있다.

철학과 함께 사유할 수 있는 자기돌봄의 삶이 교사에게 필요하다. 이는 더 손쉬운, 더 단순한, 더 걱정없는 의미로 더 나은 삶을 만들어 주는 것이 아니며, 철학을 통한 자기돌봄이란 치료법을 제시하고 수동적으로 치료 효과를 기다리는 것도 아니다(Munk, 2014/2016). 진정한 사유란 무개념의 사유 또는 비사유의 사유이며, 지식, 권력, 언어, 구조, 이미지, 표상 등에 갇혀 있을 수 있는 자신의 삶에 의문을 가지고 균열을 가하는 것을 의미한다(이연선, 정혜영, 2018). 이를 통해 유아교사로서 인생의 길목마다 부딪히는 문제와 그 문제에 직면했을 때 필요한 실존적 물음에 대한 해답을 찾을 수 있을 것이다(Munk, 2014/2016).

2) 일터영성

생각 나누기

↻ 메타포를 이용하여 자신이 어떤 사람인지 표현해 봅시다.

- 내가 생각하는 나:
- 내가 되고 싶은 나:
- 타인이 생각하는 나:

1. '내가 생각하는 나'와 '되고 싶은 나'의 공통점과 차이점은 무엇인가요?

2. '내가 생각하는 나'와 '타인이 생각하는 나'의 공통점과 차이점은 무엇인가요?

3. 왜 이런 차이가 생기게 되었을까요? 무엇이 이런 차이를 만들까요?

*출처: 심은주(2016: 69).

급격한 시대적 변화로 인해 더욱 낯설고 어려운 오늘날, 신인류(新人類)라 불리는 아이들, '내 아이'에 집착하는 부모들, 그리고 경쟁과 효율을 강조하는 교육정책이 교사들을 억압하는 현실 속에서 제대로 된 유아교사로서 살아간다는 것은 쉬운 일이 아니다(김성천, 서용선, 오재길, 이규철, 홍섭근, 2015). 또한 물질과 소비, 경쟁과 외적 가치를 추구하는 현실 속에서 현대인들은 자신의 삶에 대한 진정한 방향성을 찾지 못하는 실존적 위기를 많이 경험하고 있다(이경화, 심은주, 2013). 이러한 교사를 둘러싼 복잡한 시대적 · 사회적 맥락 속에서 자신의 마음만을 돌보고 챙기는 것은 분명 한계가 있다. 이를 극복하기 위한 노력의 일환으로 최근 일터영성(workplace spirituality)의 중요성이 재조명되고 있다.

일터영성이란 "일과 조직이라는 환경 속에서 삶의 의미와 존재적 가치를 찾고자 하는 인간의 본연적, 심리적 의식 상태"(노상충, 2013: 10)를 의미한다. 이때 영성이란 종교성을 초월하는 개념으로, 최근에 교육학 분야에서 영성이 주목받는 이유는 사람이 어떠한 삶을 살아야 하는지 끊임없이 안내하는 반성적 역할을 하기 때문에 교육의 본질적 목적과 가치에 부합된다(심은주, 이경화, 2012).

따라서 영성이란 유아교사에게 있어서 유치원과 어린이집이라는 특수한 일터의 맥락 속에서 자신과 삶에 대한 깊은 성찰이 결국 자기 스스로를 제대로 돌보는 출발이 될 뿐만 아니라, 조직의 구성원과 함께 배우고 성장할 수 있는 일터를 만들어 나갈 수 있는 동력을 제공한다. 이와 같이 영성은 정신적 위기의 사회에서 자아를 회복하는 반성적 노력으로 인식이 높아지고 있고, 일터영성은 교사교육의 새로운 방향 전환 차원에서 관심 있는 주제로 주목받고 있다(한영란, 정영수, 2004). 실제 일터영성을 현직 유아교사의 교사교육에 적용한 사례(심은주, 이경화, 2016)를 살펴본 결과, 이를 통해 교사들은 자신의 내면에 대한 자각, 삶의 의미와 목적에 대한 자각, 유아교사직에 대한 사명감, 교육실천을 위한 공동체 의식의 관점에서 많은 의미를 발견할 수 있었다.

생각 나누기

> 다음 교사들의 이야기를 읽고 떠오르는 생각을 나누어 봅시다.

〈이야기로 엮은 교사들의 일터영성의 변화〉

1. 나를 찾아가다

- 나를 한마디로 표현한다는 것이 이렇게 어려운 일인 줄 몰랐다. 고민하고, 고민하고, 또 고민해 봐도 나를 표현할 한마디를 찾기란 결코 쉬운 일은 아닌 것 같다. 아마도 평소 나를 표현하거나 나 자신에 대해 진중하게 생각해 보는 시간을 가져 본 적이 없어서 그런 건 아닐까 하는 생각에 나 스스로에게 미안하다는 생각도 든다. (박 교사의 성찰일지에서)

2. 교사로서의 삶의 의미를 다시 찾아가다

- 나에게 있어 유아교사직은 어떤 의미일까? …… 이 일을 하면서 왜 아직까지 유아교사직이 나에게 어떤 의미인지 깊게 생각해 보는 시간이 없었을까? …… 교직이라는 것이 가르침에서 끝나는 것이 아니라 결국은 사람과 사람의 관계라고 생각한다. 특히, 유아교사는 아직 미성숙한 유아기의 아이들과 함께하므로 교사로서의 책임감과 사명감을 갖는 것이 중요하리라 생각된다. (강 교사의 성찰일지에서)

3. 함께하는 여정의 의미를 찾다

- '둘이서 걷는 길'이란 시를 읽으면 꼭 현장에서 있는 교사들의 모습과 같다고 생각했다. 화합이 잘 이루어지지 않을 때에는 먼 길 떠나는 나그네이지만, 유아, 학부모, 교사가 함께라면 아무리 험한 길이라도 적적하지 않고 서로 마음 주고 의지하며 서로의 마음속에 존재할 수 있는 행복한 일이 생길 수 있을 거라고 생각한다. '둘이서 걷는 길'에서처럼 정말 아이들의 올바른 성장과 발달을 위해 학부모, 유아, 교사가 힘써서 미래의 꿈나무인 아이들의 마음속에 따뜻한 유치원으로 남길 바란다. (박 교사의 성찰일지에서)

*출처: 심은주, 이경화(2016: 345-356).

유아교사 되기

Becoming Early Childhood Teacher

Movement in Early Childhood Teacher Education

유아교사의 지식

유아를 교육하는 데 있어 교사의 지식이 중요하다는 사실에 이의를 제기하는 사람은 없을 것이다. 그러나 유아교사들이 어떤 종류의 지식을 알아야 하는지, 교사 지식의 성격이 무엇인지를 명확히 설명하는 것은 결코 쉬운 문제가 아니다. 앎(지식)과 가르침(교수), 그리고 배움(학습)은 유기적인 관계이므로 교사의 지식은 가르침과 배움을 어떻게 볼 것인가라는 질문과 맞닿아 있다.

이 장에서는 미래 사회의 지식에 대해 이야기 나누며 교사 지식의 특성과 유아교사 지식의 종류에 대해 다루어 보고자 한다. 이와 함께 유아교사의 실천적 지식과 지식의 작용 과정을 유아교실의 실제 속에서 소개할 것이다.

1 교사의 지식

시전적 의미에서 지식(知識)은 어떤 대상에 대하여 배우거나 실천을 통하여 알게 된 명확한 인식이자 이해를 말한다. 철학적으로는 인식에 의하여 얻어진 성과 혹은 사물에 대한 사실적·경험적 인식을 말하며, 객관적인 타당성을 요구할 수 있는 판단체계를 의미한다(국립국어원, 2019). 관련 용어로는 '사고' '인식' '앎' '소양' '식견' 등이 있다. 무엇에 대해 알고 있다는 것이 지식이라면, 교사가 알아야 할 지식은 무엇인가? 지식의 종류와 성격 또한 시대가 변하면서 변화해 왔다. 유아교사가 알아야 할 '무엇'과 '안다'의 의미는 시대적 변화를 반영하기 마련이다.

1) 미래 사회의 지식

미래 사회의 특징은 4차 산업혁명이란 말로 요약되며, 이에 따른 사회구조의 변화에 대해 여러 분야에서 논의가 활발히 나타나고 있다. 교육에서도 4차 산업혁명의 패러다임 변화 속에서 새로운 문제가 대두될 것이고, 과학기술의 발전으로 우리가 몰랐던 새로운 것들을 알게 될 뿐만 아니라 실현 불가능했던 많은 것이 실현될 것이다. 교육은 어떻게 달라질 것이며, 교육에서 다루는 지식의 성격은 어떻게 변화할 것인가? 미래 사회에서는 창의 · 혁신 · 윤리 역량을 갖춘 창의융합형 인재를 필요로 하며, 교육에서는 통합적 맥락과 자기창조적 지식이 강조될 것으로 전망된다.

지식기반 사회, 정보화 사회 패러다임 내에서 지식은 구성된다는 관점에서 논의되어 왔다. 지금까지 구성주의적 인식론에서 지식의 성격을 규정해 왔다면, 4차 산업혁명의 패러다임에서 지식의 성격은 '자기창조적 지식'으로 전환될 것이다. 개인과 상황 맥락에 따라 지식은 창조될 것이며, 이를 위한 '창의' '혁신' '윤리'의 역량을 갖춘 미래 인재를 필요로 할 것이다. 이러한 지식의 변화와 추구하는 인재상의 변화는 교육의 변화를 동반할 것으로, 통합적 맥락 내에서 '다양한 학문과 융합하는' 네트워크 학습이 강화될 전망이다.

우리가 알아야 하는 '무엇'은 순식간에 변할 것이고, 또한 개인과 상황에 따라 중요도가 완전히 달라질 것이다. 누군가에는 꼭 필요한 지식이 누군가에는 전혀 필요 없는 지식일 뿐만 아니라, 어제는 필요했던 지식이 오늘은 전혀 필요하지 않을 수 있다. 지식에서 '무엇'은 계속 변할 것이다. '안다'라는 것 또한 어느 한 순간에도 구성되어 완성되는 순간은 없을 것이다. 끊임없이 지속적으로 새롭게 만들어졌다 없어지기를 반복하면서 생성해 갈 것이다. 오로지 생성되는 그 자체이자 차이와 반복의 과정으로, 지식은(Olsson, 2009/2016) 어느 순간도 멈추지 않는다.

우리의 머릿속을 들여다보자. 그것은 마치 흘러가는 파도처럼 요동치고 잔잔해지기를 반복하는 그 자체이다. 지식이란 이렇게 흘러가면서 만들어지고 사라진다. 그러나 지금까지 교사의 지식은 고정된 것 혹은 획득되어야 하는 것으로 생각되었다. 과연 교사의 지식을 인식이자 이해로 봐야 할 것인지 교실 속에서 구성되어 가는 생성 자체로 봐야 할 것인지 교사 지식의 성격에 대해 질문하고자 한다.

2) 교사 지식의 특성

유아교사의 지식은 맥락적, 암묵적, 실천적이다. 먼저, 교사 지식은 늘 가르치는 상황이 반영되는 맥락적 성격을 지닌다. 그리고 교사 지식은 교수(teaching)를 위한 지식을 암묵적으로 안다는 것(knowing)으로, 교육이론을 아는 것(know-about)과 이론에 따라 가르치는 방식을 아는 것(know-how), 그리고 특정한 방식이 다른 방식에 비하여 효과적인 이유를 아는 것(know-why)을 모두 포함하는, 즉 '교육'에 관해 아는 것(knowing-about)을 의미한다. 더불어, 교사 지식은 실제로 가르치는 과정에서 적절한 순간을 떠올려 '가르치는 특정 순간에서 해야 하는 바를 아는 것(knowing-to)'을 의미한다는 점에서 실천적 특성을 지니기도 한다. 교사 지식은 아는 것과 실천하는 것이 통합된 지식이라는 점에서 특징적이다(정유경, 2014: 57).

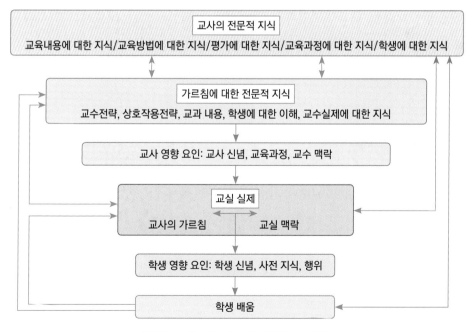

[그림 5-1] 교사 지식의 내용 및 구조

*출처: Fernandez(2014: 43).

교사는 단순히 교육의 내용만을 유아에게 전달하는 것이 아니기 때문에 가르침의 행위와 관련된 다양한 지식을 필요로 한다. 유아교육은 유아의 발현적 놀이부터 교사가 계획한 활동, 즉 교사가 경험/발달/학문/교과 등에 근거하여 교육내용을 통합적으로 조직한 활동에 이르기까지 그 과정에는 수많은 다양한 지식이 작동한다. 복잡하고 다층적인 유아교육(과정)의 상황을 고려해 볼 때 유아교사에게 필요한 지식을 한마디로 규정짓기는 어렵다. 특히, 가르침의 행위와 관련된 지식은 유아가 등원하여 귀가하는 순간까지 유아에 대한 이해뿐 아니라 교육과정, 교육내용, 교육방법, 평가에 이르기까지 매우 방대하다.

한편, 유아교사의 지식은 교사의 신념, 교수맥락, 교수지향점 등에 영향을 받아 형성된다. 또한 유아교사의 지식은 결국 유아교육현장에서 발현하게 되므로 유아 요인뿐 아니라 자연적 · 물리적 환경의 맥락 요인과도 관련된다. 이렇게 유아교사의 지식은 여러 요인과 연결되어 있는 복합적인 것으로, 단순히 교사가 지식을 갖추었다고 해서 반드시 좋은 교육으로 이어진다고 보장하기는 어렵다. 교육 실천의 장인 교실에서 유아들과 생활하면서 교사들은 끊임없이 질문을 한다. 그러한 질문에는 자연적, 물리적 요인과 교사의 신념, 가르침의 맥락, 교육적 지향 그리고 유아에 대한 이해가 서로 얽혀 있다. 교사의 지식은 단순히 지식의 양으로 판단할 수 없다. 교사의 지식은 '가르침의 순간에서 해야 할 바를 아는 것(knowing-to)'이라 할 수 있다.

생각 나누기

📲 다음 선생님들의 이야기를 읽고 생각을 나누어 봅시다.

가 '선생님, 나는 꿈이 없어요.'라고 말하는 아이에게 나는 '선생님도 어렸을 때 꿈이 없었어요. 지금은 없어도 돼요.'라고 말했다. 꿈이 없다는 아이에게 어떤 말을 해야 할지, 어떻게 해야 긍정적인 영향을 줄 수 있을지 고민이 된다.

나 미술영역에서 한 유아당 사용할 수 있는 색종이 수는 세 장으로 제한되어 있다. 아이들은 더 많은 색종이를 필요로 하는데 꼭 제한을 두어야 할까? 제한을 두지 않는다면 아이들은 색종이를 마구 사용할까? 제한하지 않아도 낭비하지 않을까? 환경과 아이의 요구 사이에서 갈등이 생겼다.

1. 여러분이 위의 상황에 놓여 있다면 어떠한 판단을 내릴 수 있을까요?

2. 그러한 판단의 과정에 관여하는 요인들은 무엇일까요?

2 교사 지식의 종류

1) 교수내용지식

교사들은 가르침을 준비함에 있어 자신이 추구하는 교육관과 함께 가르칠 내용과 방법에 대해 성찰하는 시간을 가져야 한다. 좋은 교사는 결국 학습자의 배움에 초점을 맞추어 복잡한 사고 과정을 경험하며 가르치는 사람이라 할 수 있다. 가르침의 의사결정의 과정에서는 교육내용에 대한 지식과 학습자에 대한 지식 그리고 교육방법에 대한 지식이 필요하며 이러한 지식을 교수내용지식이라고 부른다.

교사 지식을 연구한 Shulman(1986)은 교과목에 대한 내용지식과 효과적인 교수법 지식을 통합한 교수내용지식(Pedagogical Content Knowledge: PCK)이란 개념을 제안하였다. 그는 교사교육에서 간과해 왔던 교사의 지식을 중요시해야 한다고 주장하면서 기존의 교과내용 지식과 교수법 지식을 이분화한 것에 대해 비판하였다. Shulman이 제안한 교수내용지식은 상황맥락적 지식으로서, 교사가 보유한 지식의 양이 아니라 교사가 지식을 어떻게 표현하고 소통하는가에 핵심이 있다(이미미, 2012: 207). 즉, 특정 주제, 문제, 이슈를 학습자의 다양한 관심과 능력에 맞게 조직, 표현하고, 수업에 반영하는 방법을 이해하는 데 중점이 있다.

이러한 교수내용지식은 교사 자신이 가지고 있는 내용지식을 학생들의 능력과 배경 등 다양한 변인에 대응해서 효과적이고 적응성이 있는 형태로 변형시켜 교육하는 능력이자, 교수를 계획하고 조직하고 이끌어 나가기 위해 이용하는 실천적 지식과 밀접히 연결된다. 유아교육에 대한 교수내용지식은 교육내용에 대한 지식, 유아의 발달과 특성에 대한 지식, 교육과정에 관한 지식, 교수 · 학습 방법에 관한 지식, 평가 관련 지식, 수업상황 및 교수환경에 대한 지식, 전문성 개발에 대한 지식(홍희주, 2013: 351) 등이 포함된다.

교사는 내용지식(Content Knowledge: CK)과 교수법 지식(Pedagogical Knowledge: PK)을 통합하여 교수내용지식(PCK)을 구성해야 한다. 그 외의 교사의 지식으로는 교육 목적 및 가치와 철학, 역사적 토대에 관한 지식 등을 들 수 있다(임부연, 최남정, 양혜련, 2016). 이렇듯 교사 지식은 교육 전반에 관한 포괄적 내용을 모두 포함하고 있다.

한편, 「2019 개정 누리과정」(교육부, 2019c)에서는 교육내용을 '3~5세 유아가 경험해야 할 내용'으로 규정하면서 '놀이를 통해 배우도록' 하는 놀이중심의 교육과정 실천을 강조한다. 그렇다면 이때 필요한 교사의 지식은 무엇인지, 교수내용지식과 어떻게 연결할 수 있을지 질문이 생길 수 있다. 다음의 〈생각 나누기〉를 통해 그 해답을 함께 고민해보자.

생각 나누기

다음 사례를 읽고 상황 맥락적이며 실천적인 교사의 지식에 관해 이야기 나누어 봅시다.

지우가 디지털 피아노를 치고 있다. 교사가 지우에게 다가가자 아이들이 교사를 따라 피아노 주변으로 모여든다. 효진이와 태리는 자신도 피아노를 칠 수 있다며 지우 옆에 앉으려고 한다. 지우가 자리를 내어주지 않자, 효진이와 태리는 피아노 건반을 두드리고 음량 조절 버튼을 누르면서 지우를 방해했고, 지우는 "야, 하지마!"라고 말한다. 이를 지켜보던 교사는 효진이와 태리에게 "얘들아, 스피커에 손을 대 보니까 손바닥이 간질거려. 신기해! 너희도 한번 해볼래?" 교사의 말을 듣고 효진이와 태리는 스피커에 손을 대고 소리가 커지면 진동도 강해진다는 것을 발견하고는 매우 흥미로워 하였다. 두 아이는 피아노를 치는 지우를 방해하지 않으면서 함께 피아노 놀이를 하게 되었다.

1. 교사가 스피커에 손을 대 보자 하고 제안한 것은 교사의 사전 지식에 의한 것일까요? 그 순간 만들어진 것일까요?

2. 교사의 제안과 지원에 어떠한 요인들이 관련되어 있을까요?

2) 기술공학적 교수내용지식

현대와 미래 사회의 교사는 교육의 내용과 방법에 대한 지식뿐 아니라 기술공학의 활용에 대한 지식을 갖출 필요가 있다. Mishra와 Koehler(2006)는 'PCK' 개념을 바탕으로 기술공학적 지식을 통합한 개념으로서 기술공학적 교수내용지식(Technological Pedagogical and Content Knowledge: TPACK)을 소개하였다. 그들은 교사 지식의 복잡성과 교실에서 정해지지 않은 지식을 다룬다는 사실을 고려하여 실제 가르침에서 필요한 기술을 통합하면서 교사 지식의 본질을 확장하였다.

이러한 TPACK는 학습 환경의 세 가지 주요 구성 요소인 교육내용(content), 교육방법(pedagogy), 그리고 기술공학(technology)의 복잡한 상호작용과 관련된다. TPACK 프레임 워크에서는 교육내용(C)과 교수법(P) 및 기술공학(T)의 세 가지 지식의 구성 요소 간에 복잡한 상호작용이 발생한다. TPACK 접근법은 이러한 세 가지 지식 자체의 중요성보다는 이들 간의 상호작용이 더 큰 의미를 가진다. TPACK는 기술공학적 내용지식(TCK), 기술공학적 교수법 지식(TPK) 및 기술공학적 교수내용지식(TPACK) 등 세 가지 지식(C, P, T) 간의 교차를 통해 만들어진다. 이들 간의 구조를 나타내면 다음과 같다.

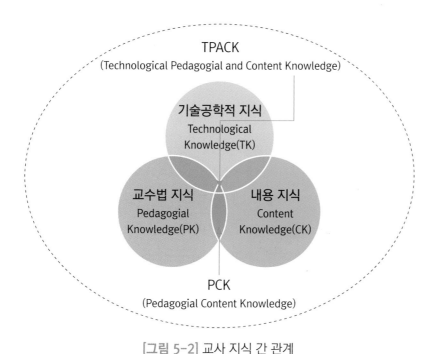

[그림 5-2] 교사 지식 간 관계

*출처: Koehler & Mishra(2012). http://matt-koehler.com/tpack2/tpack-explained

(2019년 12월 3일 인출).

생각 나누기

다음 사례를 읽고 교사의 기술공학적 교수내용지식에 관해 이야기 나누어 봅시다.

사례 1 영상자료 활용하기: 지진대피 훈련 영상을 보고 따라 해 보기
• 지진대피훈련에 대해 이야기를 나눈 후, 유아들이 영상에서 본 것을 따라 행동해 보도록 한다.

1. 교실에서 영상자료를 활용하는 장면을 흔히 볼 수 있습니다. 영상자료의 장점과 단점은 무엇일까요?

2. 단순히 유아에게 영상을 보여 주는 것만으로 충분할까요? 영상자료를 어떻게 활용할 수 있을까요?

사례 2 하루 일과를 사진으로 기록하기

• 하루 중 의미 있다고 판단되는 장면을 사진으로 찍어 일과의 흐름을 기록한다.

1. 유아교육현장에서 사진을 찍어 기록하고 남기는 것은 어떤 의미를 가질까요?

2. 사진 기록의 장점과 단점은 무엇일까요?

---

③ 유아교사의 지식과 교육실제

매일 매 순간 유아들과 지내는 유아교사는 실제 교실에서 어떻게 지식을 다루어야 하는지 고민해야 한다. 교실은 살아 숨 쉬는 지식 형성의 공간이자 삶 그 자체다. 유아와 함께 살아가는 삶 속에서 우리가 이미 알고 있는 지식은 분명 도움이된다. 그러나 그것에 멈추지 않고 새로운 지식의 창조와 진화의 힘을 믿는다면 교실은 더욱 풍요로워질 것이다. 이제, 유아교실에서 발생하는 교사 지식의 생성 과정을 함께 들여다보자.

1) 지식의 창조

누구나 매일 생각한다. 지식의 성격이 고정되어 있지 않고 유연하고 창조된다는 가정을 받아들인다면, 교사의 지식 또한 교실이라는 특정 장소에서 매 순간 끊임없이 창조될 것이다. 이러한 맥락에서 Deleuze와 Guattari(1994)의 사고와 인식에 대한 설명은 유아교사의 지식을 이해하는 데 도움이 된다. 그들의 철학적 관점을 바탕으로 교사의 삶에서 마주침을 통해 스스로 창조되는 지식에 대하여 살펴보자.

지금까지의 철학은 체계적 사고 기반을 마련하고, 인간의 사고를 기존의 지식 체계에 정착시키고자 하였다. 사고는 습관에 의해 조직되고 체계화되는 것으로, 고정된 지식을 통해 삶이 만들어진다고 하였다. 그러나 이러한 담론에 저항하여 유목적 사고, 즉 정착하지 않고 안정된 장소 없이 활동을 수행하는 사고 양식을 제안하였다. 유목적 사고는 규칙과 관습을 해체시킬 뿐 아니라 예상할 수 없는 새로운 방식으로 서로를 연결시킨다. 그러나 유목적 사고를 단순히 정착적 사고 또는 고정된 지식과 반대 개념으로 이해해서는 안 된다. 마주침과의 관계 속에서 사고는 서서히 스스로를 창조해 나간다. 이러한 Deleuze와 Guattari의 사고에 대한 관점은 실험적이고 경험적인 특징을 갖고 있다(Olsson, 2009/2016). 관계 속에서 사고가 스스로 창조된다는 의미는 무엇인가? 교사 지식은 일상 속에서 다양한 사람, 사물, 사건과 마주치면서 형성되고 창조된다.

2) 유아교육현장에서 만들어 가는 지식

'무엇'에 대해 안다는 것은 통상적으로 언어를 통해 판단된다. '무엇'에 해당하는 것이 사물이든지, 사람이든지, 사건이든지 간에 우리가 안다고 생각하는 것은 언어의 몇 가지 기능과 관련이 있다(Olsson, 2009/2016). 즉, 기존의 지식을 알아 가는 깃과 언어 사용은 서로 연관된다. 그런데 언어를 통해 지식을 얻는 것만으로 충분히 '알고 있다'고 할 수 있을까? 때때로 교사는 유아에게 지시하면서 가르치고, 자신이 믿고 있는 해석을 의심 없이 지식으로 유아에게 전달하기도 한다. 매 순간 교사 스스로가 자신의 행동을 성찰하지 않는다면, 우리가 안다고 생각하는 많은 것이 자신의 주관적 믿음에 근거한 하나의 견해일 뿐이라는 사실을 왜곡하게 된다.

(1) '안다'고 믿고 있는 것 돌아보기

교사는 자신이 '안다'고 생각하는 것을 유아에게 가르친다. 자신이 알고 있다고 믿기 때문에 가르칠 수 있는 것이다. 교사가 가르친 것을 유아가 알게 되면 유아는 지식(knowledge)을 '가졌다'고 간주된다. 예를 들어 보자.

> 교사: (교사가 컵을 손가락으로 가리키며) 저것은 무엇인가요?
> 유아: 컵이요.

컵은 컵으로만 사용해야 할까? 연필꽂이가 될 수는 없을까? 유아들은 컵을 알고 있지만 때로는 그것을 연필꽂이라고 말하기도 한다. 그것이 유아 자신의 맥락에서 충분히 그럴싸하다면 말이다. 명시적으로 지시되는 것에 한해서만 '안다'고 인정한다면, 교실에서 지식 창조가 가능할까? 이러한 관점으로 유아교실에서 이루어지는 보편적인 기록과 담론들에 질문을 던질 필요가 있다. 이제, 유아를 관찰하고 기록하는 교사의 예를 살펴보자.

> • 관찰 장면: 미술영역에서 사자 만들기를 하는데 정우가 옆 친구에게 파란색 크레파스를 양보했다.
> • 교사의 해석: 유아가 친구에게 크레파스를 빌려주는 것으로 보아 정우는 '친구와 나누어 가져야 한다'는 것을 알고 있고, 친구에게 양보하는 것으로 보아 정우는 친사회적인 유아이다.

관찰한 내용을 발달표준에 맞추어 기록한다면, 즉 '혼자서 읽고 쓸 줄 안다' 등의 기준에 맞추어 기록하고 해석한 후, 우리는 그 유아에 대해 잘 알고 있다고 믿는다. 어떤 기준 혹은 명제(발달표준)에 부합되어 어떤 것이 선택된다면(유아가 그 행동을 하면), 우리는 '안다(유아를 안다)'고 생각한다. 그러나 유아를 고정적인 존재(예, 친사회적인 유아)로 규정짓기보다는 유아가 지금 이 순간 무엇을 경험하고 있는지, 무엇을 배우며 또 어떤 흐름 속에서 놀이하고 있는지를 이해하는 것이 더욱 중요하지 않을까? 지금 이 순간 유아에게 어떤 일이 일어나고 있는가? 교사는 이러한 호기심과 질문을 끊임없이 던지면서 유아들이 지식을 창조하는 의미 있는 시간과 만나야 할 것이다.

우리가 안다고 믿는 순간, 우리의 지식은 특정한 틀에 갇혀 버리고 만다. 모든 앎(knowing)은 변화하면서 변형된다. 안다는 것은 끊임없는 변화와 창조가 과정이다. 내가 안다고 인정하고 믿는 순간 잠깐 멈추어 되돌아본다면 교실에서 나타나는 유아들의 몸짓, 표정, 행동, 사건에서 다양한 의미를 발견할 수 있을 것이다.

(2) 교실에서 발생하는 사건에 귀 기울이기

명시적 지식을 넘어 유아의 앎(knowing)은 일상에서의 수많은 마주침 속에서 만들어진다. 유아들의 앎의 과정을 탐구하기 위해 교사는 유아의 삶과 교실의 다양한 사건에 민감하게 귀를 기울여야 한다.

 연구자의 목소리

"귀 기울이는 방법을 배우는 것은 쉬운 일이 아니다. 여러분은 자신을 타인에게 열어 놓아야 한다. …… 귀 기울이기를 잘하게 되면 변화를 향해 밑바닥 끝까지 열어 놓게 되며, 아울러 변화하려는 성향이 길러진다." 내가 보기에, 변화에 대한 이런 성향은 창조적 진화에서 매우 중요한 요소이다.

*출처: Davies(2014/2017).

레지오 에밀리아 유아교육에서도 강조하는 발현적 귀 기울이기(emergent listening)는 기존의 앎에서 시작되며 새로운 것을 향한 지식의 창조적 진화에도 열려 있다. 발현적 귀 기울이기는 새로운 방식을 통해 알기를 가능하도록 하며, 이는 귀 기울이는 사람과 말하는 사람 모두에게 해당된다.

우리는 기존의 지식에 많은 가치를 부여한다. 기존의 고정된 지식은 생산적일 수도 있으나 함정이 되기도 한다. 기존의 지식은 현실을 견고히 할 때 쓰이는 강력한 도구이자 변화의 잠재성으로 사용된다. 기존의 지식에 균열이 생기면 새로운 규칙과 기존의 것을 넘어서는 방법을 창안하게 된다. 새로운 지식의 생성인 것이다. 아이들은 이러한 경계를 좋아한다. 아이들은 경계를 성공적으로 넘어서는 방법에 대해 알고 싶어 하기 때문에 경계가 어디인지 알기를 좋아한다. 이런 의미에서 유아교실에서의 발현적 귀 기울이기는 경계를 넘나드는 경험이 된다.

생각 나누기

🔃 다음 사례를 읽고 귀 기울임에 관해 이야기 나누어 봅시다.

- 관찰 장면: 서현이가 기차 그림을 그려 선생님에게 보여 주며 "선생님, 이제 뭐게요?"라고 묻는다. 교사는 기차놀이를 했던 기억을 살려 "기차인 것 같은데"라고 답한 후, "선생님은 박스로 기차를 만들어서 타 본 적이 있어. 끈으로 연결도 했었는데"라고 말한다. 이때 시윤이와 준서, 은교가 다가와서 서현이의 그림을 보며 "우와! 오지 마세요!도 만들었어요?" "번호표도 만들었어요?" "어디로 가는지도 적었어요?" "재미있겠다." "저도 하고 싶어요!"라고 말한다.

- 교사의 성찰: 아이들은 기차놀이를 하고 있지는 않았다. 그런데 이야기만 듣고도 아이들은 이미 놀이에 참여하고 있는 것 마냥, 하고 싶은 것을 계속해서 이야기했다. 교사인 나의 한마디에 아이들은 하고 싶은 것, 만들고 싶은 것, 알고 있는 것들을 이야기하며 즐거워했다. 아이들은 상상만으로 이미 놀이를 하고 있었다.

1. 교사가 유아에게 귀 기울이며 발견한 것 또는 알게 된 것은 무엇인가요?

2. 유아의 놀이에 귀 기울인다는 것은 교사에게 그리고 유아에게 어떤 의미일까요?

(3) 다양한 사건과 만나며 성찰하기

유아교실은 언제나 움직임과 에너지가 넘치는 곳이다. 온갖 생각과 경험에 열려 있는 유아는 창조적 지식을 하는 행위자이자 창조적 지식되기 그 자체이다. 교실의 모든 순간은 새로운 가능성으로 가득하다. 그리고 그 가능성들은 분산된 상호작용 구조에 의해 활성화된 것으로, 서로 이웃해 있는 아이디어들 간의 상호작용에서 발생한다(이연선, 정혜영, 2018; Davis et al., 2008/2017).

사건과 마주치며 자신의 교육행위를 성찰하고 있는 교사들의 목소리를 들어보자.

 교사들의 목소리

가 나는 교사의 지원에 있어서 앞서 말했듯 시선을 돌려 보는 것이 가장 우선적으로 해야 할 일이라 느꼈다. 아이들의 말과 행동을 듣고 보며 나 스스로를 되게 반성하게 된 것 같다. 아, 어른의 시선으로 본 것만을 아이들에게 강요해선 절대 안 되겠다고 느꼈다. 아이들은 아이들만이 이해할 수 있는 세상이 있는데 갑자기 어른의 관점을 주입해 버리면 그것은 아이들의 더 풍부한 상상, 사고 확장을 오히려 해치는 길이라는 생각이 들었다. 그렇기에 아이가 세상을 알아 가고 이해하는 방식을 들여다볼 필요가 있으며 교사의 무언가로 인해 아이들이 새롭게 성장할 수 있는 지점이 필요할 것이라는 생각이 들었다. 그것은 결코 어렵지 않을 것이다.

나 오늘 아이들의 놀이를 보며 (물론 진짜 보았다고 생각할 수도 있다) 과연 교사가, 성인이 유아의 놀이 주제에 대해 관여하는 것이 필요할까라는 생각이 들었다. 누가 이야기하지 않아도 아이들은 각자 역할을 정했다. 망을 보는 아이, 열쇠를 꺼내기 위해 노력하는 아이, 지시하는 아이 … 각자 역할을 정하지 않았음에도 하나의 문제를 해결하기 위해 아이들은 서로 힘을 모았다. 나 또한 반성하게 되었다. 나도 모르게 아이들이 무엇을 소재로 노는가에 따라 반응이 달랐던 것 같다. 하지만 아이들의 놀이에는 기준이 없었다. 그저 관심 있는 주제라면 무엇이든 유아에게 배움을 줄 수 있는 놀이라는 것이다. 놀이가 계속해서 강조되는 이유를 아이들을 통해 배웠다.

생각 나누기

1. 오늘 여러분은 '유아교사의 지식'에 관해 배웠습니다. 강의가 시작된 순간부터 지금까지의 시간을 떠올려 봅시다. 그 시간 동안 나는 무엇을 알게 되었나요? 알게 된 것을 적어 친구와 비교해 봅시다. 같은 시간, 같은 장소에서 교사의 지식에 관해 배웠는데 알게 된 내용이 서로 같은가요? 다른가요?

2. 다음 그림은 '현장 참관'이라는 단어를 듣고 예비유아교사들이 떠오르는 생각을 그린 것입니다. 같은 장소와 같은 시간에 그리고 종이, 붓, 물감, 물통, 티슈, 물이라는 같은 재료로 구성한 그림입니다. 자신의 생각을 표현하는 데 있어 글로 적는 것과 그림을 그리는 것의 차이는 무엇일까요?

*출처: 이연선, 정혜영(2018: 127).

Movement in Early Childhood Teacher Education

유아교사의 발달

'교육의 질은 교사의 질을 능가하지 못한다'는 말이 있다. 이 말은 교육의 질을 확보하기 위해 교사의 전문성을 지원할 필요가 있음을 내포하고 있다. 유아교사의 전문적 성장은 유아교육의 질과 관련되는 것으로, 이를 지원하기 위해 교사발달 과정과 특징에 대해 이해할 필요가 있다.

이 장에서는 유아교사의 발달 과정과 함께 교사들의 목소리를 통해 발달 과정에서 유아교사가 겪는 어려움이 무엇인지 그리고 유아교사로서의 성장 및 변화의 특징은 어떠한지 살펴보기로 한다.

1 유아교사의 발달 과정

교사발달이란 교사가 교직생활 동안 교직을 수행하면서 나타나는 변화 및 성장 과정을 의미하는 것으로, 유아교사의 발달 또한 유치원이나 어린이집에서 교직을 수행하는 동안 교사의 가치관 및 신념, 지식, 기술, 태도, 행동 등이 양적, 질적으로 변화되어 가는 과정을 말한다. 이러한 유아교사의 발달 과정은 크게 두 가지 관점으로 설명할 수 있다. 하나는 단순·직선적 관점으로, 교사의 개인적 요인, 특히 교사의 경력이나 연령에 따라 교사발달이 직선적, 순차적으로 이루어진다는 입장이다. 다른 하나는 순환·역동적 관점으로, 교사의 개인적 요인뿐 아니라 다양한 환경적 요인도 함께 작용하여 교사발달이 복합적, 역동적으로 이루어진다는 입장이다.

1) 단순 · 직선적 관점

단순 · 직선적 관점에서는 교사발달을 경력이나 연령, 관심사에 따라 한 방향으로 일정한 순서대로 변화한다는 입장을 취한다. 이러한 관점의 대표적인 학자 및 이론으로는 Fuller와 Brown(1975)의 교사 관심사 이론과 Katz(1972)의 유아교사 발달 이론을 들 수 있다.

(1) Fuller와 Brown의 교사 관심사 이론

Fuller와 Brown(1975)은 교사가 무엇에 관심이 있는지를 중심으로 Fuller(1969)의 교사 관심사 이론(교직 이전 단계, 초기 교직 단계, 후기 교직 단계)을 수정하여 교직 이전 관심 단계, 생존에 대한 초기 관심 단계, 교수 상황 관심 단계, 학생에 대한 관심 단계의 4단계로 설명하였다. 교직 초기에는 교사 자신의 생존과 자신에 대한 관심이 높지만 교직 경험이 쌓일수록 교사 자신보다 학생의 성장, 발달 등 학생에 대한 관심이 높아진다.

① 교직 이전 관심 단계

교직 이전 관심 단계는 예비교사 단계이다. 예비교사는 아직 교직 경험이 없으므로 현직교사보다 학생에 관심을 보이고, 학생에 대해서는 현실적으로 인식하나 교사에 대해서는 환상을 갖고 있다. 이 시기에는 교육과정이나 교사에 대한 부정적 판단을 하기도 한다.

② 생존에 대한 초기 관심 단계

생존에 대한 초기 관심 단계는 실제 교직에 입문하여 교직을 경험하는 단계이다. 이 시기에는 학생에 대한 관심에서 교사 자신의 생존에 대한 관심으로 큰 변화를 일으키는 시기이며, 학급 통제, 교수방법 숙달, 외부의 평가 등에 관심이 있다.

③ 교수 상황 관심 단계

교수 상황 관심 단계는 교사 자신의 교수행위에 관심을 갖는 단계이다. 이 시기에는 많은 학생 수, 과다한 업무, 시간적 압박, 교육자료와 준비시간의 부족 등으로 스트레스를 받는다.

④ 학생에 대한 관심 단계

학생에 대한 관심 단계는 교사 자신보다 학생의 학습 및 학생에 대해 관심을 갖는 단계이다. 이 시기에는 학생의 능력, 학생에게 적합한 목표 설정 및 교육내용 구성, 학생의 사회정서적 요구 등에 관심을 갖는다.

(2) Katz의 유아교사 발달 이론

Katz(1972)는 유아에게만 발달단계가 있는 것이 아니라 교사에게도 전문가로 성장, 변화해 나가는 발달의 단계가 있다고 하였다. 그는 유아교사 발달단계를 생존기, 강화기, 갱신기, 성숙기의 4단계로 설명하였다.

① 생존기(교직 입문~1년)

생존기는 최초 1년 동안의 교직생활을 말하며, 이 시기에는 교사 자신이 교육현장에서 생존할 수 있을지의 여부에 관심이 있다. 교사는 학생 신분에서 교사 신분으로의 변화에 심리적 부담감을 많이 느끼게 된다. 과연 자신이 교사로서의 역할을 잘 할 수 있을지, 오늘도 유아들과 하루를 무사히 잘 보낼 수 있을지 등 유아들에 대한 일차적 책임감을 강하게 느끼면서 하루 일과 속에서 교사로서의 전문성에 대한 회의감을 자주 경험하게 되고, 자신감을 잃게 되는 경우도 있다.

이 시기의 교사는 경력교사, 즉 선배교사나 경력 많은 동료교사와의 협력, 위로와 격려, 이해와 적극적 지원이 필요하다. 일회성 교사교육보다 문제상황이나 교실에서 일어나는 여러 가지 상황에 대해 언제든 의논하고 협력할 수 있는 지원이 필요하며, 초임교사 때에는 누구나 겪는 현상이라는 것을 공유할 기회가 필요하다.

② 강화기(1~3년)

강화기는 1년 말경부터 3년 정도의 교직생활을 말하며, 이 시기의 교사는 생존기의 경험을 바탕으로 기본적인 업무나 교수학습 기술을 숙달하게 된다. 이전보다 안정감과 자신감을 갖게 되고 특정 문제를 지닌 개별 유아와 상황에 관심을 갖게 된다. 등원시간에 격리 불안을 느끼는 유아를 어떻게 도와줄지, 놀이나 일과 중 갈등 상황을 어떻게 효율적으로 해결해야 할지 등 특정 상황과 유아의 특정 행동에 대해 지원할 수 있는 방법에 관심을 갖는다.

이 시기의 교사는 특정 문제상황에 대해 의논하고 해결책을 함께 고민해 줄 수 있는 교육경험이 풍부한 경력교사의 지원이 필요하다. 즉, 경력교사가 문제 상황에서 어떻게 해결하고 어떤 교수방법을 활용하였는지, 부모와의 면담은 어떻게 하였는지 등 실제적이고 구체적인 조언 및 전문적인 상담이 필요하다. 또한 같은 상황과 문제를 안고 있는 동료교사와의 정보 교류 및 협력도 도움이 된다.

③ 갱신기(3~5년)

갱신기는 3년 말경부터 5년 정도의 교직생활을 말하며, 이 시기의 교사들은 매일 반복되는 일상과 업무에 지루함과 싫증을 느끼게 된다. 어제와 비슷한 형태로 되풀이되는 하루 일과, 유아들을 향해 형식적으로 웃고 상호작용하고 있는 자신의 모습, 작년과 같은 시기에 같은 방식으로 진행되는 틀에 박힌 행사 등으로 교사들은 타성에 젖어 버리는 경향이 있다. 이러한 시기를 극복하기 위해 교사들은 새로운 교수학습방법이나 이론, 교수자료 등 다양한 교육적 접근 및 행위에 관심을 갖게 된다.

이 시기의 교사는 다른 기관의 프로그램 및 수업을 참관하거나 유아교육 관련 학술세미나, 워크숍 등 전문단체에서 제공하는 교사교육 프로그램에 참여하는 등 새로운 아이디어나 교수학습방법을 모색하기 위한 다양한 활동 기회를 갖는 것이 필요하다. 또한 자신의 교육활동을 동영상으로 촬영하여 자기평가를 통해 스스로 분석해 보는 것도 도움이 된다.

④ 성숙기(5년 이상)

성숙기는 5년 이상의 교직생활을 말하며, 이 시기의 교사들은 보다 통찰력 있는 질문들에 관심을 갖는다. 교사로서 자신의 장점과 단점을 인식하면서 교사로서의 유능감과 자신감을 갖게 되며 교육 전반에 걸친 보다 근본적인 질문들을 하게 된다. 자신의 교육신념 및 교육철학이 무엇인지, 교육을 통해 내가 사회에 기여할 수 있는 바가 무엇인지, 우리나라의 교육정책은 어떠해야 하는지 등 당면한 문제 상황보다 좀 더 본질적인 문제에 관심을 갖게 된다.

이 시기의 교사는 대학원에 진학하거나 다양한 분야의 전문가와의 교류, 전문지식을 쌓기 위한 폭넓은 독서, 교육에 대한 깊이 있는 토론 기회 등 보다 전문적인 지원과 경험이 필요하다.

2) 순환 · 역동적 관점

순환 · 역동적 관점에서는 교사의 발달이 경력이나 연령에 따라 한 방향으로 순차적으로 진행되는 것이 아니라, 교사의 개인적 · 조직적 요인 등 주변의 여러 가지 환경적 요인에 따라 역동적이고 불규칙적으로 진행된다는 입장이다. 실제 교사들은 성숙한 단계에 이르기도 전에 상당 기간 부적응 상태로 교직생활을 하기도 하고, 빠른 시간 내에 성숙한 단계에 이르렀다가 곧 좌절, 회의를 느끼는 등 교사 개인에 따라 발달의 양상이 다르게 나타난다(노길영, 2000). 이러한 관점의 대표적인 학자 및 이론으로는 Burke, Christensen, 그리고 Fessler(1984)의 교사발달 순환 모형이 있다.

(1) Burke, Christensen, 그리고 Fessler의 교사발달 순환 모형

교사발달은 모든 교사가 각 단계를 순차적으로 경험하는 것이 아니라, 개인적인 상황 및 환경이나 조직적 환경에 따라 다양한 경로가 있을 수 있다. Burke와 그의 동료들은 교사발달이 순환적 · 역동적으로 이루어진다고 강조하면서, 교사의 연령이나 경력에 따라 구분하지 않는 교사발달 순환 모형(Teacher Career Cycle

Model: TCCM)을 제시하였다(Burke, Christensen, & Fessler, 1984). 즉, 교사발달을 교사가 겪게 되는 경험을 중심으로 교직 이전 단계, 교직 입문 단계, 능력 구축 단계, 열중과 성장 단계, 교직 좌절 단계, 안정·정체 단계, 직업적 쇠퇴 단계, 교직 퇴직 단계의 8단계로 구분하면서, 교사들은 이러한 단계들을 오가며 발달한다고 설명하였다.

① 교직 이전 단계

교직 이전 단계는 교사가 되기 위한 준비 시기로, 대학에서 교원양성교육을 받는 기간이다. 또한 이미 교사가 된 현직교사라 하더라도 대학원에 진학하거나 원장, 원감 등 새로운 역할이나 업무 수행을 위한 자격 연수 혹은 재교육을 받는 경우도 포함된다.

② 교직 입문 단계

교직 입문 단계는 교사로 임용된 초기 몇 년 동안의 시기로, 일상적인 활동, 즉 유아교육기관에서의 하루 일과, 교육활동 등에 익숙해져 가는 기간이다. 이 시기의 교사는 매일 당면한 문제들을 해결해 나가면서 유아, 학부모, 원장 및 원감으로부터 인정받기 위해 노력하면서 교사로서 생존해 나간다.

③ 능력 구축 단계

능력 구축 단계는 교수기술 및 교수능력을 향상시키기 위해 노력하는 시기이다. 이 시기의 교사는 새로운 교수학습방법, 교수자료, 교수전략 등을 시도하고 새로운 관점이나 아이디어를 얻기 위해 워크숍 참가, 대학원 진학 등 적극적으로 노력한다.

④ 열중과 성장 단계

열중과 성장 단계는 직무에 있어서 높은 수준의 능력을 갖추었음에도 불구하고, 전문가로서의 성장을 위해 노력하는 시기이다. 이 시기의 교사는 자신의 일에 애정을 갖고 유아와의 상호작용에 대한 기대, 새로운 교수법에 대한 탐구 등 자신의 직업에 대한 열정과 만족도가 높은 편이다.

⑤ 교직 좌절 단계

교직 좌절 단계는 교사 자신의 일에 좌절과 회의를 느끼는 시기이다. 이 시기의 교사는 직무 만족도가 낮아지고 이직률이 증가하며, 이로 인해 교사로서 이 일을 계속 해야 하는가에 대한 환멸과 회의감을 경험한다.

⑥ 안정·침체 단계

안정·침체 단계는 현실에 안주하려고 하고 주어진 최소한의 일만 하려는 경향이 있어 안정적이지만 침체되어 있는 시기이다. 이 시기의 교사는 교사로서 성장과 발전을 위해 노력하기보다 현상 유지에 더 관심이 있다.

⑦ 직업적 쇠퇴 단계

직업적 쇠퇴 단계는 교직을 떠날 준비를 하는 시기이다. 이 시기의 교사는 은퇴에 대해 긍정적 혹은 부정적 관점을 갖는 경향이 있다. 은퇴를 긍정적으로 보는 교사들은 교직을 떠나는 일을 즐겁게 받아들이는 반면, 은퇴를 부정적으로 보는 교사들은 교직을 떠나도록 강요받는 느낌이 들기도 한다.

⑧ 교직 퇴직 단계

교직 퇴직 단계는 교직을 떠나는 시기이다. 이 시기의 교사는 육아나 개인적 사정으로 인해 일시적으로 휴직을 하기도 하고 이직 혹은 사퇴, 그리고 정년퇴직을 하는 경우도 여기에 포함된다.

(2) 우리나라의 교사발달 순환 모형

국내에서 이루어진 교사발달에 관한 연구 중 순환·역동적 관점을 바탕으로 발달 모형을 제안한 것으로 백승관(2003), 강경석과 김영만(2006), 노길영(2000)의 모형을 들 수 있다.

백승관(2003)은 우리나라 중학교 교사들의 발달단계가 생존단계에서 안정·침체단계, 성장단계, 좌절단계로 분화되고, 성장단계와 좌절단계 사이에는 상호 변화 및 발달이 일어난다고 보았다. 또한 교사발달의 주 흐름은 안정·침체단계에서 성숙단계로, 성숙단계에서 승진지향단계로 나아가는데, 이러한 흐름은 주로 일방적이고 직선적인 형태에 가깝게 나타난다고 하였다. 이 외에도 성장단계와 승진지향단계, 좌절단계와 승진지향단계를 잇는 점선은 부분적이기는 하지만 성장단계에서 승진지향단계로, 좌절단계에서 승진지향단계로의 발달도 이루어진다고 하였다. 이는 교사발달 과정이 교사 자신의 개인적 경험이나 주변 환경에 따라 다양한 경로로 발달해 나간다는 것을 의미한다.

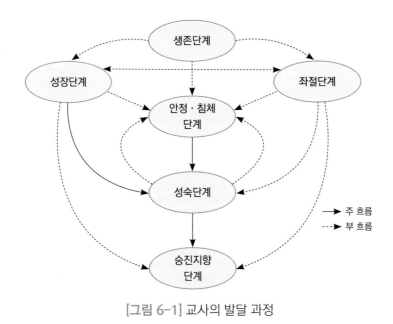

[그림 6-1] 교사의 발달 과정

*출처: 백승관(2003: 45).

강경석과 김영만(2006)의 경우, 교사발달 과정을 입문·수용단계, 능력구축단계, 열중·성장단계, 안일·안주단계의 4단계로 설명하였다. 첫째, 입문·수용단계는 학생과 동료교사에게 인정받기 위해 노력하고, 능력은 부족하지만 항상 배운다는 자세로 적극적으로 교직생활을 한다. 둘째, 능력구축단계는 자신의 학습지도 기술과 능력을 향상시키고자 노력하며, 새로운 교수자료, 교수방법, 수업 전략을 추구하고, 전문성 향상에 노력한다. 셋째, 열중·성장단계는 높은 수준의 단계에 도달하였지만 여전히 발전을 위해 노력하며, 교직에 애정과 열정을 쏟고 협조적이다. 넷째, 안일·안주단계는 기대되는 직무는 수행하나 자발적이지 못하고 수동적이며, 직무에 회의감을 가지고 있다. 이러한 단계들은 교사의 경력 및 연령에 따라 일정한 순서로 진행되기보다 개인에 따라 다르게 형성된다는 관점이다.

유아교사의 발달유형을 구분한 노길영(2000)은 유아교사의 발달유형을 연속형, 단계형, 정체형의 세 가지 유형으로 구분하였다. 첫째, 연속형은 스스로 연속적으로 발달하는 유형이고, 둘째, 단계형은 결정적 전환점을 통해 단계적으로 발달하는 유형이고, 셋째, 정체형은 대체적으로 좌절이나 침체에 머무르면서 뚜렷한 발달을 보이지 않는 유형이다. 이는 유아교사의 발달 과정이 어떤 일정한 형태의 단계나 순서로 나타나기보다 발달유형은 다르게 나타난다는 것을 의미한다.

생각 나누기

1. 유아교사의 발달 과정에 대한 두 가지 관점(단순·직선적 관점, 순환·역동적 관점) 중 자신의 관점은 어떠한지, 왜 그러한 관점을 지지하는지 이야기 나누어 봅시다.

2. 유아교사의 발달 과정에서 교사에게 영향을 미치는 가장 중요한 요인은 무엇이라고 생각하며, 왜 그렇게 생각하는지 이야기 나누어 봅시다.

❷ 발달 과정에서 겪는 유아교사의 어려움

유아교사의 발달은 사회문화적 환경에 따라 그 특성이 달라질 수 있다. 유아교사의 발달 과정에서 겪는 어려움은 교사의 경력이나 관심사에 따라 직선적, 순차적으로 일어나기보다 교사 주변의 상황, 즉 다양한 개인적 · 조직적 환경 요인으로 인해 순환적, 역동적으로 진행되는 경향이 있다. 현장교사의 목소리를 통해 초임교사를 포함한 저경력교사뿐 아니라 고경력교사라 하더라도 담당 학급 연령이 바뀌거나 다른 기관으로 이직하게 되는 등 개인적 · 조직적 환경 요인으로 인해 교사로서의 입문기 혹은 생존기를 다시 경험하게 되는 사례를 살펴보자.

1) 교수역량의 부족

저경력교사나 고경력교사 모두 가르침과 관련하여 어려움과 고민을 안고 있다. 이러한 어려움을 극복하기 위해 유아교사들은 동료교사나 타인과의 소통 및 협업에 따른 긍정적 경험을 중요시한다. 특히, 초임교사는 경력 부족으로 활동을 확장하거나 유연하게 변형하는 것이 어려운 경우가 많다. 초임교사의 어려움은 동료교사나 경력교사의 일과 운영을 참관하거나 협의와 같은 소통 등을 통해 극복될 수 있으며, 경력교사의 경우에도 동료교사와의 소통 및 협업을 통해 교육적 아이디어를 얻으며 점차 성장해 나가는 모습을 보인다.

 교사들의 목소리

저희 반 아이들이 워낙 주의집중이 안 되고 자기 마음대로이고 자기주장이 너무 강하다 보니깐 정말 수업인지…… 아이들 혼만 내는 건지…… 모르겠어요. 자기 고집만 부리고 옆에 친구랑 계속 얘기하고 싸우고……

✔ 김경철, 박혜정(2016: 176)에서 발췌한 경력 2년 3개월 A 교사의 이야기

수업과 아이들 지도와 관련해서 동료교사와 많이 공유해요. 좋았던 수업이나 수업방법, 아이들과의 효과적인 생활지도 방법 이런 것들을 많이 물어보고 공유해요. 하루 일과 계획안을 짜더라도 같은 활동도 다르게 활동방법을 전개해 나갈 수 있기 때문에 교사들과 서로 이야기 나누며 좋았던 점을 서로 공유해서 다음에 적용하는 편이에요. 서로 맡고 있는 반 연령이 다르더라도 배울 수 있는 부분이 많아서 평소에 주로 동료교사와 나누는 협의가 가장 크게 도움이 되는 편이에요.

　　　　　　　　🍃 강주연, 정정희(2018: 259)에서 발췌한 경력 4년 4개월 C 교사의 이야기

　　저 경우는 개별적으로 혼자 수업을 계획하는 것보다, 원장님과 선생님들이 같이 공유하고 의논한 게 도움을 많이 받은 것 같아요. 시간을 내서 선생님들과 함께 얘기하는 시간을 마련하긴 힘들지만 무척 도움이 되었던 것 같아요.

　　　　　　　　🍃 이정금, 김성숙(2017: 53)에서 발췌한 경력 7년차 I 교사의 이야기

2) 업무 부담

　　대부분의 유아교사는 경력과 상관없이 공통적으로 과다한 업무에 대한 부담으로 어려움을 겪고 있다. 초임교사도 경력교사도 매일의 교육활동이 아닌, 형식적인 행정 업무를 처리해야 하거나 일시적 행사 준비를 위해 에너지를 써야 할 때 고단함을 경험한다고 토로한다. 특히, 유아들과 함께 있을 때 가장 즐거움을 느끼는 교사에게는 일과 중 돌발적으로 발생하는 업무의 처리는 스트레스 요인이 된다.

 교사들의 목소리

　　내가 직접 아이들과 수업을 많이 하지 못하는 것과 아이들과의 상호작용이 부족하고 잡일에 치중하면서 '내가 지금 여기서 뭐하는 거지? 청소하러 왔나? 내가 유치원 선생님 맞나?'라는 생각이 들 때 힘이 든다.

　　　　　　　　🍃 이영미(2014: 217)에서 발췌한 경력 1년차 F 교사의 이야기

> 항상 그렇지는 않지만 가끔 일이 너무 많다 보면 수업준비가 제대로 되지 않을
> 때도 있어요. 그러면 정말 안 되지만 일이 많고 내가 피곤하다 보면 '그냥 멀티자
> 료로 사용하자'라고 생각하거나 옆 반 교사에게 빌리기도 하죠. 수업준비를 잘
> 해서 아이들한테 많은 걸 보여 주고 싶은데 너무 많은 일을 하니까…… 애들한테
> 미안해요.
>
> ✔ 오한별, 이대균(2016: 316)에서 발췌한 경력 7년차 G 교사의 이야기

> 내가 우리 반을 못 챙기고 있는 것에 대한 스트레스가 굉장히 커요. 나는 아이
> 들하고 있을 때가 제일 재미있거든요. …… 그런데 중간중간에 뭔가 전체 일이나
> 급하게 교육청에서 공문을 몇 시까지 보내 달라고 하는 상황이 생기거나 갑자기
> 상담이 오는 그런 상황들이 생기면 수업을 하다가 중간중간에 교사실에 내려와
> 야 된다는 스트레스가 굉장히 커요.
>
> ✔ 김경애, 임부연(2016: 280)에서 발췌한 경력 10년차 김 교사의 이야기

3) 인간관계의 갈등

유아교사는 동료교사와의 관계, 선배교사 혹은 기관장과의 관계, 학부모와의 관
계에서 어려움을 겪는다. 유아교육현장에서는 하나에서부터 열까지 교사의 손이
거치지 않는 곳이 없다고 해도 과언이 아닐 정도로 교사의 업무가 많다 보니 자신
의 일 처리에 급급하게 되고, 따라서 타인에 대한 배려나 협력과 같은 친사회적 행
동이 부족한 경우가 종종 있다. 특히, 서로의 인격과 전문성을 인정하고, 상호 존
중과 상부상조하는 분위기를 조성하고, 서로 협업하는 공동체 의식과 실행에 있
어 어려움이 있다. 또한 학부모와의 관계에 있어서도 초임교사와 경력교사 모두
학부모와의 의사소통 기술 부족이나 자신의 전문성에 대한 확신 부족 등으로 인
해 부담을 느끼며, 원만한 관계 형성에 어려움을 호소하는 경우가 있다.

교사들의 목소리

> 우리 직업이 대인관계…… 거의 대인관계라고 생각해요. 유치원 일은 진짜 힘들고 힘들어요. 유치원별로 안 힘들다는 얘기를 들어 본 적이 없어요. 하지만 교사들과의 쿵짝이 잘 맞으면 힘이 절로 나요. 일의 능률이 높아져요. 하지만 저 교사와 이야기도 하기 싫을 정도가 되면 근무 능률을 떨어질 수밖에 없어요. 워낙 사람을 대하는 일하니깐요.
>
> ☛ 채혜경(2019: 479)에서 발췌한 경력 8년차 C 교사 이야기

> 어려웠던 부분은 '살펴봐 주시는 건 알지만…', '선생님이 잘해 주시는 거 알지만, 더 살펴봐 주세요'라는 부탁을 해 주셨다. 그때 정말 얼마나 더 봐야 하는지 고민스럽다. 자신의 아이만 봐 주길 원하는 부모님들이 어렵다.
>
> ☛ 채영문, 이성주(2019: 1060)에서 발췌한 경력 7개월 조 교사의 이야기

> 후배교사들과의 관계가 힘들어요. 예전 제가 초임 때는 경력이 많은 선생님들께서 하나하나 가르쳐 주시면 감사한 마음을 갖고 배우려고 했어요. 요즘 초임교사들을 보면 제가 알려 주려 해도 사생활 침해라고 생각하는 것 같아요. …… 초임교사들은 저를 보며 보수적이라고 할 것이고 저는 초임교사에 대해 자기주장이 강하다는 생각밖에 들지 않아요. 서로 이해하기보다는 일방적인 관계 속에 있는 셈이죠.
>
> ☛ 김경은, 이대균(2018: 315)에서 발췌한 경력 13년차 E 교사의 이야기

4) 유아교사직에 대한 낮은 사회적 인식

유아교사는 유아교사직에 대한 사회적 인식 수준이 낮은 것으로 인해 이직을 생각하거나 현재 자신의 일에 대해 부정적인 영향을 받기도 한다. 실제로 유아교육현장에서는 초임교사와 경력교사 모두 자신이 유치원교사라는 것에 대해 떳떳하고 자부심을 느끼기보다 사회적으로 인정받지 못하고 신분 보장도 되지 않는 등 여러 가지 조건이 열악한 직업이라고 회의를 느끼는 경향이 있다. 유아교사는 다시 직업

을 신택할 기회가 온다면 다른 직업을 선택하고 싶다는 생각을 하기도 한다.

 교사들의 목소리

나는 누군가에, 진짜 심한 표현으로 말한다면 엎드려서 누군가의 일을 하는 사람인 것 같아요. 하청업체…… 내가 교사로서 어떤 기준을 세워서 일을 하는 게 아니고 누군가를 위해 그냥 엎드려서 일을 하는 거 같아요. 정말 화나죠.

✔ 정계숙, 최은아(2019: 105)에서 발췌한 경력 6년차 교사 14의 이야기

난 그만두라고 할 것 같아. "나도 뭐가 힘든지 아니까 그만둬." 이렇게 말할 것 같아. …… 솔직히 에너지 충전을 해야 다른 일을 도전해 보거나 다시 새로운 마음으로 할 수 있잖아. 쉬어야 그런 에너지가 나올 것 같아. 난 앞으로도 힘든 거 버티면서 일을 못할 것 같아.

✔ 하지수, 염지숙(2019: 128)에서 발췌한 경력 1년차 권 교사의 이야기

그러니까 조금 뭐 이렇게 놀다가 그러면 책상에 부딪쳐서 멍이 들잖아요. 그러면 부딪쳐서 멍이 들었다고 아이들이 얘기를 했지만 '선생님이 때린 거 아니야?' '선생님이 어디 밀어서 부딪친 거 아니야?' 그렇게 바로 발문을 다시 해 버리니까, 어머님들이 그렇게 질문을 한다는 자체가 선생님은 아이들을 그렇게 할 수 있다는 게, 자리 잡고 있으니까. 그래서 완전 저는 지금은 현재는 전문직보다는 그냥 되게 자존심도 상하지만 서비스직에 가까운 것 같아요.

✔ 김미애(2018: 236)에서 발췌한 경력 11년차 F 교사의 이야기

5) 문제상황

유아교사는 경력을 불문하고 돌발적으로 발생하는 문제상황에서 적절하게 문제를 해결하는 데 있어 어려움을 겪고 있다. 예를 들면, 아이들마다 상호작용 방식에 따라 적절히 상호작용하는 방법에 대한 고민, 연령 및 발달 수준 차이에 따

른 교육적 대처방법에 대한 고민, 유아에게 적절하고 유용한 평가방법에 대한 고
민 등 현장에서 유아교사는 다양한 문제상황에 직면하게 되고, 이러한 문제상황
을 해결하기 위해 교사 자신이 갖추어야 할 역량에 대해 갈등을 느끼기도 한다.
이러한 어려움을 극복하기 위한 노력의 일환으로 유아교사는 재교육 기회나 대학
원 진학을 생각하기도 한다.

 교사들의 목소리

　문제 행동을 보이는 유아에게 올바른 지도 방법으로 대하는지 다시 한번 생각
해 볼 시간이 없어 마음이 조급해지고 아이들은 짜증이 늘어 가는 것 같다. 먼저
폭력적인 행동을 보이는 유아가 그런 행동을 했을 때 '이렇게 하면 친구들이 다
칠 수도 있어' '친구 마음이 어떨까' '만약 친구가 너한테 이렇게 하면 기분이 어
떨까?' 등의 말을 해도 문제행동이 반복되면 지치기도 하고 이렇게 지도하는 게
맞나 싶기도 하고 화가 나기도 한다.

　　　　　　　❤ 채영문, 이성주(2019: 1056)에서 발췌한 경력 7개월 김 교사의 이야기

　유아반 4세 통합반인데 내가 계획을 한 후 진행 시 활동에 방해를 받는다. 일
반 아이들이 집중이 되지 않아서 흐름이 끊어진다. …… 연령의 수준을 맞추어야
하는데 일반아동끼리의 수준 차도 못 맞추는데 그 아이들까지 방해하는 수업 시
간은 정말 이것도 저것도 아닌 뒤죽박죽 수업이 된다.

　　　　　　　❤ 임승렬, 정미라, 김연미(2015: 89)에서 발췌한 경력 9년 3개월 D 교사의 이야기

　요즘에 유아교육평가 수업 들으면서 평가도구에 대해서 많이 생각했었던 거거
든요. 부모님 대할 때, 많은 자료, 그러니까 제가 한 아이에 대해서 파악하는 것
을 객관적인 자료로 아이와 함께 지내는 데 유용하고, 부모님들에게 그 아이에
대해 이야기를 하는 데 있어 유용할 거란 생각을 했어요. 수업 들으면서요.

　　　　　　　❤ 염지숙, 이영애(2015: 91)에서 발췌한 경력 4년차 이 교사의 이야기

3 유아교사 발달의 특징

유아교사의 발달 과정은 교직 경력에 따라 직선적, 순차적으로 성장해 나가기보다 복합적인 요인에 의해 순환적, 역동적으로 성장, 변화해 나간다. 이러한 유아교사의 성장과 변화의 특징을 알아보면 다음과 같다.

1) 순환 · 반복의 과정

유아교사는 열정과 좌절, 성장과 쇠퇴, 안정과 침체의 과정을 경험하면서 질적으로 성장해 나간다(임부연, 김성숙, 송진영, 2014). 초임교사의 경우 처음 유아들과 생활하면서 열정적으로 교직생활을 시작하는데, 자신은 모든 유아를 사랑하고 대학에서 배운 이론을 이상적으로 실현할 수 있을 것이라 기대한다. 그러나 하루 이틀 시간이 지날수록, 교실에서 일어나는 여러 가지 문제상황에 직면하면서 자신에게 교사로서의 자질이 있는지, 교사의 역할을 제대로 하고 있는 것인지, 심지어 모든 유아를 사랑할 수 있을 것이라는 기대와는 달리 순한 아이, 힘든 아이 등 유아들에 대한 부정적인 평가를 하기도 한다. 교사는 열정과 좌절을 맛보기도 하고, 수시로 일어나는 문제상황들 혹은 당면과제를 하나씩 해결해 나가면서 성취감과 자부심을 느끼며 성장해 나간다.

한편, 유아교사는 교직의 전 과정에서 발달을 경험하며, 순환적으로 발달하는 특징을 지닌다. 즉, 유아교사는 반성, 갱신, 성장의 주기를 순환적으로 반복하면서 성장해 나간다(문혁준 외, 2014). 반성의 과정은 교사 자신의 가치관과 교육행동에 대해 되돌아보고, 자신의 지식을 교육 실제에 어떻게 적용할 것인가를 숙고해 보는 과정을 포함한다. 이를테면, 유아교사에게는 일상에서 일어나는 다양한 교육 상황을 일상적이라고 등한시하지 않고, 보다 나은 교육행위를 위해 문제의 상황을 인식하고 이를 어떻게 해결해 나가야 할지를 숙고하는 반성적 사고가 필요하다(임부연, 김성숙, 송진영, 2014). 갱신의 과정은 지식의 범위를 확장하고, 자신이 갖고 있던 기존의 관점을 새롭게 하며, 기존의 틀과 습관에서 벗어나 새로운 의미를 찾는 과정으로서 갱신에는 5가지 주요 요소가 있다(Oplatka, 2004).

첫째, 내적 반성이다. 자신의 직업 선택을 재평가하고 자신의 현재 신념에 의문을 갖는다. 둘째, 기존 관점의 재구성이다. 기존의 계획을 재조직하고 자신과 사회에 대한 태도를 재구조화한다. 셋째, 새로운 기회와 과제 찾기이다. 도전적인 새로운 목적과 목표를 세운다. 넷째, 열정과 내적 에너지의 충만이다. 자신의 직업에 흥미를 느끼며 자신의 삶에 만족한다. 다섯째, 전문적 성장이다. 연수, 교육 등을 통해 자신의 전문성을 향상시킨다. 이러한 반성과 갱신의 과정을 통해 교사는 이전보다 나은 방향으로 성장해 가면서 발달이 이루어진다.

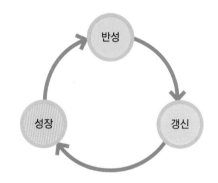

[그림 6-2] 순환 · 반복의 교사 발달 과정

*출처: 문혁준 외(2014: 186).

2) 교사-되기의 과정

유아교사의 발달 특성은 어떤 특정한 '임(being)'으로 고정되지 않고 차이를 생성하면서 끊임없이 변이한다는 Deleuze의 존재론적 개념(배지현, 2012)으로 해석할 수 있다. 교사는 끊임없이 변화하고 성장하고자 하는 욕망을 품고, 좋은 교사로서의 삶을 살기 위하여 갈등하고 선택하며 행동하는 '되기'의 존재인 것이다(김경애, 임부연, 2016). 훌륭한 교사는 더 나은 교사로 성장하기 위해 자신을 들여다보고 조금씩 성장하는 기쁨을 아는 사람이며, 교사로서의 자신을 매일 돌아보고 후회하고 타이르면서 성장해 나간다(최명희, 2016). 또한 교사는 교사와 유아가 타

자로 만나 의미 있는 관계를 맺고 각자의 홀로서기를 도와주는 협력의 길을 걸으며 함께 배움이 일어날 수 있는 사람(김유동, 2010)이어야 한다.

Freire(1998/2000)에 의하면, 앎의 과정은 곧 성장의 과정이며 아는 것이 일정한 성장 없이 불가능하듯이 성장 또한 일정한 앎이 없이는 불가능하다. 이러한 맥락에서 볼 때, 유아교사의 발달 및 성장 또한 단순한 삶에서의 성장을 넘어서 세계 속에서의 총체적 성장, 즉 앎을 통해 성장하고 성장을 통해 알아 가는 경험을 하며 교사 되기의 운동을 반복하는 과정이라 할 수 있다.

생각 나누기

🔁 '내가 유아교사가 된다면 하고 싶은 일'의 목록을 만들고, 왜 그것을 하고 싶은지 이야기 나누어 봅시다.

1. _____

2. _____

3. _____

4. _____

5. _____

Chapter

7

유아교사의 전문성

현대 사회는 어느 분야를 막론하고 '전문성'에 대한 요구가 높아지고 있으며, 직업에 종사하는 사람들은 자신의 직업이 '전문직'이기를 그리고 자신이 '전문가'이기를 희망한다. 그러나 유아교사의 전문성 개념이나 전문가가 되는 과정, 전문성을 계발하는 노력 등과 관련하여 다양한 논의가 있다.

이 장에서는 '유아교사직이 전문직인가'라는 질문에서 시작하여 유아교사직에 요구되는 전문성은 무엇이며, 그러한 전문성 함양을 목표로 국가가 정한 교원양성과정의 기준은 어떠한지 살펴보고자 한다. 더불어, 유아교사의 전문성에 대한 재개념화를 통해 전문성으로서의 '돌봄' 개념과 현직교사들이 주도성을 가지고 전문성 계발을 위해 활용할 수 있는 몇 가지 방법을 소개하고자 한다.

1 전문직과 전문성

한국표준직업분류에서 보육교사는 24720, 유치원교사는 25300으로 구분된다. 두 직업 모두 2로 시작하는데, 2는 전문가 및 관련 종사자를 의미하는 숫자이다. 즉, 한국표준직업분류에서 보육교사와 유치원교사 모두 전문직으로 분류되어 있다는 뜻이다.

오늘날 가정의 양육 및 교육 기능이 사회로 분산·이전되면서 유아교육기관에 머무르는 아이들의 생활과 교육을 담당하는 유아교사들의 전문성에 대한 요구와 고민이 더 깊어지고 있다. 그런데 매스컴에서 반복적으로 보도되는 유치원교사나 어린이집 교사의 낮은 처우 수준 및 개선에 대한 요구 기사나 영유아교사에 의한 아동학대 사례들을 접하면 어떤 느낌이 드는가? 일반인들에게는 어떤 인식과 감정을 유발시킬까? 영유아의 교육을 담당하는 이들에게 전문성이 있다고 생각할까?

생각 나누기

🔁 다음 기사를 읽고 떠오르는 생각을 이야기해 봅시다.

어린이집 보육교사들은 하루 평균 9시간 17분 일하면서 그 가운데 44분만 쉬는 것으로 나타났다. 이전보다 노동환경이 개선됐다고 하지만 8시간 일하면 1시간 이상 쉬도록 한 법정 노동시간은 '그림의 떡'이었다. 그럼에도 불구하고, 여전히 부모들의 실제 어린이집 이용시간은 희망보다 1시간가량 짧았다. 보건복지부는 육아정책연구소를 통해 지난해 9~11월 영유아를 둔 2,533가구(영유아 3,775명)와 어린이집 3,400개소를 대상으로 한 '2018년도 보육실태조사 결과'를 발표했다. 2004년 시작된 실태조사는 2012년부터 3년 주기로 진행된다.

지난해 재직 중인 보육교사는 담임교사 19만 7,146명과 보조교사 2만 5,000명, 대체교사 · 방과후교사 등 기타 1만 7,850명 등 총 23만 9,996명으로 전년(23만 5,704명)보다 4,292명(1.8%) 증가했다. 평균 근무경력은 2015년 4년 7개월에서 지난해 6년 4개월로 1년 9개월 늘어 과거보다 경력이 많은 교사가 증가했으며 98.0%는 여성이었고 평균 40.9세였다. 이번 조사에서 보육교사들에게 직접 하루 근무시간 등을 물어본 결과, 1일 평균 노동시간은 9시간 17분으로 이전 조사 때인 2015년 9시간 36분보다 19분 줄었다. 반대로 휴게시간은 18분에서 44분으로 2.5배 개선됐다. 보육교사의 휴게시간 개선은 정부가 그동안 지속적으로 보조교사를 투입한 효과로 연구팀은 추정했다.

그러나 법정 근로시간에 비하면 아직 개선이 필요하다. 「근로기준법」 제54조에 따르면 사용자는 노동자에게 하루 8시간 이상 일할 때 1시간 이상 휴게시간을 근무시간 중 주도록 하고 있다. 과거 어린이집은 휴게시간 특례업종으로 지정됐으나 「근로기준법」 개정으로 특례업종에서 빠지면서 다른 노동자와 마찬가지로 이를 준수해야 한다. 게다가 휴게시간이 있는 보육교사 중 하루 1회 휴게시간을 이용한 비율은 56.8%였으며 39.7% 기관은 아직 휴게장소가 별도로 마련되지 않은 상태였다.

이에 대해 연구팀은 "향후 휴게시간이 1시간 이상 확보될 수 있도록 방안 마련이 필요하다."며 "충분한 휴게시간 확보를 위해 보조교사 배치를 확대하거나 담임 교사의 보육 시간을 조정해 휴게시간을 확보할 필요가 있다."고 했다. 복지부 관계자는 "연말까지 보조교사 4만 명을 어린이집에 배치해 점차 보육교사 휴게시간이 보장되는 측면이 있다."며 "교사 간 배치 등을 통해 휴게시간을 보장할 수 있도록 제도를 개선해 나가겠다."고 말했다. 여기에 내년 3월 개정된 영유아보육법이 시행되면 연장 보육시간에 대해선 별도 전담교사가 배치돼 기존 보육교사들의 부담이 줄어들 것으로 복지부는 내다봤다.

이처럼 어린이집 보육교사들은 법정 근로시간 이상으로 일하고 있지만 여전히 부모들의 실제 어린이집 이용시간은 희망 이용시간에 못 미치는 것으로 조사됐다. 특히, 취업모의 경우 하루 9시간 6분 어린이집에 자녀를 맡기고 싶지만 실제 이용시간은 7시간 48분으로 1시간 18분 짧았다. 이런 가운데 영유아 가구의 모(母) 취업 비율은 2012년 35.4%에서 2015년 36.8%를 넘어 지난해 44.2%로 증가하는 추세다.

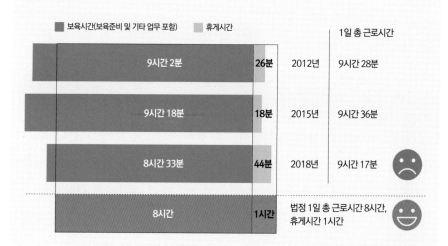

*출처: 뉴시스
(http://www.newsis.com/view/?id=NISX20190620_0000686904&cID=10899&pID=10800) (2019년 6월 20일 인출)

'유아교사는 전문직인가?'는 유아교육 분야에서 자주 등장하는 질문이다. 대부분 '그렇다'라고 대답하지만, 예비유아교사들과 현직교사들은 쉽게 답하지 못하고 고개를 갸웃거리게 된다. 특히, 과거에는 아이들을 기르고 가르치는 것이 어머니가 되는 여성들이면 자연스럽게 터득된다는 막연한 믿음 혹은 기대로 유아교육의 전문성에 대해 구체적이고 차별화되는 논의가 충분하지 못했다. 이러한 이유로 오늘날 유아교사의 전문성에 대한 질문에 자신있게 답변하기 어려운 것이다.

유아교사는 전문직인가? 또는 전문직이어야 하는가? 만일 전문직이라면 일반적인 전문직 개념과는 어떠한 공통점이 있을까? 유아교사직이라는 직무 혹은 직업에서 요구되는 특성에는 무엇이 있는가? 그러한 전문성을 지닌 교사를 양성하기 위해 우리의 교원양성기관은 어떻게 운영되고 있는가? 이러한 질문에 답하기 위하여 전문직의 기준과 요건에 근거하여 유아교사직이 이에 부합하는 정도를 고민해 보고, 유아교사직의 전문성의 특성과 국가가 정한 교원양성과정의 기준을 살펴보도록 하자.

1) 전문직의 특성

전문직(專門職)이라는 용어는 일반적으로 법학, 의학, 신학 등과 같이 높은 수준의 학식이 요구되는 직업에 사용되어 왔으며(Spodek & Saracho, 1988), 전문성이 필요한 직종으로 특정 분야의 지식과 기술에 기초하여 타인에게 영향을 미치거나 직무를 수행하는 직업을 뜻한다. 유아교사직을 전문직이라고 판단하기 위해서는 다른 전문직과 공유하는 특성들이 있는지를 살펴보는 것이 도움이 될 것이다. 일반적으로 전문직의 특성은 다음과 같다(권건일, 신재흡, 2010; 박은혜, 2013; Stinnett & Huggett, 1963).

- 전문직은 고도의 전문화된 지식, 기술 및 이를 활용한 활동을 요구한다.
- 전문직은 장기간의 사전 전문교육과 훈련, 자격증, 지속적인 현직교육을 요구한다.

- 전문직은 자율성과 책임감을 요구한다.
- 전문직은 그에 상응하는 사회적인 지위와 경제적인 보상을 요구한다.
- 전문직은 의사결정의 적절한 기준을 제시하는 고유의 윤리강령을 가진다.

생각 나누기

🔁 유아교사직에 대한 여러분의 생각은 어떤가요? 아래의 글을 읽고 자신의 생각을 발표해 봅시다.

〈유아교사는 전문직이다. 왜냐하면 …〉

- 유아교사는 매우 다양한 욕구를 가진 유아들을 보육하고, 또한 적합한 교육방법으로 유아들을 교육하기 위해 전문적인 지식과 기술이 필요하다.
- 유아교사는 유아의 건강한 발달을 위하여 체계적으로 하루 일과를 계획하고 환경을 조성하며 교육자료를 선택하는 등 고도의 지식에 근거한 의사결정과 책임이 요구되는 일을 담당하고 있다.
- 유아교사는 교사로서의 자격을 취득하기 위해 전문화된 교육기관에서 특정 교육과정을 이수해야 하며, 교사가 된 이후에도 현직교육을 통해 지속적으로 자신의 전문성을 함양하고 있다.
- 유아교사는 전문교직단체의 조직과 운영을 통해 자율성을 확보하고 개인의 이익보다 공공의 이익을 위해 헌신하고 봉사하고 있다.

〈유아교사는 전문직이 아니다. 왜냐하면 …〉

- 유아교사의 전문화된 지식이 타 전문 직종과 비교할 때 상대적으로 부족하다.
- 유아교사직은 사회적으로 전문직으로서의 위상이 약하며, 사회적 지위 및 경제적 대우가 낮은 편이다.
- 유아교육기관에서 의사결정 시 유아교사의 자율성이 제한된다.
- 이직률이 높다.

전문직이란 내적으로 특정한 영역의 전문적 지식과 기술에 기초하여 일을 수행하며, 외적으로 그에 상응하는 사회적 평가를 받는 직업이라고 볼 때, 이러한 기준으로 유아교사직을 평가해 보자. 유아교사를 전문직으로 보는 견해들은 주로 유아교사가 하는 일에 요구되는 능력과 자질에 관련되어 있으며, 유아교사를 전문직으로 보기 어려운 견해는 사회로부터 전문직으로 가치 있는 대우를 받고 있는가 하는 사회적 평가와 관련되어 있다. 즉, 전문직으로 보는 입장에서는 전문성을 강조하고 있으며, 전문직으로 보기 어렵다는 입장에서는 전문화를 강조하고 있는 것이다.

전문직으로서 유아교사의 기준에 대해 학계에서도 의견이 분분하다. 유아교사는 전문직으로서 준전문가와는 다른 자격과 자질을 갖추고 있다는데 대체로 동의하지만(김선영 외, 2007; 서영숙 외, 2005; 이옥 외, 2006; 조동섭, 2005), 어린이집의 경우에는 민간 또는 가정 어린이집 교사가, 유치원의 경우에는 사립유치원교사의 경제적 보상과 사회적 지위가 국공립교사에 비해 낮으며(박은혜, 이미정, 2011), 유아교사가 교육과정을 운영하고 학급을 관리하는 데 있어 자율성이 보장되지 않고 있다(염지숙 외, 2014)는 주장도 제기된다.

반면, 유아교사를 위한 전문교직단체가 조직되어 있고 윤리강령은 없으나 사도강령과 사도헌장이 그 역할을 대신하며, 교사직 수행을 위해서 국가자격증을 취득해야 하며, 대학원을 진학하는 교사가 증가한다는 것과 교원평가와 기관평가 등으로 공교육화가 진행되고 있어 유아교사가 전문직으로서 인정받을 수 있는 충분한 가치가 있음을 주장하는 입장도 있다(임부연, 김성숙, 송진영, 2014).

생각 나누기 💡

1. 세상의 직업을 일반직에서 전문직으로 이어진 스펙트럼으로 가정했을 때, 유아교사직의 위치는 어디쯤에 있다고 생각하는지, 자신이 생각하는 위치를 표시해 봅니다.

일반직   전문직

2. 전문직의 특성에 비추어 유아교사직의 전문성 요건을 정리한 표를 보고, 이러한 요건이 현실에서는 얼마나 충족되는지 평가해 봅시다.

전문직의 특성	전문직으로서의 유아교사	평가		
		아니다	보통이다	그렇다
고도의 전문화된 지식, 기술 및 이를 활용한 활동을 요구한다.	유아교사는 유아의 발달 및 교육에 대한 전문적인 지식과 기술을 지니고 이를 활용하여 교육활동을 한다.			
장기간의 사전 전문교육과 훈련, 자격증, 지속적인 현직교육을 요구한다.	보육교사가 되기 위해 일정 기간 이상의 양성교육과정을 거쳐야 한다.			
	유치원교사가 되기 위해 일정 기간 이상의 양성교육과정을 거쳐야 한다.			
자율성과 책임감을 요구한다.	교육과정 운영 및 학급 운영의 자율권을 지닌다.			
사회적인 지위와 경제적인 보상을 요구한다.	국가가 정한 호봉체계에 따라 보수가 주어진다.			
의사결정의 적절한 기준을 제시하는 고유의 윤리강령을 가진다.	유아교사로서 행동하는 데 기준이 되는 헌장, 강령이 있다 (부록 1, 부록 2, 부록 3 참고).			

2) 유아교사 전문성의 특성

유아교사의 전문성을 구성하는 것은 무엇일까? 백은주와 조부경(2004)은 지식과 기술 발달, 자기이해 발달, 생태적 발달로 구분하였고, 이수련(2013)은 유아를 교육 또는 보육하는 데 필요한 고유한 전문적 지식, 기능, 태도를 제시하였으며, 이미나 외(2016)는 전문적 지식, 교사로서의 신념 및 인성, 이를 실천할 수 있는 능력을 제시하였다. 사용하는 용어는 다르나 공통적으로 유아라는 교육대상에 따른 발달적 특성 이해 및 교육과정에 대한 전문지식과 수행능력, 그리고 유아에 대한 헌신 및 교직에 대한 태도 등의 정의적 측면을 포함하고 있다. 즉, 유아교사의 전문성은 교사가 유아를 대상으로 교육활동을 수행하는 데 있어 필요한 지식, 기술, 그리고 태도를 포괄하는 것으로 볼 수 있다.

한편, 초·중등학교에서는 과목별 시간표에 따른 수업으로써 교육과정이 운영되므로 '교사는 수업으로 말한다'는 문장에서 가늠할 수 있듯이 수업전문성이 매우 중요하게 여겨진다. 마찬가지로 놀이중심으로 교육과정이 운영되는 유아교육현장에서는 놀이를 통해 유아의 발달을 지원하는 놀이전문성이 중요하다. 유아의 놀이를 지켜보며 언어적, 비언어적으로 반응해주는 것도 교사의 전문성이며, 놀이에 잘 끼어들지 못하는 유아와 함께 놀이하면서 자연스럽게 놀이에 참여하도록 개입하는 것도 전문성이다. 유아의 놀이를 관찰하면서 어떻게 지원하면 좋을지 고민하는 것 또한 교사의 놀이전문성인 것이다. 이처럼 유아의 놀이를 발전, 확장시킬 수 있는 환경을 제공하고, 놀이 활동, 유형에 적절한 상호작용을 하는 유아교사의 역할은 초·중등 교원과는 차별화되는 전문성이라 할 것이다.

전문성은 주어진 절대불변의 개념이 아니라 사회문화적 맥락에 따라 변화할 수 있다(Popkewitz, 1994). 이러한 인식에 근거하여 유아교사의 전문성도 고정되어 있는 것이 아니라 변화하는 개념으로 계속적인 탐색이 이루어져야 한다. 사회와 교육환경이 바뀌면서 유아교사에게 요구되는 능력이자 자질에는 무엇이 있을까? 아동발달과 심리학적 이론을 기반으로 한 전문적 지식과 기술보다 영유아에 대한 사랑, 헌신, 열정, 책임감 등이 더욱 중요한 것이 아닌가? 유아교사의 전문성에 무엇이 새롭게 포함될 수 있을지 지속적으로 고민할 필요가 있다.

3) 교원자격 취득 과정

유치원교사와 어린이집 교사는 국가자격증을 취득해야 하는 직업으로, 국가가 그 자격기준을 정하고 있다. 더욱이 유아교육과 보육이 공적인 영역의 책무로 인식되기 시작하면서 유아교육과 보육의 질적 개선을 위한 교사 전문성 강화는 국가의 정책으로 다루어지기 시작하였다.

　유치원교사 자격취득 과정을 통해 국가가 정한 유아교사의 전문성 기준을 살펴보자. 「유아교육법」에서 유치원 교원의 자격을 명시한 제22조 제1항과 제2항에 따르면, 유치원 현장의 교사자격은 원장, 원감, 정교사 1급과 2급, 준교사로 구분된다. 준교사는 시험검정으로 취득할 수 있는 자격으로, 교원수급상 필요한 경우에만 부여된 자격으로 현재는 시행되지 않고 있다. 교원양성과정에서 유치원교사가 되기 위해 취득해야 할 첫 번째 자격이 유치원 정교사 2급인데, 유치원 정교사 2급의 자격기준은 다음과 같다(「유아교육법」 법률 제14602호).

- 대학에 설치하는 유아교육과 졸업자
- 대학(전문대학 및 이와 동등 이상의 각종 학교와 「평생교육법」 제31조 제4항에 따른 전문대학학력인정 평생교육시설을 포함한다) 졸업자로 서 재학 중 소정의 보육과 교직학점을 취득한 자
- 교육대학원 또는 교육부장관이 지정하는 대학원의 교육과에서 유치 원 교육과정을 전공하고 석사학위를 받은 자
- 유치원 준교사자격증을 가진 자로서 2년 이상의 교육경력을 가지고 소정의 재교육을 받은 자

　유치원 정교사 2급 취득자의 대부분은 '대학에 설치하는 유아교육과 졸업자'로, 교육부가 정한 무시험검정 합격기준을 충족해야지 교사자격을 취득할 수 있다. 그리고 2008년 대학 입학자부터는 졸업 시 총 평점이 기준 점수 이상일 때에만 유치원교사자격을 취득할 수 있도록 규정하고 있어, 전문직으로서 교사의 질 관리를 국가 차원에서 실시하고 있다. 2016학년도 이후에 입학한 예비유아교사들의 경우 충족해야 할 기준은 〈표 7-1〉과 같다(교육부, 2019d).

〈표 7-1〉 유치원 2급 정교사 자격취득 기준

구분	전공과목	교직과목
이수학점	• 50학점 이상 −기본이수과목 21학점(7과목) 이상 포함 −교과교육영역 8학점(3과목) 이상 포함	• 22학점 이상 −교직이론 12학점 −교직소양 6학점 −교육실습 4학점
성적기준	평균 75점 이상	평균 80점 이상
교직적성 및 인성검사	2회 이상	
응급처치 및 심폐소생술	2회 이상	
산업체 현장실습	4주 이상 유치원 실습	

　한편, 보육교사의 자격은 「영유아보육법」 시행규칙(16.1.12. 개정, 16.8.1. 시행)에 기준하여 51학점 이상 이수, 6주 이상의 어린이집 실습, 일부 학점 과목의 대면수업 등을 통해 취득하게 된다. 이처럼 국가 차원의 전문성 강화 정책은 일반적으로 자격 강화, 지위 향상, 그리고 자격취득 과정의 표준화 등을 목표로 한다. 유아교사가 되기 위해 양성 기간을 확대하고, 일정한 교육과정을 경험하고, 정해진 기준을 통과하여 국가로부터 자격을 부여받고 있는 것이다.

　전문직의 기준에 '장기간의 사전 전문교육과 훈련, 자격증, 지속적인 현직교육을 요구한다'는 점이 중요한 항목임을 고려할 때, 현재의 교사양성과정에 부과된 표준화된 과정은 적절한 정책적 결정으로 볼 수 있다. 그러나 외형적 기준만으로 전문성을 가진 전문가 교사를 길러 내는 것이 가능하고 충분한지에 대한 고민을 할 필요가 있다.

　생각 　나누기 🧠

🔁 다음 질문에 대해 소그룹 토론을 진행해 봅시다. 그리고 그룹별 토론 내용을 발표해 봅시다.

1. 전문성 강화를 위해 영유아교사 양성 교육과정에서 어떤 내용(교과목, 편제, 교육방법 등)을 첨가하거나 삭제 또는 수정해야 한다고 생각하는가?

2. 국가 차원의 전문성 강화 정책이 유아교사의 사랑, 봉사, 애정, 헌신, 열정 등의 정의적 차원의 자질을 함양하는 데 효과적이라고 생각하는가?

2 유아교사의 전문성

1) 돌봄의 전문성

최근 유아교육 전반에 걸쳐 돌봄 윤리의 역할이 강조되면서 돌봄이 유아교사 전문성의 중요한 덕목으로 제안되고 있다(김현미, 권귀염, 2016; 남명자, 2006; 양옥승, 2004; 양옥승, 손복용, 2008; 염지숙, 오채선, 2010). 돌봄이라는 용어를 들으면 어떤 것이 떠오르는가? 엄마가 아이에게 밥을 먹이는 장면, 요양보호사가 나이 많은 할머니를 부축하는 장면, 화장실에서 대변 뒤처리를 도와달라고 요청하자 선생님이 다가가서 도와주는 장면……. 그러나 최근 유아교사의 전문성으로 강조되고 있는 돌봄이란 양육행동, 신체적 보호 및 조력, 일상생활 및 기본생활습관 지도에 국한된 것이 아니라, 사람들의 관계 안에서 이루어지는 돌봄으로 특정 성별, 계층에 관한 도덕성이라기보다 인간이라면 누구나 가져야 할 보편적 도덕성을 뜻한다.

보편적 도덕성으로서의 돌봄이 최근 유아교사의 전문성 덕목으로 강조되는 이유는 무엇일까? 유아교사가 담당하는 영유아들의 연령이 낮아 많은 돌봄이 필요해서인가? 혹은 유아교사 중 여성의 비율이 높기 때문인가? 영유아의 연령이 어려인지적으로 가르치는 것보다 신체적, 정서적, 사회적으로 보살피는 일에 더 많은 전문적 지식과 이해를 필요로 하기 때문이기도 하고(양옥승, 2004), 직업적 특성상 여자 선생님이 많은 점에서 돌봄이 더욱 강조되는 면도 있지만 본질적으로 돌봄과 유아교육과정의 접점이 크기 때문일 것이다.

교육과정이라는 기본적인 틀 위에 유아와 교실의 상황 및 맥락에 따라 교사가 많은 부분을 결정하는 유아교육현장의 특성상 유아교사의 의사결정 및 윤리의식은 그 영향력이 매우 크다. 실제 유아교사들은 갈등 상황에서 합리성이나 효과성만을 기준으로 옳고 그름을 결정하는 것이 아니라, 사건과 관련된 모든 요인을 고려하고 그 결과까지 생각하여 가장 적합한 방법을 선택하는 도덕적이고 윤리적인 돌봄의 윤리를 사용한다(이진화, 유순호, 2006; 조형숙, 박은주, 2009). 유아교육에서 돌봄의 실천은 단순히 영유아의 건강과 안전 측면의 양육방법이 아니라 교육적 가치를 내포한 교육과정의 핵심이자 교사들의 실천 윤리인 것이다(양옥승, 2004).

그렇다면 돌봄의 전문성을 지닌 유아교사가 되기 위해서는 어떻게 해야 하는가? 김현미와 권귀염(2016)은 돌봄의 실천행위를 '귀 기울임의 습관화' '교사의 힘 내려놓기' '교육과정 전문가 되기' '교실 공동체 형성하기' '반성적 사고 지속하기'로 나누어 소개한 바 있다.

(1) 귀 기울이기

돌봄의 전문성을 기르기 위해서는 귀 기울임을 습관화해야 한다. 귀 기울임이란 상대방의 이야기를 끝까지 듣는 물리적인 행동을 의미하는 것이 아니라, 상대방을 진심으로 염려하는 마음으로 그들의 이야기를 온몸으로 비판 없이 수용하고 존중하며 듣는 교육적 경청을 의미한다(염지숙, 2005). 유아들의 이야기를 언어적으로 경청할 뿐만 아니라 유아들의 다양한 관심 표현을 존중하고, 그들의 이야기에 의미 있는 표정을 지어 주고, 진지하게 이야기를 듣는 모습을 보여 주며, 기분 좋은 신체적 접촉을 하는 등 다양한 경청 방법을 사용하여 적극적으로 귀를 기울이며 그들의 느낌까지 공유하는 것이다(양옥승, 손복영, 2008). 귀 기울임은 돌봄의 시작이자 교육의 시작이므로 유아교사들은 다양한 방식으로 개별 유아의 언어적·비언어적 표현이 의미하는 바에 귀를 기울여야 한다.

(2) 교사의 힘 내려놓기

돌봄을 실천하기 위해서 교사는 자신의 힘을 내려놓고 유아와 힘을 동등하게 공유해야 한다. 아동중심 교육에서 교사와 유아의 동등한 힘 행사는 당연한 것처럼 보이지만, 실제로 많은 유아교실에서는 교사가 힘의 주도권을 가지고 있다. 예를 들어, 조용히 선생님의 이야기에 귀 기울이는 유아에게 발표의 기회를 먼저 준다거나 바른 자세로 앉아 있는 친구에게 활동의 우선 선택권을 주는 등 수업 및 일과의 효율적 운영이라는 교사만의 목표와 기준에 따라 교사가 힘을 발휘하는 경우가 있다. 그 결과, 유아들은 자기 자신이 아닌 교사를 만족시키기 위한 행위로 가득 찬 일과시간을 보내게 된다. 따라서 현재 더 많은 힘을 가진 유아교사가 먼저 자신의 힘을 내려놓고 지시와 통제가 아닌 배려와 돌봄을 실천함으로써 진정한 학습이 일어나는 교실문화를 만들 수 있다.

(3) 교육과정 전문가 되기

돌봄을 실천하는 교사는 유아들에게 보다 의미 있는 지식 구성의 기회를 제공하고 실천에 옮길 수 있도록 배려하기 위해서 '교육과정 전문가'가 되어야 한다. 학급의 교육과정을 만들어 가기 위해 교사는 국가 수준 교육과정에 대한 기본적인 이해를 바탕으로, 교육목표와 교육내용, 교육방법에 대한 이해 그리고 다양한 교육과정 관점과 담론들에 대해 지속적으로 관심을 가져야 한다. 뿐만 아니라 교사는 지금 이 순간의 학급 유아들의 삶의 맥락을 반영하여 유아를 위한, 유아가 중심이 되는 '좋은' 교육과정을 구성, 재구성하고 실천할 수 있는 전문가가 되어야 한다.

(4) 교육공동체 형성하기

유아교육 공동체의 형성은 유아교사들이 교육실천의 다양한 노력을 통해 지향하는 목표이다. 교육공동체란 유아교사와 유아 모두가 교육의 주체로 서로를 인정하고, 동등한 책임감을 가지며, 돌봄과 가르침을 실천하기 위해 적극적으로 참여하는 것을 의미한다(권귀염, 2013; 양옥승, 손복영, 2008). 그리고 교육공동체는 유아교실에만 국한되는 것이 아니라 부모나 양육자, 교육기관, 지역사회 등 영유아들이 생활하는 모든 곳에서 공동체가 연계되고 실천되어야 한다. 영유아, 교사, 부모, 지역사회 모두가 서로를 있는 그대로 존중하고 받아들이며, 긍정적인 관계를 맺고 서로의 이야기에 귀 기울이는 노력이 지속될 때 의미 있는 교육공동체가 실현될 수 있을 것이다.

(5) 반성적 사고하기

교육적 실천을 지속하기 위해서 교사는 자신의 모든 행위를 정기적으로 돌아보고 반성해야 한다. 반성적 사고를 함으로써 교사는 자신이 돌봄과 가르침을 실천하면서 알게 된 새로운 지식을 다시 실천하게 되며, 이 과정에서 다시 반성을 통한 새로운 지식을 만들어 내기 때문에 교사의 성장을 위해 반드시 필요하다(남명자, 2006).

반성적 사고를 통하여 교사 자신의 생각과 실천이 유아를 위한 것인지, 무엇이 교사 자신의 실천을 이끌고 있는지, 각종 돌봄 실천의 결과가 어떠한지 등을 점검하게 된다. 반성적 사고를 실천하는 방법으로 저널 쓰기나 메타포 활용, 기록 작업, 자서전 쓰기, 비디오 기록 분석 등이 있지만(이영석, 이세나, 2004), 어떤 방법을 사용하든 주요 행위에 대한 자신의 느낌과 사고, 실천 내용 및 방법 등에 대해 수시로 되돌아보고 자신이 왜 이런 행동을 했는지 그 행동에 대한 자신만의 해석 및 이해를 추구하면서 비판적 대안을 생성할 수 있도록 노력해야 한다(서경혜, 2005). 또한 반성적 사고가 보다 지속적이고 생산적이기 위해서는 동료교사와 협력학습을 통한 반성과 실천이 함께 이루어져야 한다(Rodgers, 2002). 학습공동체를 통한 토의, 토론 및 수업비평 등 다양한 상호협력의 경험은 관점의 다양성을 인식하게 해 주며, 돌봄의 실천에 대해 호기심과 탐구심을 불러일으키며, 돌봄에 대한 반성의 질을 향상시켜 또다시 실천으로 이어질 수 있도록 함으로써 전문성을 갖춘 교사로 발전하도록 돕는다(김순희, 2009).

2) 전문가 되기

전문가는 지속적으로 자기의 전문성을 계발한다. 유아교사도 전문성 계발을 위하여 교직생활 중에 연수를 듣고, 장학을 받고, 컨설팅에 참여하기도 한다. 기존의 교사 전문성 계발은 교사에게 결여된 이론을 보충해 주거나 새로운 이론을 소개해 주어 교사의 지식을 업데이트해 주고 이론의 적용에 필요한 기술을 가르치는 데 중점을 둔 결핍관점에 기초한 보정적 성격이 강하였다(서경혜, 2005). 그런데 유아들의 개별성 및 다양성이 존중되고 키워야 할 가치인 유아교육현장에서 교사양성과정 또는 연수에서 배웠던 획일화된 교육방법이 안정적으로 적용될 수 있을까?

한편, 구성주의 교육에서는 교사 자신의 교육실천에 대한 반성적 사고가 중요함을 강조하고 있다. 교사들은 자신이 실제 교실에서 경험한 것에서 얻어진 실천적 지식에 대한 반성적 사고를 통해 끊임없이 배우고 다시 실천함으로써 유아교사로서의 전문성을 키워 나간다는 것이다. 즉, 교사들에게는 교직생활을 통해 얻은 실천적 지식이 있으며, 이 실천적 지식은 경험으로부터 얻어진 것이기에 곧 실제이다. 그러나 실천적 지식은 단순히 경험함으로써 얻어지는 것이 아니라, 경험에 대한 반성적 사고를 통해 얻어지므로 교사가 자신이 하는 일에 대해 반성적으로 탐구하여 전문성을 향상시켜 나가는 방법이 필요하다는 것이다.

여기에서는 외부에서 주어지는 전문성 계발 기회보다 교사의 개별성, 다양성, 반성성, 비판적 의식 등에 기초하여 교사의 내면으로부터 혹은 교사 집단 내부로부터의 전문성 계발 방법들에 대해 살펴보고자 한다.

(1) 티칭 포트폴리오

포트폴리오는 전통적인 평가방법의 대안으로 각급 학교에서 광범위하게 사용되어 왔으나, 최근에는 예비유아교사와 현직교사들을 위한 교사 전문성 강화 프로그램으로 사용되고 있다. 미국 대학의 교사교육 프로그램에서 티칭 포트폴리오를 선택과목으로 운영하거나 교육실습 마지막 단계로 자신이 개발한 티칭 포트폴리오를 발표하는 것을 의무화하기도 한다(손영민, 2007).

티칭 포트폴리오는 교사 자신의 교육활동에 대한 성찰을 통해 향상과 발달이 이루어질 수 있도록 학생의 학습과 발달에 영향을 미치는 교사의 교육활동의 실제, 수업과 관련된 각종 활동과 결과물, 이에 대한 반성적 진술과 설명 등이 포함된 조직적인 기록이다. 즉, 교사로서 교육활동을 한 문서화된 증거 자료와 그 자료에 대한 반성적 성찰이 이루어져야 한다. 티칭 포트폴리오의 개발과 실천은 교사 자신의 성찰과 실제 교육의 결과물을 통합시켜 주므로 자신의 교육활동의 맥락을 구체적으로 확인하고 그에 맞는 전략을 다시 수립함으로써 교사 전문성이 개선될 수 있다.

티칭 포트폴리오에 무엇을 넣을 수 있을까? 조용개(2009)는 교사 자신으로부터 수집되는 자료, 타인으로부터 수집되는 자료, 자기반성자료, 그리고 기타 자료로 구분하였다. 유아교사의 경우 자신으로부터 수집되는 자료에는 교육철학, 소신, 교육방향, 교육의 장단기 목표, 각종 활동 방법 및 전략, 노하우, 활동 자료 등이 포함되며, 타인으로부터 수집되는 자료는 유아들의 활동결과물, 동료교사의 조언, 유아들의 피드백 등이 포함될 수 있고, 자기반성자료는 현장에서 교사가 수행한 활동과정 및 결과물에 대한 반성적 성찰이 덧붙여진 자료가 속한다. 그 외 기타 자료로 연수 참여 자료나 학습공동체 활동 자료 등이 포함될 수 있다. 「2019 개정 누리과정」에서는 유아들의 놀이를 관찰하고 지원하는 활동이 강조되고 있는데, 유아들의 놀이를 관찰 기록한 자료, 놀이를 지원 활동 자료 및 결과물 역시 자기성찰과 연계되어 티칭 포트폴리오의 구성요소가 될 수 있을 것이다.

이 외에도 교사 자신으로부터 수집되는 자료에는 무엇이 있을까? 유아나 동료교사와 같은 타인으로부터 수집되는 자료에는 무엇이 있을까? 그리고 교사 자신의 반성적 성찰에 포함시킬 수 있는 자료에는 무엇이 있을까? 티칭 포트폴리오는 무계획적으로 수집된 모음집이 아니라, 시간의 흐름에 다른 성장을 보여 주는 성찰적 도구이므로(Barrett, 2000) 시작하기 전에 다음과 같은 질문에 대해 고민해 보아야 할 필요가 있다.

- 나는 교육에 대해 그리고 유아에 대해 어떤 생각과 태도를 갖고 있는가?
- 티칭 포트폴리오 활동을 통해서 내가 배우고 반성하기 위해서는 어떤 시간에 어떤 자료들을 선택할 것인가?
- 내가 수집한 자료들을 어떻게 조직할 것인가?
- 티칭 포트폴리오를 어떤 방법으로 보관하고 관리할 것인가?

티칭 포트폴리오의 자료 조직과 보관은 과학기술의 발달로 인해 과거의 폴더형 포트폴리오에서 전자 포트폴리오로 확대되어 가고 있다. 티칭 포트폴리오는 수집(collect), 선택(select), 반성(reflect)을 기본 형태로 하므로 이 세 가지 요소를 중심으로 시작하면서 점차 계획-수집-선택-반성-완성-연결의 확대된 모형으로 구성할 수 있다(Burke, Fogarty, & Belgrad, 1994). 티칭 포트폴리오에 대해 계획을 세운 후 교육활동에 대한 성찰을 할 수 있도록 자료와 결과물을 모으고 선택한 후 반드시 그 자료들을 검토하면서 자기와의 반성적 '대화'를 해야 한다. 자신의 모든 교육활동에 의문을 제기하고 체험으로 얻어진 실천적 지식에 대해 반성해 보아야 한다.

- 아이들의 놀이를 지원하기 위해 나는 왜 이 방법을 선택하였는가?
- 나는 왜 이 자료를 사용하였는가?
- 활동에서 집단의 규모나 구성이 적절하였는가?
- 유아를 평가하는 방법으로 내가 사용한 방법이 적절했는가?
- 나의 지원이 아이들에게 의미 있는 것이었는가?

이러한 반성적 질문을 통해 자기 스스로와 대화하고 실천적 지식을 형성해 감으로써 전문가로서의 유아교사의 역량을 함양해 갈 수 있을 것이다.

(2) 멘토링

교사의 전문성 계발을 위한 여러 가지 시도 중 유아교육현장 내부에서 교사 중심으로 지속적으로 실시할 수 있는 것으로 멘토링(mentoring)을 들 수 있다. 멘토링은 앞선 지식과 경험을 가진 영향력 있는 사람(mentor)이 초임, 저경력자 혹은 기술적 측면에서 지원이 필요한 사람(mentee)에게 전문적이고 개인적인 발달을 위해 시범적인 역할을 보여 주고 지원해 주는 장학을 뜻한다(조부경, 백은주, 서소영, 2001; 조형숙, 김현주, 2005).

멘토링은 인간의 재능을 최대한 개발할 수 있도록 도와주는 데 있어 인격 대 인격과의 관계, 장기간에 걸쳐 지속적으로 이루어지는 관계, 상호신뢰를 바탕으로 멘토가 멘티의 성장을 위해 비전을 제시하고 헌신하면서 쌍방향으로 이루어지는 수평적 관계를 그 특징으로 한다(조형숙, 김현주, 2005). 멘토와 멘티 간의 상호작용속에서 멘티의 상황에 맞게 적절한 지도와 조언을 제공하기 때문에 멘티의 성장을 적절히 촉진할 뿐만 아니라(조형숙, 박수미, 2009; Fletcher, 2000), 멘토에게는 재교육과 직업의식을 일깨우는 기회를 제공하는 공생의 과정(symbiotic process)이기도 하다(Nolan, 2007).

그동안 교육현장에서 교사의 전문성 강화를 위해 실시되어 온 장학이나 컨설팅이 일회적 · 단편적 · 수직적 방식으로 진행된 반면, 멘토링은 정기적 · 지속적 · 수평적 방식으로 이루어진다는 점에서 차별화되어 확대되고 있다. 일찍이 미국은 정부 차원에서 교육구 및 학교현장에서 멘토링 프로그램을 체계적이고 상시적으로 운영할 수 있는 제도적 환경을 마련하고 있다. 캘리포니아 주의 '초임교사 지원 및 평가(Beginning Teacher Support and Assessment: BTSA)'와 '산타크루즈 모델(Santa Cruz Model)', 코네티컷 주의 '초임교사 지원 및 연수(Beginning Educator Support and Training: BEST)', 루이지애나 주의 '루이지애나 교사 조력 및 평가 프로그램(Louisiana Teacher Assistance and Assessment Program: LaTAAP)' 등을 예로 들 수 있으며, 국내의 경우 초 · 중등 교원을 대상으로 교단적응 멘토링과 교과수업 멘토링이 여러 시 · 도 교육청 차원에서 시도되고 있다.

멘토링의 구성 및 적용 형태는 비형식적인 멘토링으로 진행할 수도 있고, 프로그램 형태로 진행할 수도 있다. 프로그램 형태로 유아교사의 멘토링을 진행할 때 Newcombe(1988)이 제시한 멘토링의 발달 과정을 참고해 보자.

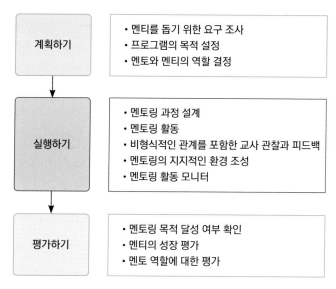

[그림 7-1] 멘토링의 발달 과정

*출처: Newcombe(1988).

한편, 멘토링 프로그램의 틀을 만들 때 다음의 질문을 고려하여야 한다.

- 주요 멘토링 내용을 무엇으로 할 것인가?
- 기간은 어느 정도로 할 것인가?
- 멘토에게는 어떤 보상을 줄 것인가?
- 멘토는 별도의 훈련을 받는가?
- 멘토는 어떤 방식으로 멘티에 대한 정보를 수집할 것인가?
- 멘토와 멘티는 어느 정도 주기로 만날 것인가?
- 멘토링의 성공적인 수행을 위해 멘토와 멘티를 고려한 업무 조정이 가능한가?
- 멘토링에 소요되는 비용은 어느 정도로 예상하는가?
- 멘토링 과정 및 결과에 대한 평가는 어떻게 할 것인가?

(3) 교사학습공동체

최근 교육계에서는 교사의 전문성 신장을 위하여 전통적인 교사 연수의 한계를 극복하는 방법으로 학습공동체에 주목하고 있다. 학습공동체란 구성원들의 공동 관심사와 주제에 관한 지식과 정보를 나누고 끊임없는 상호작용을 통하여 이 분야에서 개인의 전문성에 대한 열정을 높이는 사람들의 집단(최효영, 2009)을 의미하는데, 교사들은 학교라는 공동체 속에서 공동의 목적을 이루기 위하여 상호 협력하는 학습자로서 교사학습공동체를 구성할 수 있다는 것이다.

교사학습공동체의 특징은 크게 세 가지로 정리될 수 있다(손주희, 2019). 교사학습공동체의 첫 번째 특징은 공유이다. 교사들 간의 가치, 생각, 정서, 규범을 공유하고, 정서적 유대감을 형성하는 공동의 정체성을 공유한다. 더불어 학습공동체 활동 과정의 공유와 결과의 공유를 통해 전문성 향상이 일어나는 것이다. 두 번째 교사학습공동체의 특징은 협력이다. 교사학습공동체에서 학습은 사회적 상호작용으로 발생하고 상호작용은 협력의 성격을 나타낸다. 교사들 간의 협력을 통해 개선이 일어나고 전문성이 개발되는 것이다. 세 번째 교사학습공동체의 특징은 실천이다. 교사 자신의 수행에 대한 반성과 재구성 그리고 그 후 실천하는 과정을 통해 새로운 지식이 구성된다고 보기 때문에 실천은 교사학습공동체의 중요한 특징이 된다. 즉, 실천을 반성하고, 실천을 기반으로 지식을 형성해야만 진정한 학습이 일어나고 전문성이 신장되는 것이다.

유아교사가 참여한 교사학습공동체에 대한 연구(조부경, 고영미, 2006; 최남정, 2013; 최성운, 2014; 최효영, 2009)에서 참여자인 교사의 전문성을 향상시키기 위해 공통적으로 사용한 방법인 반성적 저널 쓰기, 전문 서적 읽기, 협력적인 대화에 대해 살펴보고자 한다.

첫째, 반성적 저널 쓰기는 교사가 개인적인 관점을 가지고 기록하는 글이지만 여기에는 반드시 교사로서의 전문적 의견을 담고 있어야 한다. 교사로서 자신의 생각에 기초하여 기록하고 주관을 지지하고 검토하고 비판함으로써 반성적 사고가 촉진되기 때문에 가장 일반적으로 사용되는 방법이다.

둘째, 교사학습공동체에서 공통의 관심사로 정한 분야에 대해 이해를 넓히기 위해서 전문서적 읽기는 매우 중요하다. 전문서적 읽기를 통해 새로운 지식과 정보를 수집하고, 학습공동체 구성원들은 자신들이 이해한 것을 중심으로 토론하고, 이후 이어지는 구성원 간의 협력적 대화에도 연관된다. 따라서 전문서적을 읽는 것은 교사 개인의 전문성 향상을 위한 학습 방법이기도 하지만 학습공동체 구성원과의 상호작용을 활발하게 해 주는 매개물이 된다.

셋째, 학습공동체 구성원 간의 협력적 대화를 통해 구성원은 자신의 지식과 생각을 분명히 할 수 있고, 자신과 다른 시각에서 현상을 보게 되며, 다양한 관점들을 종합해 보는 경험을 하게 된다. 협력적 대화는 학습공동체에서 이루어지는 모든 활동들에 내포되어 있으므로 매우 일상적이면서도 강력한 전문성 향상 방법인 것이다.

생각 나누기

1. (예비)유아교사로서 당신의 현재 관심사는 무엇입니까? 그 문제를 해결하기 위해 학습공동체를 구성해서 전문서적 읽기를 시도한다면, 어떤 책을 고르겠습니까? 읽고 싶은 책의 목록을 작성해 봅시다.

2. 유치원과 어린이집에서 교사학습공동체를 구성, 운영할 때 어떠한 장점이 있으며 또 어려움이나 문제는 무엇일까요?

유아교육 하기

Doing Early Childhood Education

Movement in Early Childhood Teacher Education

Chapter

8

유아에게 귀 기울이기

우리가 가지고 있는 유아에 대한 인식은 언제부터 시작되었을까? 유아에 대한 우리의 인식에 영향을 미친 사회적, 정치적 배경은 무엇일까? 우리가 당연한 듯 생각해왔던 유아에 대한 인식, 즉 유아는 교육하고 보호해야 할 대상이라는 인식은 정말 당연한 것일까?

이 장에서는 유아에 대한 관점이 어떻게 형성되고 변화되어 왔는지, 현대 사회에서 유아의 모습은 어떠한지, 그리고 유아교육기관에서 만나는 유아에 대한 우리의 관점은 어떠한지 살펴볼 것이다.

 아이의 목소리

"놀고 있는데 선생님이 중간에 뭘 하라고 하시지 않으면 좋겠어요."
"자유놀이 시작할 때 오늘은 너가 이거 해야 한다고 미리 말해 주면 좋겠어요."

✔ 유한나, 엄정애(2014: 274)의 연구에서 발췌한 만 5세 아들의 이야기

1 유아에 대한 관점

1) 서구의 관점

사전적으로 '아동'은 넓은 뜻으로 어린이, 즉 신생아나 유아까지 포함하고 사춘기, 청년기에 도달하기 전까지를 말한다(남억우 편, 1996). 「유아교육법」에서는 "유아란 만 3세부터 초등학교 취학 전까지의 어린이(「유아교육법」 제1장 제2조)", 「영유아보육법」에서는 "영유아란 6세 미만의 취학 전 아동(「영유아보육법」 제1장 제2조)", 「아동복지법」에서는 "아동이란 18세 미만인 사람(「아동복지법」 제1장 제3조)"으로 규정하고 있다. 이러한 법률적인 정의 외에 일반적으로는 "아동이란 신체적, 지적으로 미숙한 단계에 있는 사람(고려대학교 민족문화연구원, 2009)"이라고 설명하고 있다. 이렇듯 아동, 어린이, 영아, 유아, 영유아 등 다양한 명칭이 사용되고 있다.

인류 역사에서 이처럼 아동 또는 어린이를 특정한 시기로 간주하고 성인과 다른 존재로서 보는 관점 또는 개념은 언제부터 생겼을까? 우리가 지금 가지고 있는 아동 또는 유아의 개념은 무엇인가? 그 개념은 언제부터 누구에 의해 생긴 것일까? 그러한 개념이 형성된 배경에는 어떠한 의미 또는 의도가 있을까? 내가 형성하고 있는 아동의 개념은 누구의 혹은 무엇의 영향을 받은 것일까?

아동에 관한 역사를 연구한 Ariés에 따르면, 중세 이전까지 특별한 아동 개념이 없었다. 17세기 이전까지만 해도 매우 어린 나이부터 노동을 시작했으며, 특별한 관심이나 고려의 대상이 아니었다. 그 당시 그림에 묘사된 아동은 아동기의 특징을 가지고 있지 않고 단지 크기만 축소된 성인의 모습으로 그려졌으며, 복장도 성인의 것과 다르지 않았다(Ariés, 1973/2003). 또한 아동 사망률이 높아서 아동에 대한 어른들의 태도는 일종의 정서적 무감각으로 나타날 수밖에 없었는데, 이는 생존 가능성이 낮은 영아나 유아와 일정 정도의 물리적·정서적 거리를 유지함으로써 그들과의 유대가 형성되는 것을 피했기 때문이다(Herlihy & Klapisch-Zuber, 1985; 임병철, 2011: 341에서 재인용). Boccaccio의 『데카메론(Decameron)』에서는 남

편의 말에 순종하여 아이를 버리려는 아내에 대해 자녀를 버린 나쁜 엄마라고 비난하지 않고 어질고 정숙한 좋은 아내라고 칭송하는 이야기가 나오는데, 이를 통해 아이들을 버리는 일조차 그들에게는 대수롭지 않은 일로 여겨졌다는 것을 알 수 있다(임병철, 2011).

성인과는 달리 구분된 집단으로서 아동이라는 개념이 구성된 것은 13세기에서 17세기에 걸쳐 서서히 형성되어 왔으나(Ariés, 1973/2003), 아동기가 인간의 독특하고 고유한 하나의 기간이라는 믿음은 계몽시대와 근대에 두드러지게 나타나기 시작한 것으로 보인다. 아동 개념을 구성하는 데 큰 힘을 발휘한 것은 기독교 교회 및 이성을 강조한 계몽주의적 영향이었다. 이 시기에는 아동을 순진무구하고, 약하며, 도움이 필요하고, 지식이나 기능면에서 부족하며, 미숙하고, 겁이 많고, 야만적이고, 상처받기 쉬우며, 정의 내려지지 않는 존재 또는 개방적인 존재라는 개념이 형성되어 있었다. 이는 지적이고 강하며, 능력 있고 성숙하며, 문명화되었고, 자기통제가 가능하다고 여기는 성인 개념에 대비되는 것이다(Cannella, 1997/2002). 19세기 독일에서 유치원을 창안한 프뢰벨은 유치원(kindergarten, 어린이 정원)을 생각해 낼 때, '아이들을 위한 정원'을 그린 것이 아니라 교사를 정원사로, 아이들을 화초로 생각했다고 한다(Gatto, 2002/2016: 59). 이는 정원사가 화초를 가꾸고 재단하듯이 유능하고 성숙한 교사가 미숙하고 무능한 유아들을 미리 정해진 대로 만들어 가는 것이라는 생각이 반영된 것으로, 현대 아동관의 기초를 형성한다.

2) 우리나라의 관점

어린이는 결코 부모의 물건이 되려고 생겨 나오는 것도 아니고,
어느 기성사회의 주문품이 되려고 나온 것도 아닙니다.
그네는 훌륭한 한 사람으로 태어 나오는 것이고
저는 저대로 독특한 한 사람이 되어 갈 것입니다.
그것을 자기 마음대로 자기 물건처럼 이렇게 만들리라
이렇게 시키리라 하는 부모나

이러한 사회의 필요에 맞는 기계를 만들리라 하여

일정한 판에 찍어 내려는 지금의 학교교육과 같이

틀린 것, 잘못된 것이 어디 있겠습니까.

✔ 안경식(2000: 186)에서 발췌한 소파 방정환의 편지글 중 일부.

우리나라에서는 15세기, 16세기 문헌부터 아해(兒孩), 유자(幼子), 동몽(童蒙), 해동(孩童) 등 오늘날 아동과 유사한 용어들이 등장하고는 있으나 아동기를 성인과 별개의 범주로 구분할 필요성을 느끼지 못하였다. 조선시대에 유교가 국가의 통치이념으로 들어오면서 '충(忠)'과 '효(孝)'를 강조하게 되었고, 이에 따라 유아는 좋은 본성을 가지고 태어났지만 미성숙하고 보호가 필요한 존재로 인식되기 시작하였다.

그러나 그 시대에는 사람 사이의 관계가 수직적이고 위계적이었으며, 따라서 유아는 성인보다 열등한 존재로 간주되었고 성인과 동등한 대우를 받지 못했다. 그 시대 유아들이 따라야 하는 대표적인 윤리규범으로 '부자유친(父子有親)' '장유유서(長幼有序)'를 들 수 있는데, 이는 유아가 성인보다 열등한 존재로 인식되었고 따라서 성인을 따르고 존경해야 한다는 기대가 있었음을 보여 주는 것이다(Shin, 2014). 이러한 덕목이 지배하는 사회에서 아동관은 아동이 그 자체로 독립된 존재로 인식되기보다는 성인과의 관계 속에서 이해되고 구성되어 왔다. 즉, 성인을 존경하고 따르는 것이 좋은 아동의 표상이 되었으리라는 것을 추측할 수 있다. 아동교육 또한 '아이다운 아이', 즉 어른 공경이라는 예의를 지킬 줄 아는 아이를 만드는 것에 큰 역점을 두었다(안경식, 2000).

조선 후기에는 모든 존재에 한울님이 깃들어 있음을 주장하는 동학사상이 대두되면서 어린 아이도 마땅히 가치 있고 존중받아야 하는 존재라는 개념이 나타나기 시작하였다. 이에 영향을 받은 소파 방정환은 어린이는 이상 세계인 하늘나라의 성품을 가진 존재이며, 기성 세대가 할 일은 그 착한 어린이의 성품을 그대로 보전해야(더럽히지 말아야) 한다고 하였다. 1905년 을사늑약 이후, 일제의 침략 의도가 노골적으로 나타나면서부터는 아동을 저항 주체로 보는 민족적 아동관이 지배적으로 나타났다(장정희, 2016). 1910년대 후반부터 아동심리학과 유아교육학이 국내에 소개되고 유치원이 설립되기 시작했는데, 주로 선교사 또는 해외유학파들에 의해 이러한 서구의 유아교육학과 아동관이 도입되었다(이윤진, 2007).

이상에서 살펴본 바와 같이, 유아에 대해 현재 우리가 가지고 있는 개념은 비교적 최근에 형성된 것이며 오랜 역사 속에서 유아에 대한 관점이 변화되어 왔다는 것을 알 수 있다. 이는 그 시대의 지배적인 사상이 개인과 사회에 대한 관점, 그리고 유아의 존재와 가치에 대한 지각을 결정하기 때문이다(Shin, 2014). 교사가 가지고 있는 유아에 대한 인식은 환경구성이나 상호작용 등 실제 교육활동에 영향을 미친다. 자신이 가지고 있는 아동관을 절대불변의 진리인 것처럼 당연시함으로써 아이들을 그 틀 안에 가두고 정작 중요한 개별 아이를 보지 못하며 우리가 놓치고 있는 것은 없는지, 이에 따라 유아를 둘러싼 환경과 행동을 규제하고 있는 것은 아닌지 돌아볼 필요가 있다.

2 유아교육기관에서 만나는 유아

유아교육기관에서 교사는 최선을 다해 유아에게 바람직하다고 생각하는 일을 수행한다. 아프거나 불편한 곳은 없는지 신체적으로 돌보고, 유아의 감정을 읽어 주고 공감하며 이를 적절히 표현할 수 있도록 정서적으로 돕고 살핀다. 또한 각 연령에 필요하다고 생각하는 지식과 개념을 알려 주기 위해 활동을 계획하고 이를 실행한다.

그러나 이 모든 과정에서 유아는 어떤 위치에 있는가? 교사가 생각하는 유아는 어떤 모습인가? 유아는 환경이나 유능한 또래와의 상호작용을 통해 스스로 지식을 구성해 나간다고 교사양성과정에서 배우지만 이러한 생각이 교육현장에서 실천되고 있는가? 교사로서 우리는 스스로 발전하고 성장할 수 있는 능력을 가진 주체로 유아를 보는가, 아니면 채워지고 준비되어야 하는 백지상태의 존재로 유아를 보는가? 유아에게 '바람직한' 교육내용, 교육방법을 선택하는 기준은 누가, 어떻게 정한 것인가? 그것은 정말 옳은가? 교사는 자신의 개인적 경험을 통해 형성된 지식과 양성과정을 통해 배운 지식을 바탕으로 유아를 위해 최선을 다하지만 그러한 행동들의 기저에는 유아에 대한 어떤 관점이 내포되어 있는지 살펴보자.

1) 교실공간 속 유아

교육활동과 교실환경을 계획하고 준비하는 사람은 대부분 교사이다. 이 모든 과정에 유아가 참여하는가? 교실에서 유아는 어떤 존재인가? 또 교사는 어떤 존재인가? 다음은 '물속에 사는 동물'이라는 주제로 교사와 유아들이 대화를 나누는 모습을 들여다보자.

〈교실 이야기〉

김교사: ㉠ 물속에는 어떤 친구가 있을까요?

유아 A: ㉡ 상어. 상어.

김교사: ㉢ 어떤 친구들이 있을까? 만나 볼까요? (파워포인트를 보며)

유아 B: ㉣ 네. 와. 붕어다. 금붕어.

김교사: ㉤ 맞아요. 금붕어 친구가 살고 있네요.

　　　　㉥ 금붕어는요 바닷물에 살까요? 강물에 살까요?

　　　　㉦ 멋지게 앉은 지혜가 말해 주세요.

유아 C: ㉧ 강물.

김교사: ㉨ 딩동댕. 강물에 살고 있어요.

　　　　　　　　　　　ⓒ 이연선의 연구(2006: 30)에서 발췌한 이야기 나누기

교사는 물속에 사는 친구의 이름과 사는 곳에 대한 정확한 정보를 알려 주려고 하면서 이야기 나누기를 진행하고 있다. 교사는 묻고(㉠, ㉢, ㉥) 유아는 답한다(㉡, ㉣, ㉧). 교사는 유아들의 답을 평가하고(㉤, ㉨), 교사가 원하는 답이 아닌 경우(㉡)에 유아의 반응은 무시된다(㉢). 누가 답을 할 것인지에 대한 결정권은 교사가 가

지고 있으며, 교사는 '멋지게 앉은' 유아에게 답을 말할 수 있는 기회를 준다(Ⓐ). 이야기 나누기 시간은 마치 '내가 생각하는 것을 맞추어 볼래?' 게임(Dahlberg et al., 2013/2016: 161)처럼 진행되며, 유아들은 교사가 원하는 모습으로 앉아 교사의 선택을 기다리며 교사가 생각하고 기대하는 바를 파악하기 위해 애를 쓴다.

위의 이야기 나누기에서 교사는 지식과 정보를 가지고 있는 성숙하고 지적인 사람으로, 유아는 무언가 부족하고 성인으로부터 도움을 받아야 하며 성인으로부터 도움과 인정을 받기 위해 멋지게 앉아 성인의 결정을 기다려야 하는 사람으로 위치하고 있다. 교사는 유아들의 생각을 묻고 유아들은 스스로 답을 찾는 자유와 능동성이 있는 것처럼 보이지만, 실제 유아들에게는 어떠한 자유도 주어지지 않는다. 다만 교사가 원하는 모습으로 앉아 교사가 원하는 답을 할 선택이 있을 뿐이다. 이러한 행위들의 기저에 있는 아동에 대한 인식, 교사의 역할에 대한 생각은 무엇일까? 어쩌면 무능한 유아에게 교사가 알고 있는 또는 교사가 미리 정해 놓은 지식을 전달하는 것이 교육이고 교사의 역할이라 생각하고 있지는 않는가?

여기에서 유아는 개별이 아닌 집단으로 존재한다. '상어'라고 대답한 유아는 어떤 맥락과 경험을 통하여 그러한 생각을 하고 대답을 했을 것이지만, 교사는 대집단 활동을 이끌어 가면서 개별 유아의 경험이나 반응은 무시하였다. 이 교실에서 받아들여지는 것은 교사의 기대에 맞는 행동과 대답일 뿐이다. 이러한 이야기 나누기는 교사와 유아의 이야기 '나누기'가 아니라 교사의, 교사에 의한, 교사를 위한 이야기 '하기' 시간이라고 해도 과언이 아니다(김수향, 2007). 이는 학급 내에서 유아의 개별성을 인정하고 받아들이기보다는 수업을 해야 하는 대상, 따라서 통제하고 이끌어 가야 하는 집단으로 유아를 인식하고 있기 때문일 것이다. 이러한 대집단 활동에서 유아는 교사가 원하는 답을 찾는 방법, 틀린 이야기를 하면 무시당한다는 것, 그리고 교사의 눈에 들게 행동하는 방법을 배우게 된다. 이러한 경험을 하면서 유아들이 학습의 주체, 더 나아가 자기 삶의 주체로 성장할 수 있을까? 이와 같은 활동 방식은 유아에 대한 관점과 교사 역할에 대한 인식에서 기인한 것일수 있다. 교사는 반드시 정확한 지식만을 전달해야 하는 것일까?

이러한 문제는 활동의 목표를 성취 여부가 아니라 경험의 과정을 중심으로 진술

하는 것만으로도 얼마쯤은 극복될 수 있다. 이와 관련하여 Eisner(1979/1983)는 학생으로 하여금 해결책을 찾게 하는 다소간의 주도성이 허용되는 '문제해결 목표'('~에 대해 생각해 본다' '~할 수 있는 방법을 알아본다' 등)나 활동을 제안하며 수행하는 과정에서 개방적이고 주도적으로 목표를 설정하는 '표현 목표'('이야기 나눈다' '만든다' 등)를 대안으로 제시하였다. '행동 목표'('~을 안다' '~을 그릴 수 있다' 등)처럼 성취 결과가 의도되어 있으면 교사는 목표를 달성하기 위해 조급해질 수밖에 없다. 이로 인해 교사는 목표 달성에 불필요하고 비효율적이라고 생각되는 행동이나 유아의 반응을 무시 또는 거부하게 된다. 활동의 특성에 따라 다르겠지만, 유아의 행동을 제한하지 않고 유아의 경험의 폭을 넓히며 주도성을 허용하는 목표 진술 방법을 고민할 필요가 있다.

유아교육현장은 교사가 유아에게 무언가를 일방적으로 가르치고 유아는 교사에게서 무언가를 수동적으로 배우는 곳이 아니라, '더 나은 인간 형성'을 위해 서로 묻고 답하고 실험하고 관찰하는 '실존의 장'(조용환, 2014)이 될 수 있어야 한다.

생각 나누기

🔁 아래의 이야기 나누기 사례에 등장하는 유아와 교사의 모습이 어떠한지 의견을 나누어 봅시다.

유아들: (웅성웅성)

박 교사: 햇살반 손뼉 한 번!

유아들: (손뼉 한 번 치고 교사를 바라보지만 몇몇이 아직 흥분하여 교사를 보지 않는다)

박 교사: 햇살반~.

유아들: (흥분되어 있는 유아를 제외한 유아만 대답을 한다) 네~.

박 교사: 햇살반 절제 5초! 1, 2, 3, 4, 5

유아들: (흥분되어 있던 유아들이 교사를 본다)

✔ 정진성 외(2013: 567)의 연구에서 발췌한 이야기 나누기

박 교사: 10월에는 우리가 어떤 약속을 정하면 좋을까?

　　　　지금까지 불편했던 것, 잘못됐다고 생각한 거 말해 봤는데 어떤 약속을

　　　　정하면 10월 한 달을 더욱 재미있고 즐겁게 보낼 수 있을까?

민　 준: 선생님 말씀 잘 듣기

아　 영: 수업시간에 떠들지 않기

박 교사: (유아들이 말한 것을 칠판에 적으며) 음……그런 것도 좋은데

　　　　너희들에게 진짜 필요한 약속을 정하면 더 좋지 않을까?

민　 지: 배려하기

기　 중: 바깥놀이 갈 때 친구 싫다고 같이 안 놀고 그러지 않기

승　 준: 밥 먹을 때 자리 정하기

박 교사: (웃으며) 그래, 그거는 진짜 필요하겠다.

정　 훈: 놀 땐 놀고, 할 땐 하고!

　　　　　　　　　　　　　✔ 정진성 외(2013: 568)의 연구에서 발췌한 이야기 나누기

2) 놀이하는 유아

(1) 놀이의 힘

　놀이는 유아교육의 기본이자 필수 요소다. 유아에게 놀이는 권리이자 삶 그 자체이며, 발달과 배움에 중요한 힘이라는 데 이의가 없을 것이다. 놀이는 유아가 세상을 알아 가는 최선의 자연스러운 방식이며, 놀이를 하며 느끼는 기쁨과 재미는 유아를 행복하게 해 준다. 또한 하고 싶은 놀이를 하며 다양하게 몸을 움직이고 친구나 성인, 주변 환경과 역동적으로 관계를 맺어 간다. 놀이하는 과정에서 자신의 감정을 자연스럽게 표현하고 새로운 방식으로 문제를 풀어 가기도 하며 갈등을 해결하기도 한다. 이렇게 유아는 스스로 놀이를 만들고 이야기를 이어 가고 자신을, 또 세상을 배워 나가는 것이다.

　이러한 놀이가 유아교육현장에서는 어떻게 펼쳐지고 있을까? 교사가 놀이 주제와 규칙을 정하고 그에 따라 놀잇감을 배치하고, 모험과 위험 요소를 없앤 '안전한' 영역에서 정한 시간만큼만 유아에게 놀이를 '허용'하고 있지는 않은가? 늘 계

획해야 하고 계획한 대로 했는지 평가해야 하는 것으로 놀이를 인식하고 있는 것은 아닌가? 혹시 흥미영역별로 골고루 놀이해야 전인적으로 발달한다고 믿고 있지는 않는가? 교사가 계획하고 만들어 준, 교사의 한계 내에서 이루어진 장에서 아이들은 놀이가 가진 힘을 마음껏 경험하기 어렵다.

　유아중심, 놀이중심을 추구하는 「2019 개정 누리과정」에서는 교사를 유아 놀이의 지원자로 바라본다. 즉, 유아 놀이의 다양한 흐름에 귀 기울이고, 물질적/비물질적으로 놀이를 지원해 주는 교사의 역할을 강조한다. 교사가 놀이를 지원함에 있어 기본적으로 전제되어야 할 것은 유아에 대한 믿음이다. 유아는 놀이하며 스스로 배우고 성장해간다는 믿음을 가지고 놀이에 온전히 귀 기울이는 것은 쉽지만은 않다. 교사는 무엇인가 계획하고 가르쳐 주고 개입하고 싶은 마음을 가질 수 있지만, 유아의 힘 그리고 유아가 만들어 내는 놀이의 힘을 믿고 기다려 준다면 아이들은 천천히, 자신만의 방법으로, 자신만의 의미 있는 배움을 찾아갈 수 있을 것이다.

 아이들의 목소리

"신체 활동실에 매일매일 가면 행복할 거 같아요. 바깥놀이터에도 매일 가고……. 마음대로 매일……."

　　　　　　　　✔ 최고은(2017: 34)의 연구에서 발췌한 5세의 이야기

유　아: 저는 선생님이 바로 와서 허락도 안 받고 노는 건 기분이 안 좋을 것 같아요.

연구자: 아, 그럼 선생님이 오셔서 너희한테 같이 해도 되는지 물어보고 놀이하셨으면 좋겠니?

유　아: 네. 그리고 제가 설명해 줬으면 좋겠어요.

　　　　　　　　✔ 유한나, 엄정애(2014: 266)의 연구에서 발췌한 만 5세의 이야기

"초등학교에 오니까 쉬는 시간이 있어서 참 좋아요."

어느 초등학교 1학년의 이야기

영역으로 구획화되지 않은 넓은 신체 활동실이나 바깥놀이터에 마음대로 매일 매일 가고 싶다는 유아의 바람, 그러면 행복할 것 같다는 아이들의 목소리에서 좁은 교실에서 마음대로 놀지 못하는 유아의 답답함이 고스란히 전해진다. 또한 선생님이 자신들의 놀이에 허락 없이 들어오는 것이 싫다는 말에서 유아의 놀이를 발전시키기 위한 교사의 개입이 과연 적절한지 돌아보게 한다. 초등학교에 가니 쉬는 시간이 있어서 참 좋다는 초등학교 1학년 아동의 말은 교사에 의해 계획되는 유아교육기관의 일과를 반성하게 한다. 교사가 계획한 하루 일과가 유아들의 입장에서는 자유롭게 쉴 시간이 없다고 느껴진 것은 아닐까?

주제나 흥미영역에 구애받지 않고 교사의 개입이 최소화된 비구조적인 자유놀이를 통해 유아들은 내면으로부터 우러나오는 자발적인 놀이 욕구를 충족하며, 스스로 의미를 만들고 진정한 즐거움을 느낀다(나귀옥, 곽정인, 2013). 우리가 유아를 위해 하는 그 많은 노력이 정말 유아를 행복하게 하는 것인지, 진정 교육적 가치가 있는 것인지 다시 생각해 볼 필요가 있다. 교사에게 정말 필요한 것은 유아에 대한 믿음과 기다림이 아닐까?

(2) 놀이의 안전

주변에서 흔히 볼 수 있는 놀이터의 모습은 어떠한가? 거대한 복합 놀이기구가 중앙을 차지하고 있고 주변에 약간의 소품들, 어쩌면 모래놀이터가 한쪽 구석에 있는 곳, 고무나 우레탄 재질의 바닥을 떠올릴 것이다. 놀이시설은 유아의 안전을 최우선으로 고려하여 제작, 배치되어 있지만 안전사고는 계속해서 발생하고 있다. 안전사고를 예방하기 위해 더욱더 안전하게 놀이터를 만들려면 어떻게 해야 하는가? 그것이 가능한가?

가성조절이론에 따르면, 놀이는 각성 수준을 최적 수준으로 끌어올리는 자극 추구활동이다. 유아는 놀이에서 적절한 각성 수준을 유지하기 위해 새롭고 독특한 방법으로 놀잇감을 사용하고 행동을 변화시킨다. 예를 들어, 미끄럼틀을 기존의 방식대로 타다가 싫증이 나면, 즉 미끄럼틀 타기가 적절한 각성 수준을 유지하지 못하면 낮아진 각성 수준을 증가시키기 위해 다른 방법(예: 거꾸로 올라가기), 즉 조금 더 각성 수준을 올릴 수 있는 방식으로 미끄럼틀을 이용한다. 그래서 성인의 기준에서 안전한 놀이터는 유아들에게 적절한 각성 수준을 제공하지 못하고 스스로 각성 수준을 높이기 위해 오히려 위험한 행동을 유발할 수도 있다. 다시 말하면, 안전하기만 한 놀이터가 오히려 아이들을 더 위험에 빠뜨릴 수 있다는 것이다.

놀이연구자 편해문(2015)은 조금 위험해 보이고 다소 도전적으로 보이는 놀이터에서 놀 때 아이들은 스스로 안전에 더 집중하고 그래서 오히려 덜 다친다고 주장한다. 그는 '안 돼' '위험해' '하지마'라는 성인들의 외침으로 가득한 안전에만 집중한 놀이시설은 유아들에게 어떤 의미로 다가갈까? 그러한 놀이시설은 유아들이 스스로 자기를 통제하고 조절할 수 있는 능력에 대한 불신을 나타내는, 너희는 스스로를 지키지 못하니 놀이마저도 정해진 대로, 시키는 대로 하라는 메시지를 유아들에게 전달하는 것은 아닐까? 놀이터는 아이들이 수용 가능한 위험과 만나고 위험을 배우고 그것에 대처하는 방법을 스스로 또는 친구와 함께 찾아가는 곳이라는 생각이 우리에게 필요하지는 않은지 질문해 보라고 한다.

놀이는 발달이나 학습을 위한 도구가 아니라 놀이 그 자체로 충분한 가치가 있다. 언어, 신체, 자율성, 창의성, 사회성 등등의 발달에 도움이 된다고 하지만 놀이를 하면서 느끼는 자유와 행복함, 놀이 그 자체의 본질적 가치 외에 더 중요한 가치가 있을까? 한국에서 오랜 시간을 보낸 아이들은 누구나 '학습된 무기력'과 '자발적 복종'이라는 질병을 앓고 있다(편해문, 2015). 이러한 우려가 팽배한 상황에서 유아기에 누릴 수 있는 놀이를, 놀이를 통해 느끼는 자유와 행복을 있는 그대로 충분히 보장해 주는 것이 유아교육자로서 우리가 해야 할 일이 아닐까? 놀이의 주인은 교사도, 교육과정도, 교실도, 교구도 아니다. 놀이를 놀이의 주인인 유아에게 돌려주려는 노력이 필요하지는 않은지, 어떻게 하면 발달과 학습을 위한 도구로서의 놀이가 아니라 놀이 그 자체의 가치에 충실한 즐겁고 행복한 놀이를 유아들에게 돌려줄 수 있을지 고민해 보자.

3 유아에게 귀 기울이기

어느 교실에서 있었던 교사와 유아들의 대화 장면을 들여다보자.

두 명의 유아가 등원 후 15분 정도 출입문 앞에 앉아 있다.

교　사: (앉아 있는 유아들을 보며) 아직 안 하고 싶나 보네.
유아들: 선생님! 쟤들 아직도 정리 안 하고 있어요.

교　사: 놔두세요. 하고 싶은 마음이 들면 할 거예요.

정순경(2018: 135)의 연구에서 발췌한 일화

교사는 유아들이 활동을 시작할 마음과 몸의 준비가 될 때까지 기다리는 모습을 보여 준다. 많은 교실에서 유아들은 등원 후 자신의 물건을 사물함에 정리하고, 출석카드에 도장을 찍고, 준비된 영역 중 원하는 곳을 찾아가 놀이해야 한다는 규칙이 정해져 있다. 교실 문 입구에서 15분 동안 가만히 앉아 있는 유아를 본다면, 대부분의 교사는 "얼른 정리하세요."와 같이 말하며 유아들이 교사가 준비한 활동에 참여하도록 재촉할 것이다.

만약 교사의 지시나 재촉에 따라 교실의 어떤 영역으로 옮겨 간다면, 아이들은 놀이에 몰입할 수 있을까? 등원 후 문 앞에 앉아 있는 아이들에게 필요한 것은 빨리 정리를 마치고 흥미영역으로 가는 것이 아니라, 활동을 하기 위해 필요한 몸과 마음의 준비시간이 아니었을까? 일화에 등장하는 교사는 자신의 계획에 유아들을 맞추지 않고, 유아의 몸과 마음에 귀를 기울이면서 유아를 배움의 주체로 존중하고 있음을 보여 준다.

교사의 목소리

영역 구성이 자유롭게 되도록 배치를 해요. 아이들이 재미있어 하는 공간이 있으면 그 영역을 조금 확장해 줘서 자유롭게 배치하도록 해요. 공간을 영역별로 구분 지어 구성하면 아이들이 자기가 하고 싶은 것도 못하게 되거나 양보를 해야 하기에 유아의 욕구 충족 해소가 잘 안 되는 것 같아요. 그런데 영역을 자유롭게 하거나 확장해 주면 유아들이 하고 싶은 것을 모두 할 수 있으니깐 이런 부분이 좋은 것 같아요. 제가 생각하는 공간은 꼭 교실을 영역별로 나누지 않는 것이라고 생각해요. 모든 교구를 유아들이 만지거나 가지고 놀이하고 싶어 하지는 않는 것 같아요. 그렇기 때문에 어른들이 굳이 형식적으로 만들어 놓지 않더라도 아이들이 놀이를 하므로 영역별로의 배치는 중요하지 않은 것 같아요.

✔ 권선영, 정지현, 김경은(2013: 411)의 연구에서 발췌한 유치원교사의 이야기

유아들은 어른들이 하지 않을 일을 하고, 어쩌면 위험해 보이는 행동을 하기도 한다. 같은 놀이를 일주일 넘게 반복하기도 하고 어떤 때에는 가만히 앉아 무언가를 오랫동안 바라보기도 한다. 또 땀을 뻘뻘 흘리면서 모래를 쌓고 나뭇잎을 찢으며 의미 없어 보이는 행동을 반복하기도 한다. 힘들게 달리고 올라가고 내려오고 쫓아가고 도망가고 하면서도 얼굴에 웃음이 끊이지 않는 유아의 모습을 볼 수 있다.

유아들은 자신의 몸을 세계에 던져 자신의 속도로, 가장 비효율적인 방식으로 몸과 운동의 감각을 쓰면서 가장 생성적인 시간을 맞이하고 있는지도 모른다(정경수, 2016). 그 시간들을 기다려 주고, 그 행동들을 지켜봐 주고, 유아들이 자신의 속도에 맞게 한 걸음씩 나아가도록 해 주는 것이 교사의 역할일 것이다. 또 유아

가 자신의 주인이 되도록, 교사에 의해 만들어지는 수동적인 삶이 아니라 주체적이고 능동적인 존재로서 이 세상을 살아갈 힘을 키워 주는 것도 교사의 역할일 것이다. 교사로서 우리는 그렇게 하고 있는가?

생각 나누기

1. (예비)교사인 자신은 유아를 어떤 존재라고 생각하나요?

2. 배움의 주체로서 유아를 존중하는 교실, 유아의 놀이를 존중하는 교실이 되기 위해 교사는 무엇을 어떻게 지원할 수 있을까요?

3. 자신이 경험한 유아교육기관에서의 실습을 되돌아볼까요? 그때 접했던 유아와 교사의 관계는 어떠했나요?

Movement in Early Childhood Teacher Education

Chapter

9

유아교육과정 만들어 가기

유아교육과정이란 무엇인가? 지금까지 유아교육과정은 교육목표, 교육내용, 교육방법 및 교육평가에 대한 일련의 계획 또는 계획을 담은 문서로 그 의미가 통용되어 왔다. 이러한 통념에 따라 대부분의 유아교육기관에서는 생활주제를 중심으로 놀이나 활동을 일과에 배치하는 형태로 교육과정을 운영해 왔다. 최근 국가수준 유아교육과정의 패러다임이 전환되면서 기존의 교사중심, 수업중심, 계획중심에서 유아중심, 놀이중심으로 교육과정 관점에 변화가 나타나고 있다. 이러한 변화가 갖는 의미는 무엇인가? 교육과정의 공동주체로서 교사는 무엇을 어떻게 해야 하는가?

이 장에서는 유아교육과정의 관점 변화를 비롯하여, 만들어 가는 것으로서의 교육과정과 그에 따라 필요한 유아교사의 교육과정 역량에 관해 살펴보고자 한다.

1 유아교육과정의 이해

유아교사는 교육과정 실천의 중요한 주체이므로 유아교육과정에 대한 충분한 이해를 바탕으로 유아교육기관 수준 및 학급 수준의 교육과정을 구성하고 실행할 수 있는 역량을 갖추어야 한다. 유아교육과정을 이해하기 위해 그동안 교육과정의 담론이 어떻게 변화해 왔는지, 국가 유아교육과정의 의미는 무엇인지, 최근 강조되고 있는 유아중심, 놀이중심 교육과정의 의미는 무엇인지 살펴보자.

1) 교육과정 패러다임의 변화

교육과정이란 무엇인가? 프로그램인가? 코스내용인가? 계획된 학습경험인가? 문서화된 계획인가? 개인의 학습 여정인가? 이러한 질문은 교육과정의 개념에 관한 것이다. 교육과정의 개념을 어떻게 정의하는가는 교육의 본질에 대한 것이며, 교육 실제에 직간접적으로 영향을 줄 수 있는 중요한 문제다(이경화, 2016a).

지금까지 우리나라의 유아교육과정은 프로그램, 계획, 수업, 지침과 유사한 의미를 가지는 용어로 인식하는, 즉 전통적 교육과정 담론이 다소 지배적이었다. 대다수의 유아교육기관에서 교사는 사전에 교육의 목적 및 목표를 설정하고, 목표 달성을 위해 교육내용과 활동을 선정한 후 이를 생활주제 단위로 조직하고, 문서화된 계획에 따라 수업(활동)을 진행하는 방식으로 교육과정을 실행해 왔다. 이는 Bobbitt, Tyler, Bloom 등의 전통주의 교육과정 관점에 기반을 둔 것으로, 합리성과 효율성을 추구하면서 계획, 시행, 평가의 절차를 중시하는 개발중심·교수중심 교육과정이라 할 수 있다.

한편, 전통적 교육과정 관점의 한계를 제시하며 교육과정의 재개념화를 주장하는 관점이 있다. 이 관점은 기존의 전통적 교육과정 관점이 이론과 실제를 이분화하며, 교사를 외부로부터 주어지는 교육과정의 '운전자' '정보전달자' '관리자'로 위치시키고, 교육과정의 주체인 교사의 목소리를 소외시킨다고 비판한다(Kincheloe, Slattery, & Steinberg, 2000; Pinar, 2005). 1970년대 이후 서구 사회에서 교육과정 담론을 '개발'에서 '이해'로 전환해야 한다는 주장과 연구들이 등장하고 포스트모던 사유가 사회 전반에 확산되면서 우리나라 유아교육과정 연구에서도 1990년대 후반 이후 전통적 교육과정 담론에 대한 비평과 재해석 그리고 재개념화의 시도가 꾸준히 이어지고 있다(이경화, 2016a; Hyun, 2006/2007).

구조적, 실증적, 근대적 유아교육과정에서 탈구조적, 재개념적, 탈근대적 유아교육과정으로의 담론 변화의 특징을 임부연(2005: 213-217)은 다음과 같이 기술한 바 있다.

첫째, 거대서사의 변화이다. Vygotsky의 사회문화 구성주의와 Gardner의 다중

지능이론은 인지중심 근대 유아교육과정에 변화를 가져온 계기가 되었으며, 비판주의 유아교육자들은 발달에 적합한 실제(Developmentally Appropriate Practice: DAP)나 Piaget이론과 같은 유아교육의 거대서사들이 다른 문화권의 아이들, 소수 유아의 문화적 특수성 등을 고려하지 않는다는 점에서 이의를 제기하였다. 이러한 다양한 목소리로 인해 절대적으로 존재하던 거대서사들이 다양한 이론을 수용, 변화하면서 다원화되어 가는 현상이 나타났다.

둘째, 교육과정의 다원화이다. 교육과정을 계획하고 실천하는 데 한 가지 진리가 존재하지 않는다는 점에서 유아교육과정이 다원화되었다. 포스트모더니즘은 절대적 객관성과 절대적 확실성을 부정하고 다원성과 상대성을 강조하므로 세계에 대한 또 다른 관점을 제시하고 있다. 이러한 특성으로 인해 유아교육 분야에서는 레지오 에밀리아의 발현적 교육과정, 프로젝트 접근법, 발도르프 교육과정, 생태유아교육과정, 다문화 교육과정, 반편견 교육과정 등 다양한 사회문화적 맥락을 반영한 다양한 유형의 교육과정들이 실행되고 있다.

셋째, 교육내용과 교육방법의 탈구조화 현상이다. 포스트모던 교육과정은 현대의 도구적 합리성이 만들어 낸 상업적 교재교구, 마치 도식처럼 펼쳐지는 교사의 발화 등 구조주의 교육방법에서 벗어나고자 하였다. 모더니즘 관점에서 획일화된 사유양식과 엄격한 기호들을 해체하고 다양한 의미 해석을 통해 교육과정의 다원화를 추구함으로써 교육내용과 교육방법의 탈구조화 현상이 나타난 것이다. 이를테면, 진정한 자유놀이의 의미 탐색, 상업적 교재교구 제거 등 교실세계에서 다양한 방법으로 실천되고 있다. 평가의 방법 또한 모더니즘 교육과정에서는 주로 준비도 검사, 체크리스트 등을 사용하였다면, 근래에는 포트폴리오 평가와 같은 대안적 평가방법들이 다양하게 활용되고 있다.

 교사의 목소리

나는 교육경력 20년차의 공립유치원교사다. 그 시점을 정확히 알 수는 없지만, 언제부터인가 내가 몸담고 있는 유아교육현장은 교사가 미리 계획한 활동에 유아들을 집중시키는 '수업 잘하는 교사'를 전문가로 여기는 분위기에 사로잡혀 있다. 이러한 분위기 속에서 나 또한 내가 계획하고 준비한 수업이 아닌, 다른 무언가에 아이들이 흥미와 관심을 보일 때마다 '어떻게 하면 아이들의 흥미와 관심을 유발하고 주의를 지속시킬까?'를 고민해 왔다. 또 한편, 날이 갈수록 산만해지는 아이들을 어떻게 하면 더욱더 통제하고 잘 관리할 수 있을지에 몰두해 왔다.

반미령, 이경화(2018: 286-287)

2) 국가 유아교육과정

'국가 교육과정'이라는 개념은 개발 주체 및 수준에 따라 성격을 구분한 것으로, 국가가 주체가 되어 제 · 개정하고 고시하는 교육과정을 의미한다. 중앙집권형 교육과정 개발 체제하에 법적 토대에 따라 교육과정 개발의 권한을 국가가 가진다는 점에서 볼 때, 우리나라의 국가 교육과정은 교육현장에 미치는 영향은 상당하다.

우리나라 국가 유치원교육과정은 1969년에 '제1차 유치원교육과정'이 제정된 이후, 「2019 개정 누리과정」(교육부 고시, 제2019-189호)까지 총 열 차례에 걸쳐 개정 · 고시되어 왔다. 어린이집의 「0~2세 보육과정」과 「3~5세 누리과정」을 포괄하는 「표준보육과정」은 2007년 1월에 제정된 이후 2012년과 2013년에 두 차례 개정되었고, 2019년 7월에는 「표준보육과정」 중 「3~5세 누리과정」(보건복지부 고시, 제2019-152호)이 유치원과 어린이집의 공통교육과정으로 개정 · 고시되었다. 유보통합 정책의 일환으로 시작되었던 누리과정은 2011년 유치원과 어린이집의 5세아 공통과정(교육과학기술부 고시 제2011-30호)으로 고시된 것으로, 유치원과 어린이집의 이원화된 유아교육과정 · 보육과정을 통합한 단일 교육과정이자 생애 초기의 출발선 평등을 보장한다는 역사적 의의를 지닌다(조부경, 김경은, 2017). 그러나 한편으로는 누리과정을 둘러싸고 여러 가지 문제와 현장 실행에 관한 한계점들이 꾸준히 제기되어 왔다.

유보통합의 정책 일정에 밀려 급박하게 교육과정 개정이 진행되면서, 교육과정 성격이나 추구하는 인간상이 누락되었고, 교육내용이 연령별로 세분화, 과잉계열화되었으며, 연 · 월 · 주 · 일일 교육계획 수립과 흥미영역으로의 환경 구성, 주제 중심 통합 방식 등을 명시함으로써 현장의 교육과정 실행 범위를 제한해 왔다는 점 등이 지적되었다(김은영, 강은진, 염혜경, 2017; 박창현, 양미선, 조혜주, 2016; 박창현, 이민희, 이경화, 2017; 이경화, 2016b). 또한 유치원평가제 및 어린이집 평가(인증)제와 같은 정부 사업이 교사 주도적 활동, 교육계획 중심의 누리과정의 운영을 정당화, 획일화해 왔다는 비판이 함께 제기되었다(이경화, 2014, 2018).

누리과정을 둘러싼 이러한 문제뿐 아니라 유아교육에서 놀이가 소외되고 있는 현실에 주목하면서 유아 놀이의 본질을 성찰하고(정선아, 2016), 권리로서 유아의 놀이를 강조하는 목소리(유영의, 이미선, 송미정, 장은정, 2018)가 부각되는 한편, 창의융합형 인재를 요구하는 미래 사회에 대응하기 위해 국가 교육과정이 놀이중심으로 개편되어야 한다는 제안 또한 이어졌다(임부연, 2017). 이러한 누리과정의 표면적, 내재적 구조의 문제나 실행상의 한계들 그리고 놀이를 포함하여 유아교육 본질에 관한 반성적 성찰은 '유아 · 놀이중심의 교육과정으로의 누리과정 개정'이라는 정책 방향과 맞닿으면서 「2019 개정 누리과정」의 동력이 되었다고 할 수 있다.

3) 유아 · 놀이중심 유아교육과정

국가 교육과정은 상세할수록 교사의 교육과정 전문성과 자율성을 상실할 위험이 있으므로(김선영, 소경희, 2014), 최소한의 기본적이고 필수적인 기준을 담고 있어야 한다(김대현, 김석우, 2011). 이를 바탕으로, 「2019 개정 누리과정」은 유치원과 어린이집의 공통 교육과정임을 명시하고 미래 사회의 핵심역량을 반영하여 추구하는 인간상을 제시하는 한편, 교육내용을 간략화하고 평가에 관해 포괄적으로 기술하는 등 개정을 통해 누리과정의 체계나 내용에 큰 변화가 있었다(이경화, 2019).

개정 누리과정은 '성격'에서 유아중심과 놀이중심의 교육과정을 추구하고 지역, 기관 및 개인 수준의 교육과정 다양성과 교육공동체가 함께 실현해 가는 교육과정을 추구한다고 명시하였다. 한마디로, 「2019 개정 누리과정」은 '유아와 놀이를 중심으로 교육과정의 자율성을 추구하는 국가 유아교육과정'인 것이다. 『2019 개정 누리과정 해설서』(교육부, 보건복지부, 2019a)에 나타나 있는 개정 누리과정의 성격을 살펴보고자 한다.

(1) 국가 수준의 공통성과 지역, 기관 및 개인 수준의 다양성을 동시에 추구한다.

개정 누리과정은 국가 수준에서 교육과정에 대한 공통적 기준을 제시하는 한편, 지역, 기관 및 개인 수준의 특성을 반영하여 교육과정을 다양하게 운영하는 것을 추구한다. 국가 수준의 공통성은 유치원과 어린이집에서 교육과정을 구성하고 운영할 때 고려해야 할 공통적이고 일반적 기준을 의미하며, 지역 수준의 다양성은 국가 수준의 교육과정을 바탕으로 각 시·도 교육청이나 시·군·구청에서 그 지역사회의 상황과 여건을 고려하여 누리과정을 특색 있게 운영하는 것을 의미한다. 기관 수준의 다양성은 각 유치원과 어린이집이 국가 수준 교육과정과 지역 수준 교육과정의 특성을 반영하는 동시에 각 기관의 철학, 학급(반) 및 학부모의 특성에 따라 누리과정을 자율적으로 운영하는 것을, 그리고 개인 수준의 다양성은 교사가 담당 학급(반) 유아의 연령 및 개별 특성, 발달 수준 등 개인차를 교육과정에 반영하여 운영하는 것을 의미한다.

(2) 유아의 전인적 발달과 행복을 추구한다.

개정 누리과정은 유아가 전인적 발달과 행복을 추구할 권리를 존중한다. 유아가 전인적으로 발달한다는 것은 몸과 마음이 건강하고, 자주적이고, 창의적이며, 감성이 풍부하고 더불어 사는 사람으로 성장한다는 것을 의미한다. 유아는 자유롭게 놀이할 때 즐겁고 행복하다. 유치원과 어린이집에서는 유아의 전인적 발달과 행복 추구를 지원하기 위해 유아가 자유롭고 즐겁게 충분히 놀이할 수 있도록 교육과정을 구성하고 운영해야 한다.

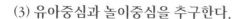

(3) 유아중심과 놀이중심을 추구한다.

개정 누리과정은 '유아 · 놀이중심'을 추구하는 교육과정이다. 개정 누리과정이 '유아중심'을 추구한다는 것은 누리과정을 운영하는 과정에서 유아의 건강과 행복, 놀이를 통한 배움의 가치를 최대한 존중하여 반영하는 것을 의미한다. 교육과정에 대한 권리 측면에서 '유아의 교육과정'과 교육의 지향성 측면에서 '유아를 위한 교육과정'의 의미로 해석할 수 있다. 개정 누리과정이 '놀이중심'을 추구한다는 것은 유아가 주도하는 놀이를 중심으로 교육과정을 구성하고 운영한다는 것을 의미한다. 개정 누리과정은 교사가 계획하여 주도하는 교육과정에서 유아가 주도적으로 놀이하며 배우는 교육과정으로의 변화를 추구한다. 유치원과 어린이집에서는 개정 누리과정 취지를 반영하여 유아 주도적인 놀이가 충분히 이루어질 수 있도록 교육과정을 구성하고 운영해야 한다.

(4) 유아의 자율성과 창의성 신장을 추구한다.

개정 누리과정은 유아의 자율성과 창의성 신장을 추구하는 교육과정이다. 유아는 스스로 자신이 할 수 있는 일을 하고, 하고 싶은 일을 선택하며, 자신의 선택과 결정에 대해 책임지는 경험을 하면서 자율성을 기른다. 유아는 호기심을 가지고 주변 세계를 탐색하고 탐구하며 재미있는 상상을 해 나가고, 자신만의 방식으로 놀이를 변형하고 창조하면서 창의성을 기른다. 교사는 유아가 크고 작은 어려움을 스스로 해결해 가는 모습을 격려하고, 자신의 경험과 생각을 자유롭게 표현할 수 있도록 도와줌으로써 유아의 자율성과 창의성 신장을 지원해야 한다.

(5) 유아, 교사, 원장(감), 학부모 및 지역사회가 함께 실현해 가는 것을 추구한다.

개정 누리과정은 유아와 교사, 유치원과 어린이집, 각 기관이 속한 지역사회와 가정의 협력 및 참여를 통해 함께 실현해 가는 교육과정이다. 개정 누리과정은 국가 수준의 교육과정이 제시하는 공통적이고 일반적 기준을 바탕으로 교사가 자율성을 가지고 유아와 함께 교육과정을 만들어 나가는 것을 강조한다.

2 만들어 가는 유아교육과정

교육과정의 패러다임 변화와 함께 국가 유아교육과정이 추구하는 공통의 지향은 한마디로 '만들어 가는 교육과정'에 있다. '유아교육과정을 만들어 간다'는 것은 교육과정의 잠재된 의미를 다양한 관점에서 해석하고 변주하면서 다양한 질적 의미를 찾으려는 노력으로, 교육과정을 절대적 지식의 결정체로 보지 않고 다양한 아이디어나 기의가 교실 안에서 살아나도록 창의적으로 구현해 가는 것을 의미한다(이정금, 2017). 교육과정을 복합적인 관계맺음 속에서 끊임없이 차이가 발생하는 유동적인 것이며, 새로운 지식의 의미가 지속적으로 창출되는 진정한 만남의 공간으로 바라보는 것을 전제로 한다.

비판적 교육자들은 좋은 교육이란 '친숙한 것을 낯설게 만듦'을 지향하는 태도이며, 정상이라고 당연시하는 경향에 이의를 제기하는 태도라고 하면서 정상적인 아이가 있는 것이 아니라 일련의 규범적인 표준만이 있을 뿐이라고 강조한다(Davis, Sumara, & Luce-Kapler, 2008/2017). 이러한 관점에서 유아교육과정은 고정된 실체, 절대적인 결정체로 있는 것이 아니라 교사와 유아에 의해 재구성되어 가는 것, 살아 있는 것으로 보아야 하고, 교육활동 또한 교사와 유아 모두에게 창조적 활동이자 의미 있는 배움이 되어야 할 것이다. 이렇게 유아교육기관 및 학급의 교육과정을 만들어 가기 위해 교사는 다음과 같은 질문들을 숙고해야 한다.

1) 누구의 교육과정인가

이 질문은 교육과정의 주체와 소유권 및 의사결정권에 관한 것이다. 개정 누리과정에서 추구하는 유아중심은 '유아의 교육과정(curriculum of young children)'이란 의미를 내포하고 있다고 해석할 수 있다. 이러한 해석은 교사가 목표나 내용을 미리 계획·결정하여 유아들에게 활동을 제공하고 그 성과를 평가하는, 이른바 교사가 소유하고 결정하는 '교사의 교육과정'에 대한 반성에서 비롯된다(이경화, 2019).

교육과정은 교사만의 것도, 학부모나 지역사회만의 것도 아닌, 교육주체들의 공동 소유물이며, 교육의 주체로서 교육과정에 대한 유아의 소유권과 참여권은 당연히 존중받아야 한다. 이러한 점에서 '유아중심'에는 유아가 유치원과 어린이집에서 왜, 무엇을, 어떻게 경험할 것인가를 교사(또는 학부모)가 단독 또는 위주로 결정할 것이 아니라, 유아와 함께 교육과정을 선택하고 판단하고 만들어 가야 한다. 그동안 과도하게 부여해 왔던 교사의 권한과 권력을 교육의 공동주체인 유아에게 일부 이양하여, 교육과정 결정에 유아가 적극적, 능동적으로 교사와 함께 참여해야 한다는 뜻으로 이해할 필요가 있다.

2) 배움/가르침은 어떻게 발생하는가

유아교육의 장에서 배움과 가르침은 언제 어떻게 이루어지는가? 교사는 무언가를 가르치고 유아는 교사가 가르친 것을 배우는가? 사실상, 유아교육과정의 장에서 발생하는 배움과 가르침은 명확히 분리되지 않는다. 배움은 유아의 몫이고 교사는 가르침을 행하는 그러한 이항관계가 결코 아니다. 유아의 삶에서 일과 놀이, 배움과 놀이, 배움과 가르침이 분리되지 않듯이(정낙림, 2016), 유아교육기관에서의 배움과 가르침 또한 다양한 맥락 속에서, 유아가 주도하는 놀이 속에서, 교사가 계획하는 활동 속에서 매우 복잡한 형태로 서로 뒤엉켜 있다. 유아 주도의 놀이가 교사 계획의 활동으로 이어지기도 하고 교사가 주도하는 활동이 다시 놀이로 변형되기도 하면서, 그 속에서 유아(들)와 교사가 배우기도 하고 가르치기도 하는 상황이 반복적, 복합적으로 일어나는 것이다.

교사는 그동안 가르치는 자로 자신을 위치시켜 온 것은 아닌지 스스로에게 질문을 던질 필요가 있다. 그리고 유치원과 어린이집의 일상, 놀이, 활동의 장(場)에서 마주치는 배움/가르침에 대해 항상 열려 있어야 한다. 복잡다단한 맥락에서 이루어지는 배움/가르침을 알아차리기 위해서는 누가 배우고 무엇을 배우고 있는지, 누가 무엇을 언제 가르칠 수 있는지, 배움/가르침을 위해 교사는 무엇을 해야 하는지 등을 끊임없이 질문하고 대화 나누는 것이 필요하다. 이러한 질문들과 그 해

답을 찾아가는 생각의 힘으로 교육과정을 만들어 가야 할 것이다(이경화, 2019).

생각 나누기 💡

🔁 유치원 및 어린이집을 참관했거나 실습했던 경험이 있나요? 그때의 경험을 떠올리며 다음의 질문에 대해 이야기 나누어 봅시다.

• 그곳에서는 누구의, 누구를 위한 교육과정이 이루어지고 있었나요?

• 그곳에서 보았던 배움과 가르침의 모습은 어떠했나요?

---

3 유아교사의 교육과정 역량

『2019 개정 누리과정 실행자료』(교육부, 보건복지부, 2019c)에서는 교사의 역할을 유아·놀이중심 교육과정을 이해하고 실천하기, 놀이를 통한 유아의 배움을 지원하기, 놀이와 배움을 기록하고 평가하기, 함께 배우며 성장하기로 제시하고 있다. 유아중심, 놀이중심으로 교육과정이 실행되기 위해서는 무엇보다도 놀이하며 배우는 유능한 유아에 대한 이해가 선행되어야 하며, 유아를 교육과정 운영의 주체로서 교사와 함께 교육과정을 구성해 가는 공동 구성자로 존중하는 자세가 필요하다. 그리고 교사가 선계획하여 '계획-실행-평가-계획'으로 이어지던 기존의 '선형적' 과정을 지양하면서, 유아의 놀이와 일상, 활동이 서로 연계될 수 있도록 교육과정을 실행하도록 해야 한다. 더불어 교사는 유아의 놀이, 일상, 활동을 관찰하고 의미 있는 상황을 기록하여 유아의 배움을 지원할 수 있어야 할 것이다. 이러한 과정 속에서 교사들은 학습공동체와 같은 경험을 통해 서로의 고민과 의견을 나누며 함께 배우고 성장하는 것이 필요하다.

 교사들의 목소리

　놀이중심교육의 꿈을 실현하기 위해서는 무엇보다 '존중'이 중요함을 믿으며, 존중하고 존중받는 교실을 만들고자 다짐한다. 그럼에도 불구하고 여전히 나는 아이들의 놀이를 오해하고 반성하기를 매번 되풀이한다. …… 마치 사랑하는 연인들이 서로의 세계를 궁금해하고 이해하려 노력하며 사랑하듯이, 서로의 추억 속에서 더욱 깊어지듯이, 아이들의 놀이를 들여다보고 돌아보며 매일 조금씩 놀이로 특별해지고 있는 중이다.

*출처: 김호 외(2019: 65)에서 발췌한 교사의 이야기

　처음에는 어떤 부분을 관찰해야 하고, 어떻게 기록해야 하며, 무엇을 지원해 줄까 고민하는 나날들이 많았다. 하지만 기록을 하는 순간순간 쉽게 놓쳤던 어린이들의 행동들, 표현들을 알게 되면서 어린이들의 놀이가 의미 있고 가치있게 느껴졌다. …… 어린이들의 놀이에 직접적인 개입을 하기보다는 적절한 순간에 있는 그대로 인정해 주는 것, 또한 지나간 놀이를 돌이켜 깊이 들여다보며 깨닫는 것이 중요한 순간이라 생각한다.

*출처: 한솔어린이보육재단(2018: 176)에서 발췌한 교사의 이야기

　그렇다면, 유아중심, 놀이중심 교육과정을 만들어 가기 위해 필요한 교사의 역량은 무엇일까? 유아교사는 어떠한 역량을 함양하도록 노력해야 할까? 연구자들의 제안을 소개하고자 한다.

1) 상상력

교사의 상상력은 감성과 이성을 아우르는 능력으로 재현(지금 눈앞에 존재하지 않는 대상을 표현해 낼 수 있는 능력)과 창조(기존의 경험을 토대로 이미지를 조합하고 재구성하여 새로운 이미지를 창안하는 능력) 모두를 수행할 수 있는 교사의 능력을 말한다. 상상력은 단순히 대상을 기억하거나 연상하는 정도의 의미뿐 아니라 창조적 가치를 발휘하는 것으로 인간 정신활동의 본질을 구성하는 능력이며 정신세계를 구성하는 핵심적 능력이다(이정금, 2017; 허영주, 2011).

유아교육현장에서 교육과정을 구현할 때 교사주도적, 계획적으로 진행을 하다 보면 정작 교육의 주체인 유아가 소외되는 경우가 있다. 상상력 있는 교사는 활동 과정을 상상하면서 유아가 되어 보고 유아의 입장에서 생각할 것이다. 그리고 유아의 내면적 특성을 이해하고 의미를 해석해 냄으로써 유아가 몰입할 수 있는, 진짜 재미있는 놀이와 활동으로 교육과정을 만들어 갈 수 있을 것이다.

2) 집단 창의성

최근 창의성에 대한 중요성이 더욱 강조되고 있다. 창의성의 개념은 시간이 지남에 따라 변화하고 있다. 집단 창의성이란 집단 구성원 간의 상호작용을 통한 아이디어 도출 혹은 개인, 집단 특성, 과정 및 상황 요인들 간의 상호작용의 결과물(양세희, 2016)을 의미한다. Paulus는 새로운 아이디어를 개발하기 위해서는 다양한 영역의 지식이 필요하고, 이러한 지식은 집단 상황 속 교사, 멘토, 동료 등을 통해 종종 얻어진다고 하였고, Csikszentmihalyi는 창의적 아이디어의 발현 수준은 개인적 특성뿐 아니라 개인이 처한 환경과의 상호작용의 결과에 따라 결정된다고 하였다(허영주, 2016).

불확실성과 복잡성이 커지는 미래 사회에서는 조직 내 관행을 잘 따르고 지시 사항을 잘 수행하도록 통제하는 것은 한계를 가질 수밖에 없다. 국가 유아교육과 정은 하나의 방향이자 기준으로만 이해하고 보다 사회문화적 맥락을 고려하여야 한다. 지역사회, 유아교육기관, 학급, 개별 유아 등 다양한 상황과 요구를 고려하여 교육과정을 구성, 재구성할 필요가 있다. 이를 위해 교사의 집단 창의성이 무엇보다 요구된다. 즉, 우리 지역, 우리 교실, 개별 유아에게 적합한 교육과정을 만들어가기 위해서는 지역사회 인사와의 소통 및 네크워크 형성, 사회문화적으로 부합되는 교육과정 실천을 위한 초학문적 접근(transdisciplinary approach)을 시도할 필요가 있고, 이러한 과정에서 서로 협력하고 소통하면서 집단 창의성이 발현될 수 있을 것이다.

교사의 집단 창의성을 함양하는 방법으로는 집단 브레인스토밍, 집단 아이디어 산출 등이 있다. 개인 창의성은 개인이 새롭고 유용한 아이디어를 생성해 낼 수 있는 성격적 특성으로 파악할 수 있는 반면, 집단 창의성은 집단 구성원이 공동 노력을 통해 새로운 아이디어를 창출하는 정도로 파악할 수 있다(허영주, 2016).

3) 반성성

John Dewey는 지식을 구체적인 삶의 맥락에서 지속적으로 재구성되는 것으로 보았다. 이에 따라 교사는 고정된 일정한 지식을 효율적으로 전달하는 능력이 아니라, 그것을 활용하여 교육 사태에서 당면하는 다양한 문제상황을 지적으로 해결해 나가는 능력, 즉 반성적 사고능력을 갖추어야 한다고 주장하였다(이주한, 2012). 반성적 사고란 교육적 의도를 가지고 교육현장에서 교사의 경험으로부터 새로운 것을 얻기 위한 내적 과정이자 자기성찰의 과정을 의미한다.

유아교육현장에서는 교사가 교육과정을 실행하는 데 있어 교사의 경험을 바탕으로 하는 실천적 지식이 수없이 많이 요구되며, 이러한 실천적 지식은 교사의 반성적 사고를 통해 형성되고 발달된다. 따라서 유아교육과정을 구성, 재구성하기 위해 교사의 반성적 사고능력은 필수적이다. 유아교육현장에서 반성적 사고 경험을 하는 교사는 자신의 교육행위에 변화가 나타난다(한수란, 황해익, 2007). 반성적 사고 과정은 유아교사가 자신의 경험을 되돌아보고 자기성찰을 통해 어떤 현상이나 문제에 대해 심사숙고해 봄으로써 보다 의미 있는 교육을 실천할 수 있는 원동력이 된다.

4) 귀 기울임

귀를 기울인다는 것은 무엇인가? 그것은 눈이나 귀의 감각과 지각 행위 그 이상이며, 미리 정한 규준이나 준거에 따라 자료를 수집하기 위한 도구적 관찰에 국한되지 않는 행위다. 교사에게 필요한 '귀 기울임'은 유치원과 어린이집의 일상/놀이/활동의 맥락 속에서 유아(들)에게, 교사 자신에게, 시공간을 포함한 물질들에 열려 있고 반응함으로써 교육적 변화를 가져올 수 있는 윤리적 대화의 행위라 할 수 있다. 귀나 뇌로만 듣는 것이 아니라 경계 없는 열린 몸으로 듣는 것이다(이경화, 2019).

이러한 의미의 귀 기울임은 교사가 유아에 대한 믿음을 가지고 겸손함을 갖추고 있어야 비로소 가능하다. 유치원과 어린이집에서 교사들은 유아들이 말하고 싶은 것을 온몸으로 듣고 있는가? 교사가 듣고 싶어 하는 것을 말하도록 유아에게 강요하고 있는 것은 아닌가? 교사는 일상/놀이/활동의 맥락 속에서 유아의 언어, 물리적 환경, 텍스트, 감정, 질문들, 아이디어들, 심지어 침묵까지 귀를 기울여 '교육적 순간'(van Manen, 2002/2012)을 알아차려야 한다.

생각 나누기 🧠💡

1. 『2019 개정 누리과정 놀이이해자료』(교육부, 보건복지부, 2019b)에서 소개하고 있는 놀이사례 중 한 가지를 선택하여, 다음의 질문에 따라 해당 사례를 재해석해 봅시다.

• 놀이가 어떻게 진행되고 있는지 놀이의 흐름을 말해 볼까요?

• 놀이에서 당신은 무엇(놀이의 가치, 내용, 방법 등)을 발견하였나요?

• 당신이 교사라면 아이들의 놀이를 어떻게 지원해 주고 싶은가요?

2. 유아교사의 상상력, 집단 창의성, 반성성, 귀 기울임의 역량과 관련하여 떠오르는 장면이나 아이디어를 발표해 봅시다.

Movement in Early Childhood Teacher Education

Chapter

10

유아교육의 시간과 공간 읽기

오늘날 대다수 아이들은 생의 이른 시기부터 집을 벗어나 어린이집이나 유치원과 같은 공간에서 집단생활을 하며 하루 중 많은 시간을 보내고 있다. 유아교육기관이라는 공간과 그 곳에서 보내는 시간은 영유아의 삶에서 매우 중요한 환경인 것이다.

이 장에서는 오늘날의 유아교육기관의 시간과 공간에 관해 함께 읽어 보고자 한다. 교육기관의 시간과 공간이 가지는 전통적인 의미를 살펴보고, 그 의미를 새롭게 읽고 생각을 나누어 보고자 한다.

1 유아교육의 시간

산업화와 과학기술 중심의 근대 사회에서 시간은 생산력을 좌우하는 중요한 요소였다. 시간을 어떻게 사용하느냐에 따라 생산의 효율성이 결정되므로, 시간은 관리하고 통제해야 할 대상이었다. 이러한 시간의 근대적 개념은 오늘날 체험의 주관적 의미를 강조하는 방향으로 변화하고 있다.

근대 사회에서 시간은 어떻게 규정되어 왔는지, 근대적 시간이라는 개념 아래 학교와 같은 형식적 교육기관에서는 시간을 어떻게 다루어 왔는지, 그리고 오늘날 유아교육기관의 시간은 어떻게 흘러가고 있는지 살펴보자.

1) 교육과 시간

물질적 생산을 진보라고 여긴 근대 산업사회에서는 모든 사람이 동일하게 인식할 수 있는 객관적인 시간 개념, 즉 크로노스(chronos)의 시간을 중시하였다. 이러한 근대사회의 시간은 시계와 같은 발명품을 통해 객관적·기계적·불가역적인 시간을 만들어 냈다. 그리고 시간은 대량 생산을 위해 표준화, 분절화되었다.

이러한 근대적 시간은 학교 사회에서도 중요한 역할을 해 왔다. 학교는 근대성이 지향하는 이념, 즉 실용적·합리적·규율적·과학적 인간을 육성하기 위해 분절되고 표준화된 시간을 준수해 왔으며, 그러한 시간 개념을 확대·재생산해 왔다. 교육을 무엇을 성취하기 위한 수단으로 개념화하는 이상, 특정 문제에 투자하는 시간이 짧으면 짧을수록 좋을 것이라는 생각을 벗어나기 어렵다. 이러한 현상은 시간을 정밀하게 분할하여 시간표를 짜고, 시간적 명령을 행동에 적용하고, 이 행동을 몸에 연결시키는 통제기술에 대한 Foucault의 논제와도 연결된다(이소희, 2009).

오늘날 한국 사회의 학교에서는 학습자들에게 '빨리'를 강조하면서 가시적인 결과를 만들어 낼 것을 강요하고 있다. 이러한 전통하에 학교는 40분, 45분, 50분 단위로 수업 시수를 규격화하였으며, 과목당 시수를 기준으로 수업일수를 규정해 왔다. 학교는 배우는 사람이나 가르치는 사람 모두에게 규격화된 시간표에 맞추기를 강요하고 있다. 자율성과 개성, 창의성이 강조되는 오늘날의 사회에서도 학교는 미리 정해 둔 표준화되고 분절된 근대적 시간 틀을 유지하고 있는 실정이다.

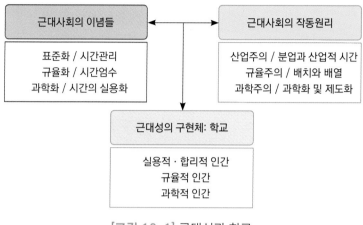

[그림 10-1] 근대성과 학교

*출처: 구수경(2007: 192).

유아교육기관의 시간은 어떠한가? 유아교육기관은 초 · 중 · 고등학교와 달리 과목별 시수 단위로 교육내용을 편제화하지 않음에도 불구하고, 국가 수준 유아교육과정에서는 누리과정을 1일 4~5시간을 기준으로 편성하라고 명시하고 있다(교육부, 2019c). 그렇다면 방과후과정에서 또는 특별활동을 하면서 유아는 누리과정을 경험하지 않는가? 1일 4~5시간이라는 누리과정의 기준은 유아의 자연스러운 경험을 인위적으로 구분 짓는 것으로, 유아의 관점이 아닌 교사의 관점 또는 행정적 측면에서 교육과정 시간을 규정지은 것이라 할 수 있다.

일과는 어떠한가? 통상적으로 유아교육기관의 시간 흐름은 교사에 의해 정해진다. 한 해의 교육계획을 세우고 월 단위 혹은 주 단위로 교육활동을 선정하고 그 순서를 정하며, 하루의 일과를 시와 분 단위로 쪼개어 순서 짓는 일을 교사의 역할이자 고유 권한으로 인식하는 경향이 있다. 지금까지 대다수의 유아교육기관의 하루는 유아들의 등원에서 하원까지의 모든 활동, 즉 등원, 자유선택활동, 이야기 나누기, 화장실 다녀오기, 대 · 소집단 활동, 점심, 바깥놀이 등의 활동이 분(分) 단위의 시간으로 분절 · 관리되어 왔다.

아이들의 하루가 시간 단위에 따라 분할되고, 아이들의 움직임은 시간에 맞추어 통제되고 있는 것이다. 유아교육기관의 일과는 유아의 움직임이나 흐름을 따르는 깃이 아니라, 미리 정해 둔 시간의 틀에 유아를 맞추고 있는 셈이다. 이렇게 정해진 시간에 따라 활동을 시작하고 멈추어야 하기 때문에 유아들은 어떤 놀이나 활동에 완전히 몰입하기 어려우며, 미적 경험이 일어날 수 있는 활동마저도 다음에 진행될 활동으로 인해 진지하게 몰입할 수 없는 경우가 많다(최남정, 오정희, 2010). 이러한 현장의 모습을 개선하기 위하여 「2019 개정 누리과정」(교육부, 2019c)에서는 "하루 일과에서 바깥 놀이를 포함하여 유아의 놀이가 충분히 이루어지도록 편성하여 운영한다."라고 명시함으로써 일과 시간을 유아의 놀이나 활동의 흐름에 따라 보다 유연하고 느슨하게 계획, 운영할 것을 강조하고 있다.

2) 유아교육의 시간 다시 읽기

근대 산업사회의 시간이 객관적 시간, 즉 크로노스의 시간에 치중해 있다면, 그러한 시간을 해체 또는 대체하는 것으로 카이로스(kairos)의 시간을 들 수 있다. 크로노스의 시간이 물리적 시간, 연속적 시간, 순서적인 시간, 물리적·객관적 시간, 시계 시간, 균질적 시간을 의미한다면, 카이로스의 시간은 주관적 시간, 구체적인 사건 속 시간, 존재의 의미를 느끼는 시간, 관계성의 시간, 마음의 시간, 경이로 가득 찬 시간, 체험적 시간, 개인적 시간, 심리적 시간이라고 할 수 있다.

예를 들어, 누군가 어떤 것에 몰입하여 시간이 어떻게 흘러갔는지 인식하지 못할 때가 있는데 이러한 경우가 바로 개인적·심리적 시간, 즉 카이로스의 시간이 우세한 경우이다. 이러한 시간에 대한 개념은 현존재(Dasein, 現存在)를 이해하는 지평으로서 시간을 바라보는 현상학적 관점이 그 바탕이다. 즉, 시간은 구획되고 측정되는 것이기보다는 경험의 질에 따라 그 의미의 크기나 심도가 달라진다고 보는 것이다.

그렇다면 유아교육기관에서 유아들이 경험하는 카이로스의 시간의 의미는 어떠한가? 여러 연구자는 유아교육기관에서는 근대적 시간 개념을 해체하고 유아의 체험적 시간, 존재적 의미를 지니는 시간으로 시간 개념을 재구성해야 한다고 주장한다. 그리고 유아의 시간 체험의 다양성과 교육적 기다림을 존중하고 변화의 가능성과 시간의 유한성을 강조한다(임부연, 오정희, 최남정, 2008; 최남정, 오정희, 2010).

(1) 유아가 체험하는 시간의 다양성을 존중하기

개인이 체험하는 시간은 심리적 리듬에 기초한 내적 흐름과 일상적·제도적 표준 시간이 교차된 것이다. 배움과 관련한 체험적 시간의 양상을 고려할 때, 교육 상황에서의 시간 구분 및 운용의 방식은 은행이나 공장, 기차역, 비행장 등과 같은 균질적이고, 엄격하며, 획일적인 기준과는 차별화되어야 한다. 아이들이 생활하는 유아교육기관의 시간을 규격화하고 엄격하게 관리해야 할 이유가 있는가?

교육은 인간이 세계와 소외되지 않는 방식으로 관계를 맺으며 자신과 타인의 삶을 고양시키는 과정이다. 활동에 몰입하여 그 내재적 가치를 깨달음으로써 자신과 세상과의 관계의 깊이와 폭을 확장해 나가기 위해서는 주체마다 다른 시간의 리듬을 존중할 필요가 있다. 유아교육기관의 모든 유아가 같은 활동에 즐거움을 느끼고 몰입하며 주의를 집중하지는 않는다. 모든 유아에게 20분의 이야기 나누기 시간이 적절한 것도 아니며, 모든 유아에게 한 시간의 바깥놀이 시간이 충분한 것도 아니다. 유아교육기관에서는 성인들이 임의로 분절해 놓은 시간에 유아들이 따르도록 강요하기보다 유아의 개인적 경험의 시간을 최대한 존중하고 따르는 것이 필요하다.

 교사의 목소리

나는 아이들과 실컷 재미있게 놀았다고 생각했는데, 그 순간 한 아이가 말했어요. '선생님, 이제 놀아도 돼요?'라고. 뭐라고? 황당하더군요.

✔ 어느 어린이집 선생님의 이야기

(2) 배움의 기다림을 존중하기

배움의 기다림을 존중한다는 말은 기다림의 미학, 희망을 지닌 기다림, 생성의 세계에서의 기다림을 지향하는 것을 의미한다. '빨리'를 강조하는 관점은 과정보다 결과를 위주로 하는 교육관, 특히 교사 주도적 교육 상황과 관련이 있다. 아이들이 행위 주체가 되어 자연스럽게 배우기보다는 교사가 정해준 일을 아이들이 '부지런히' 해서 '빨리' 끝내기를 재촉하고 있다.

배움을 위한 기다림은 불필요하거나 생략해야 될 것이 아니라, 의미 있는 결과를 위해 필수적인 과정이다. 몸에 익고 마음에 익을 수 있는 시간을 존중하는 것은 새로운 것을 전달하거나 확인하는 것 이상으로 중요한 가치를 지닌다. 의미 있는 아이디어를 충분히 음미하는 시간, 새로운 것을 몸으로 충분히 체화하는 시간이 아이들의 배움에 그리고 삶에 필요한 것이다. 진짜 재미있고 의미 있는 놀이를 위해서는 놀이에 충분히 몰입할 시간을 가져야 한다.

유아들이 놀고 싶을 때 실컷 놀 수 있는 시간을 가지는 것, 그것은 가치 있는 배움의 기다림일 뿐 아니라, 유아의 권리임을 잊지 말아야 한다. 유아들이 충분히 놀이하고 자신의 몸의 흐름에 따라 활동할 수 있도록 재촉하지 않고 기다려 주는 것, 유아교육기관에서 객관적 시간에 얽매이지 않고 느슨하게 일과를 운영하는 것, 그것이 (불)가능할까? 교사는 이 질문을 스스로에게 던져 볼 필요가 있다.

 아이의 목소리

(유아교육기관에서는) 놀려고만 하면 자꾸만 뭐 해야 되는 시간이라고 해.

↪ 전가일(2010: 132)의 연구에서 발췌한 '슈'의 이야기

(3) 유아의 행복한 시간을 존중하기

무엇을 체험했는지 그 시간에 따른 인간의 변화 가능성과 주어진 시간의 유한성

을 고려한다면, 다른 사람에 의해 재단된 방식으로 피동적이고 무의미하게 보내기보다 자신이 소중하게 여기는 일에 시간을 보내게 해야 한다. 아이들이라고 해서 예외가 아니다. 아이들도 바로 지금 이 순간의 행복한 삶을 누릴 권리가 있다.

교사는 획일적이고 상투적인 방식으로 시간을 계획하는 습관을 버리고, 유아들이 의미 있고 가치 있는 현재의 시간을 경험할 수 있도록 도와주어야 한다. 예를 들어 보자. 기쁨유치원(가명)의 슬기반(가명) 아이들은 등원과 동시에 바깥놀이를 시작하여 두 시간 가까이 바깥놀이터에서 놀이한다. 유치원의 교사들은 습관적으로 배치되어 있던 바깥놀이의 시간을 바꾼 것이다. 등원하면 실내에서 자유선택활동이라는 것을 골고루 해야 하던 시간표를 해체하여, 아침 바깥놀이를 시작하면서 변화가 나타났다. 슬기반 아이들은 '매일 유치원 가기를 기다리는' '내일 날씨를 궁금해 하는' '놀이에 푹 빠져 있는' '놀이하며 도움을 필요로 하지 않는' 아이들로 변화된 모습을 보여 주었다.

3) 유아교육의 시간에 대해 대화 나누기

이제, 여러분 스스로가 유아교육기관의 시간에 대해 질문하고 그 답을 찾아갈 때이다. 유아와 교사의 이야기 나누기 장면에서 시간은 어떤 의미를 가지는지, 교사와 아이들이 나눈 다음의 이야기를 듣고 생각해 보자.

(운동회에 관해 유아와 교사가 이야기를 나누고 있다.)
용　준: 일곱 살들만 해요, 아니면 모여서 다 해요?
교　사: 아, 일곱 살은 일곱 살끼리 뛰고.
유아들: (달리기 하는 것에 대해 각자 이야기한다.)
교　사: (손가락을 두 개 보인다.)
유아들: (박수를 두 번 친다.)
교　사: (손가락을 한 개 보인다.)
유아들: (박수를 한 번 친다.)
교　사: 지금 너희끼리 이야기하는 시간이에요?

유아들: 이니요.

교　사: 지금 자기가 하고 싶은 이야기를 막 하는 시간이에요? 자기가 궁금한 거 앉아서 손도 안 들고, 선생님이 이야기 하세요도 안 했는데 계속 이야기하는 그런 시간이에요?

유아들: 아닙니다.

☑ 정진성, 최남정, 임부연(2013: 566)의 연구에서 발췌한 일화

생각 나누기

1. 유아교육기관에서 하루를 지내며 아이들은 언제 행복하다고 느낄까요?

2. 이야기 나누기 시간(또는 바깥놀이 시간, 식사 시간 등)은 유아에게 어떤 의미일까요? 유아에게 어떤 의미를 가지는 시간이 되면 좋을까요?

2 유아교육의 공간

공간은 인간이 존재하기 위한 근원적인 지평이다. 인간이 탄생하여 성장함에 있어 주어진 공간에서 받는 영향은 지대하며, 그러한 공간의 의미는 수학적 공간, 체험적 공간 등 다양하게 해석될 수 있으며, 공간을 표현하는 언어 또한 다양하다. 또한 공간은 신체의 정념, 지식, 의식이 활동하는 방식 일체와 관련된 가능성의 열림과 닫힘의 문제를 안고 있다(구수경, 2007). 이러한 공간은 우리의 몸에 일종의 권력으로 작용할 수 있다.

오늘날 유아들이 일상적으로 경험하고 있는 유아교육기관이라는 공간은 과연 어떤 의미이며, 어떤 언어로 표현되는가? 오늘날 유아교육기관은 유아들에게 교육적인 공간인가? 유아들에게 교육적인 공간이란 어떤 의미인가? 유아들이 살아가고 있는 공간에 대한 본질적 탐구, 성찰이 필요하다.

1) 교육과 공간

근대적 공간은 물리적 영역을 중심으로 의미를 구성하며, 절대적이고 객관적이며 비어 있는 것으로서 공간을 간주했다. 이러한 근대적 공간의 개념은 학교공간을 효율적 통제의 공간으로 만들었다. 학생들을 효율적으로 통제하고 규제하기 위해 학교는 공간을 구조화하고, 분절하고, 규격화해 왔다. 또한 학생들의 공간을 범주화하고 공간의 기능을 한계 지으며, 주어진 질서를 유지하기 위해 공간을 할당했다. Foucault(1975/2003)는 '유순한 몸'을 생산하기 위해 작용하는 규율의 작동방식들을 제시하면서, 그중 하나로 '공간의 분할'에 대해 언급한 바 있다. 공간을 분할해서 그러한 공간 안으로 개인을 위치시킴으로써 개인을 길들인다는 것이다.

유아교육기관의 공간 또한 교사가 한눈에 유아들의 움직임을 파악하기 쉬우면서 유아들을 분리시키기 위한 경계와 장치를 만들어 놓고 있지는 않은지 반성할 필요가 있다. 지금까지 대다수의 유아교육기관은 쌓기, 역할, 수·조작, 미술 등의 흥미영역으로 교실 공간을 구획화해 왔다. 그리고 칸막이로 경계 지어진 흥미영역은 한번에 영역 안으로 들어갈 수 있는 유아의 수를 정해 두고, 폐쇄적으로 분할하는 형태를 유지해 왔다(이경란, 이경화, 2015). 유아는 유아교육기관에서 규제를 경험하고, 신체를 교실 공간이라는 틀 속에 가두는 경험을 하게 된다. 이러한 공간은 유아들이 공간 내에 익숙해지는 것을 포함하며, 그 안에서 성공적으로 생활하기 위한 다양한 규율을 체화하는 과정을 포함하고 있다(임부연, 양혜련, 송진영, 2012). 한마디로, 유아교육기관의 공간은 성인이 유아를 효율적으로 통제하기 위해 만들어진 곳으로 기능하고 있다.

교실에 앉아서 들어야 하는 교사의 '수업', 몸의 자유가 제한되는 대·소집단 활동, 분할된 공간 안에서 선택해야 하는 영역 활동 등 유아교육기관의 공간에서 작동하고 있는 수많은 규칙들이 유아들에게는 어떤 의미일까? 과연 진정한 의미의 배움, 진정한 의미의 놀이가 일어날 수 있는 공간인가? 이러한 질문에 대한 답을 얻기 위해 유아교육기관의 공간들을 다시 바라볼 필요가 있다.

[그림 10-2] 유아교육기관 교실공간의 모습

*출처: 박성철, 송병준, 조진일(2016: 27).

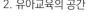

2) 유아교육의 공간 다시 읽기

유아교육의 공간은 근대적 학교 공간의 틀에서 벗어나 4차 산업혁명 시대에 적합한 미래 교육, 미래 인재 양성을 위한 새로운 공간으로 재조명될 필요가 있다. 유아교육의 공간을 단순히 물리적 실체로서의 공간으로, 유아와 분리하여 학습을 위한 도구와 매개로서 간주하기보다는 실존적 관점이나 포스트휴머니즘 관점을 반영하여 유아교육의 공간이 지닌 보다 다양한 의미를 해석할 필요가 있다.

(1) 실존적 공간

실존적 관점에서 보는 공간은 체험적 공간이다. 체험적 공간은 물리적 공간의 의미가 아니라 인간에 의해 체험되는 구체적인 공간을 의미하는 것으로, 실제적인 삶이 이루어지는 공간을 지향한다. 그러한 공간은 삶의 연관에 의한 의미들로 채워지는 유의미한 것이며, 비동질적이고 스스로 선택하고 즐길 수 있는 공간이다. 그 자체로 의미를 지니고 있으면서 동시에 그 공간 내의 요소들과의 관계로부터 새로운 의미를 생성해 내는 공간을 지향한다.

이러한 실존적 관점에서 공간을 바라보고 교육과 접목하는 예로는 독일의 발도르프 유치원을 들 수 있다(이수영, 김주연, 안진근, 2012). 발도르프 유치원은 자연 채광의 따뜻함이나 부드러움, 차가움 또는 자연의 고요함과 풍요로움, 역동성 등 그 계절이나 상황에 적절한 감성을 느끼고 상상할 수 있도록 구성하는 것과 자연 소재 놀이감을 강조하는, 즉 자연성을 지향한다. 또한 최대한 사용하지 않는 공간을 줄이고 자극이 될 만한 곳에 대형 작업공간, 자연물, 조형물을 두어 유아와 환경과의 상호작용을 유도하고 창의적인 영감을 받게 하는 공간을 활용함으로써 예술성의 공간을 지향한다. 인공적이지 않은 원형 그대로의 실외 놀이시설과 그 외의 작업공간 혹은 복합적인 용도를 가진 유기체적인 공간으로서의 다양성, 흥미 영역의 통합 및 자유 이동과 실내에서 실외로 나가는 공간의 개방을 통한 통합성, 그리고 바깥호흡, 숲 체험, 텃밭 가꾸기 등 다양한 체험을 할 수 있는 공간의 테마 성을 추구한다. 이러한 발도르프 유치원의 공간은 유아들이 체험하는 구체적 공간이자 삶의 의미로 채워지는 체험적 공간으로서 그 의미를 지닌 예가 된다.

(2) 포스트휴먼 공간

포스트휴머니즘 관점에서 보는 공간은 유아의 놀이 및 학습을 안내하고 확장하는 능동적 행위자이다. 공간은 학습자의 학습을 돕는 매개로서 물리적 환경 요소로서만 작용하는 것이 아니라 학습자의 배움을 이끌고 안내하는 능동적인 행위자로서의 역할을 한다. 즉, 인간만이 주체이고 다른 모든 존재는 객체로 인간의 필요에 의해 사용되고 소모되는 휴머니즘(인간중심주의) 관점과는 달리 포스트휴머니즘 관점에서는 모든 존재(예, 인간, 사물, 자연, 공간 등)를 동등한 객체이자 능동성을 가진 주체로 간주한다(박휴용, 2019; Braidotti, 2013). 포스드휴머니즘 관섬에서 유아교육 공간을 재조명해 보면 다음과 같다(김남희, 2019).

① 의미의 공간

유아교육의 공간은 유아의 놀이 과정에서 끊임없이 변화하고 새로운 의미가 부여되는 공간이다. 근대적 학교 공간의 의미는 효율적 통제의 공간으로써 구조화, 분절화, 규격화된 공간이었다. 유치원의 경우도 대부분 안전을 위해, 효율적인 교육을 위해 유아의 움직임을 교사가 한 눈에 파악할 수 있도록 공간을 분리하고, 놀이영역의 인원수를 제한하고, 교구장으로 흥미영역을 구분하는 등 미리 계획된 시간과 공간 속에서 유아의 놀이가 통제와 규제하에 있었다.

과거 공간이 가지는 단순한 '물리적 실체로서의 공간'을 넘어서서 상상할 수 없는 무한대의 공간(가상공간)이 창출되는 현 시대에 유아교육의 공간은 더 이상 고정, 불변하는 폐쇄된 공간이 아니라 오히려 유아의 몸과 행동 특성에 영향을 주며, 기억과 경험을 재생, 확장, 변형하는 가변적이고 영향력 있는 '의미의 공간'으로 재조명되고 있다(서도식, 2008; 임부연, 이정금, 2013). 즉, 유아교육의 공간은 유아가 다양한 관계를 맺고 자신의 한계를 넘어서는 새로운 경험을 하며 무한한 가능성을 실험하고 흥미영역의 경계를 넘어 새로운 공간을 변형, 생성해 내는 다층적 의미를 지닌 공간이다. 이때 새로운 공간의 창출은 단순히 공간의 물리적 변화만을 의미하는 것이 아니라 공간에 대한 끊임없는 의미 부여와 해석 창출(서도식, 2008)이 수반되는 의미의 공간인 것이다.

[그림 10-3] 유아의 놀이 속에서 창출된 의미의 공간

② 관계의 공간

유아교육의 공간은 유아 자신과 주변의 모든 존재들과의 새로운 관계를 만들어 내는 공간이다. 공간을 외부의 어떠한 것과도 관계가 없고 고정적이며 움직이지 않는 '절대적 공간'으로 보느냐 혹은 어떤 행위자의 위치가 행위자와 연관된 다양한 관계항들을 응축하고 있는 지점인 '관계적 공간'으로 보느냐(이현재, 2012)에 따라 공간의 의미는 달라진다. 즉, 유아교육의 공간은 고정 불변의 절대적 공간이라기보다 유아와 관련된 모든 존재들(사물, 놀잇감, 친구 등)과의 다양한 관계맺음을 통해 가변적이고 변형, 생성되는 특성이 있는 관계의 공간으로 해석해 볼 수 있다.

예를 들면, 한 유아가 키보드를 치며 노래를 부르다가 키보드 아래의 공간(키보드와의 관계맺음)을 발견하고 비밀스러운 공간에 흥미를 갖게 되어 그 속에 들어가 노는 모습을 보고 다른 유아들(다른 유아와의 관계맺음)이 합류하여 주변의 책상과 의자들을 이어 가며 비밀 공간을 점점 확장해 가는 놀이로 진행되는 모습이 교실에서 관찰되었다. 여기에서 유아의 놀이는 한 유아가 중심이 되어 한 공간에서 고정적으로 지속되기보다 오히려 다양한 관계를 통해 놀이 공간이 변형, 재구성되고 놀이가 변형, 확장되어 가는 것을 발견할 수 있다. 이때 유아의 놀이 공간은 유아와 유아 주변의 모든 존재들 간 다양한 관계맺음을 통해 새로운 공간이 만들어 지고 그 공간에서 유아는 끊임없이 새로운 관계를 만들어 가는 것이다.

[그림 10-4] 키보드 아래 공간과 책상 아래 공간을 연결하여 새로운 관계적 공간 생성

③ 심미의 공간

유아교육의 공간은 심미적 체험을 통해 창의적으로 생성, 변형되는 공간이다. 예술 작품은 다양한 소리, 색깔, 형태로 이루어진 세상에서 무언가를 선택하는 것에서부터 시작하여 감각적이고 형식적인 요소들을 구성하고, 인식하고 느끼고 상상한 것들을 악보, 특정한 움직임, 의도적인 몸짓 등을 이용해 구체화된다(Greene, 2001/2017). 예술가가 자신이 창조한 작품에 의미를 부여하고 다양한 세상을 열 수 있는 잠재력과 개방성을 통해 공감대를 형성하고 예술 작품을 통해 심미적 공간을 제공하듯이 유아교육의 공간 역시 유아의 상상력을 통해 가상의 상황을 창조하는 힘을 가지고 있다. 즉, 유아교육의 공간은 유아로 하여금 상상력을 통해 새로운 방법과 새로운 관점으로 세상을 경험하게 하고 그 공간에 특별한 의미를 부여함으로써 심미의 공간을 제공한다.

예를 들면, 비가 올 듯 말 듯 한 어느 날, 유치원에 우산을 들고 온 유아들이 바깥놀이터에서 우산 놀이를 시작하였고 우산이 없는 유아들은 이 놀이에 참여하지 못하는 상황을 교사가 우연히 관찰하게 되었다. 교사는 자발적으로 시작된 유아의 우산 놀이에서 의미를 포착하여 '신기한 우산 가게'라는 동화를 들려주고 이를 확장하여 많은 유아들이 함께 놀이할 수 있도록 공동 작품으로 파라솔 꾸미기 활동을 진행하였다. 공동 예술 작품인 파라솔은 유아의 놀이에 다용도로 활용되며 다양한 놀이를 만들어 내고 파라솔의 미적 요소(색채, 질감, 형태 등)로 인해 놀이 공간을 보다 아름다운 심미적 공간으로 만들어 주었다. 이때 유아의 놀이 공간은 유아의 상상력을 자극하는 심미적 대상이자 심미적 경험의 표현인 것이다.

[그림 10-5] 공동 예술 작품을 통해 창조된 심미적 공간

3) 유아교육의 공간 만들어 가기

유아교육의 공간은 유아의 몸을 규격화하고 통제하는 근대적 공간이 아니라, 다층적인 의미를 지니는 공간이 되어야 한다. 기억을 저장하고 재구성 및 재해석하는 공간, 무한한 변형이 가능한 공간, 의미 있는 배움이 있는 공간과 같이 그 의미를 다양하게 해석하고 새로운 의미를 생성하려는 노력이 필요하다(임부연, 양혜련, 송진영, 2012).

(1) 기억을 저장하고 재구성, 재해석하는 공간

공간은 그 자체로 하나의 맥락적 의미를 지닌다. 기억은 지금까지의 경험의 의미가 함축되어 하나의 현재적 의미를 띠며 나타나는 것으로, 유아들은 유아교육 공간의 어느 지점이나 공간에 게시된 작품 등을 통하여 자신의 기억을 간직하고 있다. 이는 자신의 역사를 공간에 투사하는 것과 같은 의미이다.

교사는 유아교육기관의 환경구성은 무엇을 지향하며, 누가 어떻게 해야 할지, 함께 환경을 만들어 나갈 유아의 권리에 대해 신중하게 생각할 필요가 있다.

(2) 무한한 변형이 가능한 공간

대다수의 공간이나 시간 규율의 근거가 명확하지 않고 임의적인 것임을 고려하여 흥미영역의 경계를 넘고 교실을 변형할 수 있을 때 비로소 공간 변형이 가능해진다. 유아들이 교실의 물리적 환경을 변형시키는 것이 외적으로는 놀이 형태의 하나라고 인식될 수도 있지만, 그것은 유아들이 교실에 새로운 이미지를 입히는 창발의 과정이라 할 수 있다. 최근 주목받고 있는 유아교육 공간으로서의 숲은 느슨한 물리적 공간으로 상상력과 창조력을 발현하는, 잠재성을 지니는, 변형되고 창조 가능한 대표적 교육공간이라 할 수 있다(임부연, 이정금, 2013).

교사는 아이들과 함께 공간을 만들어 갈 수 있을까? 규격화된 공간에서 벗어나 어떻게 창조적인 장소로 만들어 갈지 고민할 필요가 있다.

 교사의 목소리

복도에서의 자유선택활동

쌓기놀이 영역의 확대

자유선택활동에서 공간을 넓혀 주거나 다른 영역과 통합시키고 교실과 복도, 바깥놀이터를 연계시키는 등 다양한 방법을 시도해 보면서 왜 진작 이렇게 못했을까 하는 생각도 들었고, 아이들은 놀면서 배우고 놀면서 자란다는 말을 심심찮게 했던 내가 정말 너무나 즐겁고 신나게, 그리고 열심히 노는 아이들을 보며 '이게 진짜 놀이이지'라는 생각과 함께 반성도 많이 하게 되었다. …… 교실이 엉망이 될까 봐, 그리고 안전사고가 날까 봐, 잘 가르쳐 놓은 기본생활습관이 엉망이

원하는 장소에서 원하는 활동하기

될까 봐 걱정했던 것은 정말 교사인 나만의 기우였다는 것이 확실해졌다. 아이들은 좀 더 능동적이게 되었고, 교실은 활기가 넘쳤고, 더 이상 나의 눈치를 보는 것이 아니라, 친구처럼 장난도 치고 자신의 생각을 이야기하기도 하고 제안을 하는 등 하루 일과의 주인이 되었다.

    ☑️ 이경란, 이경화(2015: 267-268)의 연구에서 발췌한 교사의 성찰일지

---

(3) 의미 있는 배움이 일어나는 공간

유아들이 관계를 맺는 공간으로, 교육하는 공간에서 유아들의 삶의 공간으로, 유아들의 접근이 개방되어 있는 열린 공간으로, 아이들의 욕구와 몸의 리듬을 반영하는 공간일 때 그곳에서 유아의 배움이 일어나게 된다. 교육적 공간으로서의 무한한 가능성과 새로운 경험, 배움의 터로서 기능하는 잠재태로서의 숲은 역동적인 몸의 움직임과 다차원적 배움이 일어나는 유아교육 공간으로서 그 의미가 충분하다(임부연, 이정금, 2013).

교사는 '유아교육기관이 추구하는 교육철학이 공간에 묻어나는가?' '배움에의 도전, 배울 수 있는 기회, 배움의 공유 등이 어떻게 하면 공간에 녹아들 수 있을 것인가?'와 같은 질문들을 끊임없이 던져야 한다.

 아이의 목소리

연구자: 여기 밑에 구멍은 왜 찍은 거야?
이　든: 음~ 여기가 숨기 좋은 곳이거든요.
연구자: 아~ 여기가 숨기 좋은 곳이라서 찍어 둔 거야?
이　든: 네. 흐흐.

    ☑️ 이효원, 조희숙(2016: 388)의 연구에서 발췌한 관찰일지

4) 유아교육의 공간에 대해 대화 나누기

앞서, 공간의 근대성과 유아교육기관의 공간의 의미에 대한 해체적 관점을 살펴보았다. 이제 여러분이 유아교육기관의 공간에 대해 생각하고, 질문하고, 그 답을 찾아갈 때이다. 교사와 연구자가 이야기하는 유아교육기관의 공간은 어떤 의미를 가지는가? 다음을 읽어 보자.

 교사의 목소리

유치원은 유아들에게 노는 곳, 놀이하는 곳, 그리고 선생님이나 친구들을 만나고 관계를 가지는 곳이라 생각합니다. 집에 아무리 많은 장난감을 가지고 있다고 해도 혼자서 놀면 심심하잖아요.

⤾ 권선영(2017: 85)에서 발췌한 어느 교사의 이야기

생각 나누기

1. 아이들이 행복한 유아교육기관 공간은 어떤 모습일까요?

2. 아이들에게 교실(바깥놀이터, 현관, 화장실, 복도 등)은 어떤 의미를 가진 곳일까요? 아이들에게 유아교육기관이 의미 있는 공간이 될 수 있도록 교사는 무엇을 어떻게 지원할 수 있을까요?

Chapter

11

유아교육 공동체 만들어 가기

사회적 존재인 인간은 태어나면서부터 조직 속에서 생활하게 된다. 현대 사회는 여러 분야에 걸쳐 다양한 조직이 존재하고, 대부분의 사람은 적어도 한 개 이상의 조직에 소속되어 있다. 유아교사 또한 유치원이나 어린이집이라는 조직 속에서 생활하므로 유아교육기관의 조직특성 및 조직문화와 조직 속에서의 다양한 관계를 이해할 필요가 있다.

이 장에서는 유아교육기관의 유형을 간략히 살펴보고, 유아교육기관의 조직문화와 유아교육 공동체를 만들어 가기 위한 관계맺음에 대해 살펴보고자 한다.

1 유아교육기관의 유형

유아교육기관은 유아교육의 목적을 달성하기 위해 유아를 대상으로 형식적ㆍ비형식적 교육활동을 실시하는 기관으로서, 현재 우리나라의 유아교육기관은 유치원과 어린이집으로 구분된다. 유치원은 만 3세부터 초등학교 취학 전까지의 유아의 교육을 위하여 「유아교육법」에 의해 설립ㆍ운영되는 학교이고(「유아교육법」제2조), 어린이집은 보호자의 위탁을 받아 취학 전까지의 6세 미만 영유아를 보육하는 기관이다(「영유아보육법」제2조).

유아교육기관은 각 나라의 제도에 따라 다양한 유형으로 구분되는데, 우리나라는 유치원과 어린이집의 행정관리 체계가 이원화되어 있다. 그러나 유치원과 어린이집은 어린 학습자를 대상으로 하며 보호와 교육을 포괄하는 'educare'의 기관이라는 짐에서 공동석 특성을 지닌다.

[그림 11-1] 만 5세 유아가 그린 유치원

*출처: 윤성희(2015: 39).

1) 유치원

「유아교육법」 제2조에 따르면, 유치원은 유아의 교육을 위하여 설치 · 운영되는 학교이다. 이때 유아는 만 3세부터 초등학교 취학 전까지의 어린이다. 따라서 법에 근거하여 우리나라 유치원은 만 3세부터 초등학교 취학 전까지의 유아를 대상으로 하는 교육기관이다. 유치원은 「유아교육법」 제7조의 설립 주체에 따라 국립유치원, 공립 유치원, 사립 유치원으로 구분된다.

- 국립 유치원: 국가가 설립 · 경영하는 유치원
- 공립 유치원: 지방자치단체가 설립 · 경영하는 유치원으로서, 설립 주체에 따라 시립 유치원과 도립 유치원으로 구분
- 사립 유치원: 법인 또는 개인이 설립 · 경영하는 유치원

2) 어린이집

「영유아보육법」 제2조에 따르면, 보육은 "영유아를 건강하고 안전하게 보호·양육하고 영유아의 발달 특성에 맞는 교육을 제공하는 어린이집 및 가정양육 지원에 관한 사회복지서비스"로 규정되어 있다. 그리고 어린이집은 보호자의 위탁을 받아 영유아를 보육하는 기관으로, 「영유아보육법」 제10조에 따라 국·공립 어린이집, 사회복지법인 어린이집, 법인·단체 등 어린이집, 직장 어린이집, 가정 어린이집, 협동 어린이집, 민간 어린이집으로 구분된다.

- 국·공립 어린이집: 국가나 지방자치단체가 설치·운영하는 어린이집
- 사회복지법인 어린이집: 「사회복지사업법」에 따른 사회복지법인이 설치·운영하는 어린이집
- 법인·단체 등 어린이집: 각종 법인(사회복지법인을 제외한 비영리법인)이나 단체 등이 설치·운영하는 어린이집으로서, 대통령령으로 정하는 어린이집
- 직장 어린이집: 사업주가 사업장의 근로자를 위하여 설치·운영하는 어린이집(국가나 지방자치단체의 장이 소속 공무원을 위하여 설치·운영하는 어린이집을 포함한다)
- 가정 어린이집: 개인이 가정 또는 그에 준하는 곳에 설치·운영하는 어린이집
- 협동 어린이집: 보호자들이 조합을 결성하여 설치·운영하는 어린이집
- 민간 어린이집: 제1호부터 제6호까지의 규정에 해당하지 아니하는 어린이집

한편, 국가나 지방자치단체, 사회복지법인, 그 밖의 비영리법인이 설치한 어린이집과 대통령령으로 정하는 어린이집의 원장은 영아·장애아·다문화 가족의 아동 등에 대한 보육을 우선적으로 실시하여야 한다(「영유아보육법」 제26조). 이처럼 영아 보육, 장애아 보육, 다문화아동 보육, 시간연장형 보육을 취약 보육이라고

하며, 우선적인 보육서비스 실시가 요구된다.

- 영아 보육: 만 3세 미만의 영아를 대상으로 보육서비스 제공
- 장애아 보육: 「장애인복지법」 제32조에 따라 장애인으로 등록된 영유
  아 등에게 보육서비스 제공. 장애아전문 어린이집과 장애아통합 어린
  이집을 통해 보육서비스 제공
- 다문화아동 보육: 「다문화가족지원법」에 따른 다문화 가족의 영유아
  등에게 보육서비스 제공

2 유아교육기관의 조직특성과 조직문화

1) 조직특성

우리나라의 유아교육기관인 유치원과 어린이집은 제도적으로 구분되어 있다는
점에서 조직의 특성에 차이가 날 수 있으나, 앞서 살펴본 바와 같이 보호와 교육을
포괄하는 기관이라는 점에서 공통적 특성을 지닌다.

(1) 민간 중심의 소규모 조직

유치원과 어린이집은 제도적 측면에서는 초ㆍ중ㆍ고등학교와 비교해 민간(사
립) 의존도가 매우 높은 조직이다. 국가통계포털(http://kosis.kr/index)의 자료에
따르면, 2019년 12월 기준으로 전체 유치원(8,837개소)의 약 45%(3,978개소)가 사
립유치원이며 전체 원아(633,913명) 중 약 72%(456,583명)의 유아가 사립유치원
에 다니고 있다. 어린이집의 경우, 2018년 12월 기준으로 전체 어린이집(39,171개
소) 중에서 국ㆍ공립 어린이집이 약 9%(3,602개소)를 차지하고 있으며 전체 원아
수(1,415,742명)의 약 14%(200,783명) 영유아가 국ㆍ공립 어린이집에 다니고 있다
(보건복지부, 2018). 이렇듯 우리나라의 영유아교육은 민간에 의존하는 정도가 높

은 편이다. 다수의 영유아교육기관이 사인이나 법인이 설치, 운영하는 경우가 많다 보니, 영유아교육기관이 공공재로서 역할을 해야 함에도 불구하고, 영리를 추구하는 방향으로 운영되거나 설립자의 의지에 따라 운영 방향이 좌우되는 경우가 있다.

또한 대부분의 유치원과 어린이집은 소규모 인원으로 구성되어 있어 각자의 학급 업무 외에도 공동 업무를 위한 다양한 협력이 필요한 조직이다. 국·공립유치원의 경우, 초등학교 병설유치원이 대다수이던 과거와 다르게 단설유치원의 증가로 인해 대규모 기관이 증가하는 추세지만 대부분은 소규모로 운영되고 있다. 어린이집도 20인 이하의 가정 어린이집이 전체 어린이집의 거의 절반을 차지하고 있다. 이처럼 유아교육기관은 민간(사립) 중심이 대다수를 차지하고 규모 또한 소규모라는 조직의 특성을 지니고 있다.

(2) 교사의 잦은 이직과 짧은 교직주기

이직은 현재의 직장 또는 조직에서 여러 가지 요인에 만족하지 못하고 자신이 속해 있는 기관이나 조직을 떠나는 것으로, 영유아교사의 이직율은 타 직종에 비해 높은 편이다(전선영, 2013; 한국교육개발원, 2016).

유아교사의 이직의도는 복합적 심리갈등형, 사회적 가치추구형, 조직환경 의존형, 현실적 자기개발형으로 구분된다. 그중 가장 많은 유아교사의 이직의도 유형은 복합적 심리갈등형으로, 이들은 이직의도와 관련하여 정신적 스트레스, 어려움, 정서적 고갈, 불만과 같은 부정적 정서와 함께 성취감, 보람, 자부심, 기쁨 등과 같은 긍정적 심리가 복합적으로 혼재되어 이직에 영향을 받고 있다(박봉환, 남미경, 2017).

 교사의 목소리

유아교사로서 성장할 수 있는 데 한계를 느낍니다. 현실적으로 우리나라의 보육정책과 사회적 인식 그리고 과중한 업무 때문에 시간이 지날수록 유아교사로

서의 명예나 자부심 또는 권위가 점점 떨어지는 것 같아서 계속 유아교사의 길을
갈 수 있을지도 의문입니다. 제 주변에도 유아교사를 하다가 힘들고 장래성이 없
어 보여 그만둔 사람들이 많이 있습니다. 유아교사로서 이런 점이 가장 힘든 것
같습니다.

✔ 박봉환(2017: 75)에서 발췌한 보육교사의 이야기

유아교사의 이직율이 높기 때문에 교직주기 또한 초·중등학교 교사와 비교하
여 상당히 짧은 편이다. 이러한 현상은 유아교육기관의 민간 의존도가 높은 것과
무관하지 않다. 즉, 일부 국·공립 유치원이나 어린이집에 근무하는 유아교사를
제외한 민간(사립) 중심의 유아교육기관에 근무하는 다수의 유아교사들은 과중한
근무 시간과 낮은 급여로 고용의 불안전성을 경험하기도 한다. 유아교육기관의
인적 구성은 장기적으로 유지되는 조직구조이기보다 임시적이고 불안정한 조직
이라는 특성을 지닌다(이윤미, 2010).

(3) 여성 중심의 교사 구성과 연령의 편중화

유아교육기관은 다른 교육기관에 비해 여성 위주의 교사진 구성과 비슷한 연령
대의 교사조직이라는 인적 구성의 특성을 지닌다(김현주, 2004). 교직은 여성이 선
호하는 직업군이기에 여초 현상이 두드러지는 특성을 보이는데, 특히 유치원과
어린이집은 거의 대부분 교사가 여성으로 이루어져 있다. 그리고 유아교육기관에
종사하는 교사들의 연령대는 20대와 30대에 집중되는 현상을 보이며, 비슷한 연
령으로 조직이 구성되면서 이에 따라 동년배 또래 문화를 형성할 가능성이 있다.

유아교사의 이러한 연령 편중화는 또래 간의 모임을 통해 동료교사와의 인간관
계 개선에 도움을 받고, 업무나 스트레스 해소, 심리적 안정에 도움을 준다는 긍
정적 영향도 있다. 하지만 업무 공정성, 유언비어 남발, 파벌 조성의 위험 등과 관
련된 부정적 영향의 우려도 있다(권경, 2009). 유아교육기관은 여성이 가지고 있는
독특한 문화와 의사소통의 특수성과 함께 교육 및 관련 행정 업무가 장시간 이어지

는 노동과 에너지를 요구하는 소규모 기관(최혜영, 조성연, 권연희, 2014)이다.

 교사의 목소리

유치원은 인적 자원이 굉장히 중요한 것 같아요. 비슷한 연령대의 여자들로만 구성된 조직에서 같은 일을 해 나가고 있지만, 그 속에서는 굉장히 많은 일이 일어나는 거죠. 유치원은 기관마다 인적 자원이 어떻게 형성되어 있느냐에 따라 그 조직이 좌우되는 것 같아요.

심은주(2016: 102)에서 발췌한 유치원교사의 이야기

2) 조직문화

학교의 조직문화는 학교가 운영되는 방식, 그리고 구성원들이 서로 간에 관계를 맺는 방식에서 드러나는 신념과 기대이다(Fullan & Hargreaves, 1996/2006). 유아교육기관은 유아교육의 목적을 달성하기 위해 형식적·비형식적 교육활동을 실시하는 기관으로서 고유한 조직문화가 있다. 유아교육기관의 조직문화란 유아교육기관, 즉 유치원이나 어린이집에서 나타나는 조직문화라고 할 수 있다.

유아교육기관은 교육의 대상인 유아와 교직원, 학부모가 모여 이루어진 학교조직으로 고유한 조직문화를 가진다(이윤미, 2010). 그러나 유아교육기관의 조직문화는 교육을 담당하고 있다는 측면에서는 학교조직과 유사한 면이 있으나, 교육뿐만 아니라 영유아들의 건강하고 안전한 보호와 생활이라는 측면이 강조된다는 점에서 학교조직과는 다른 문화를 요구한다(우정순 외, 2017). 유아교육기관의 조직문화는 기관의 방침 및 특수한 교육 목적과 활동, 물리적 환경, 구성원의 상호작용 등에 의해 형성되며, 이러한 요인들이 어떻게 이루어지느냐에 따라 긍정적이거나 부정적인 조직문화를 만든다. 그리고 이렇게 만들어진 조직문화는 교사의 행동과 태도에 영향을 미치게 된다(석은조, 신성철, 2008).

유아교사는 유아교육기관이라는 조직이 추구하는 목표와 가치관에 영향을 받는 한편, 조직문화를 형성하는 중요한 요인으로서 유아교육기관의 조직문화에 영향을 줄 수도 있다. 조직이 건강하고 개방적인 풍토일 때 조직의 구성원은 성취감을 가지고 일에 헌신한다. 교사의 사기와 헌신은 구성원 개인의 행동 및 집단 역할, 구성원의 상호작용, 행동 양식, 직무 만족, 교육−학습 방법 등에 영향을 미친다. 긍정적 조직문화에서는 교사 간의 응집력이 높고 전문성 증진을 장려할 뿐 아니라, 정책, 업무, 책임이 명확하고 보수·승진의 기회가 공정하고, 의사결정에 교사의 자율성을 보장하며, 업무 수행이 효율적으로 이루어진다(이경화, 김정원, 2014).

생각 나누기

⏏ 다음은 유아교육기관의 긍정적인 조직문화를 위해 필요한 것들입니다. 이 중 가장 중요한 것이 무엇이라고 생각하는지 토의해 보고, 이 외에도 어떠한 요인이 조직문화를 긍정적으로 만드는 데 도움이 될지 이야기 나누어 봅시다.

- 개개인의 긍정적 정서
- 조직 구성원이 가진 강점의 효과적 발휘
- 조직 구성원 간의 연결감 형성
- 조직 활동에 대한 의미 발견
- 지속적인 긍정적 변화를 위한 노력
- 조직 최고 결정자의 긍정적 리더십

모든 조직은 그 나름대로 독특한 분위기를 지니고 있으며, 유치원이나 어린이집 또한 각 기관마다 독특한 개성이 있는데, 그 개성은 물리적 환경보다 조직 구성원의 역동적인 상호작용에 의해 형성된다(이분려, 1998). 이러한 유아교육기관의 조직문화에는 가족과 같이 친밀한 관계문화, 성장의 의지와 새로운 도전의 개발문화, 원장의 통솔에 의한 위계문화, 유아교육의 효율성과 실천의 합리문화가 공존하고 있다(김진아, 이종희, 2008). 개발문화, 합리문화, 집단문화, 위계문화의 네 가지 유형(김진아, 2008; 이석렬, 1997)으로 유아교육기관의 조직문화 특성을 살펴보면 다음과 같다.

(1) 개발문화

개발문화(혁신문화)를 가진 유아교육기관의 교사들은 외부 환경의 변화에 적극적으로 반응하고 문제해결 과정에 유연성을 보인다. 이에 교육의 효과를 높이기 위해 결과가 다소 불확실하더라도 새로운 방법을 적용하며, 환경 변화에 적극적으로 대응한다. 개발문화의 유아교육기관은 역동적인 경영 분위기, 외부 환경의 변화에 대한 적응성, 창의적인 프로그램 개발 시도, 문제해결 방식의 융통성, 새로운 교육방법 적용, 교사 간 자유로운 의견 교환의 허용, 혁신적인 프로그램을 개발한 교사에 대한 보상, 관습에서 벗어난 새로운 전기 마련 등의 특성을 지닌다.

(2) 합리문화

합리문화는 교사 간의 인간관계보다는 과제 달성을 위해 실리적인 관계가 유지되고, 일관된 관리체제를 바탕으로 교육목표 달성이 강조되는 문화이다. 과업 성취가 주요 관심사이며, 아동의 발달적 변화를 근거로 한 교사평가 실시, 실리 추구에 중점을 둔 업무처리 방식, 목표 달성을 목적으로 한 계획, 프로그램의 성공적인 실천 강조, 교육정보 교환 위주의 의사소통 등을 특징으로 하나, 새로운 문제해결 방식에는 경직성을 보이기도 한다.

(3) 집단문화

집단문화는 조직 구성원의 결속력을 강조함으로써 교사 상호 간의 팀워크나 협동이 강조되는 문화이다. 따뜻한 가족 같은 분위기, 구성원 간의 결속력 및 팀워크 강조, 원장 및 동료교사 간의 상호 존중 태도, 타인의 어려움에 대한 공감, 교사들의 참여적 의사결정 존중 분위기 등을 특징으로 하나, 새로운 교육정책에 대해서는 소극적인 대응 태도를 보이기도 한다.

(4) 위계문화

유아교육기관의 위계문화는 조직 구성원 간의 서열의식이 강조되며, 기존의 방법, 규칙을 따르는 것을 강조한다. 위계문화는 형식적이고 구조적인 분위기, 엄격한 결제 및 허가 과정, 정해진 규정에 대한 수정 불가 원칙 고수, 실수의 불용인, 원장의 지시에 의한 일과 운영, 모든 서류의 문서화 등이 특징이다.

3 유아교육 공동체

유아교육기관의 조직문화는 조직 구성원, 즉 교사와 유아, 원장, 학부모가 서로 관계를 맺는 방식과 그 속에서 이루어지는 신념과 기대 등을 통해 이해될 수 있다. 유아교육기관에서 유아교사는 다양한 역할을 수행하지만 무엇보다도 다양한 관계 속에서 자신이 하는 일의 가치와 보람을 느끼고, 때로는 갈등을 경험하기도 한다. 유아교사는 유치원과 어린이집에서 직접적으로 상호작용하는 유아뿐만 아니라 협력적인 관계를 유지하는 학부모와의 관계, 원장 및 동료교사와의 관계 등 다양한 인간관계를 맺으며 공동체를 만들어 간다.

1) 유아와의 관계

유아교사는 그들이 만나는 유아들이 다양한 배경을 가지고 있으며, 스스로의 요구와 관심에 따라 다양한 상호작용을 하는 능동적인 존재임을 알고 있다. 유아들과의 만남과 관계맺음을 통해 유아교사는 성장, 발달하고, 때로는 좌절하기도 한다.

 교사들의 목소리

나의 작은 준비에도 눈을 빛내는 아이들을 보면 행복감과 만족감을 느껴요. 아이들이 나에게 안기거나 매달릴 때, 환호성을 질러 줄 때, 유치원교사 하길 참 잘 했다는 생각이 들면서 이 일을 계속하고 싶은 마음이 들어요.

✔ 심은주(2016: 96)에서 발췌한 교사의 이야기

아이들과 함께하는 시간이 지나고 나면, 나 자신의 모습은 어떤 모습인지 뒤돌아보게 됩니다. 여러 명의 영아를 한꺼번에 관리하는 일이 정신적으로 큰 스트레스가 되기도 합니다.

✔ 박봉환(2017: 73)에서 발췌한 교사의 이야기

2) 원장 및 동료교사와의 관계

유아교육기관에는 원장(원감) 및 교사와 영양사, 간호사, 행정직원 등이 함께 근무한다. 유아교육기관이 추구하는 공통의 목표를 달성하기 위해서는 교직원의 상호협력이 필요하다. 교직원 간의 활발한 의사소통과 효율적이고 민주적인 의사결정 과정, 효과적인 갈등관리 등이 요구된다.

원장은 조직의 리더로서 유아교육기관의 업무를 총괄하며 경영자, 행정가, 상담자 등 많은 역할을 담당한다. 원장의 리더십이란 기관장으로서 인적 · 물적 자원을 활용하여 주어진 상황에서 효과적으로 교육목표를 달성할 수 있도록 제반 여건을 이끌어 나가는 능력으로(이윤미, 2010), 유아교육기관의 조직 구성원인 교사들의 자발적 공헌을 인도하고 조정하는 데 있어 중요한 요인이 될 수 있다.

📖⚡ 연구자의 목소리

원장은 '진짜 내가 운영하는 원이다 이런 인식이 아니라, 함께 운영하는 원이다. 함께 운영하는 원이니까 교사들한테도 묻고 부모들한테도 물으면서 이 원을 운영해야 되겠다.' 이런 철학이 본인의 가치관이 딱 서 있어야 될 것 같고, 부모는 부모도 이제 철학이라는 면에서는 비슷한데, 내가 그냥 돈 주고 맡긴 곳 이런

> 곳이 아니라 진짜 내 아이를 내가 낮에 못 보는 시간 동안 봐주는 고마운 원장님, 교사 뭐 이런 생각을 원을 바라보는 시선 자체를 그렇게 생각하면서 내가 도와줄 부분이 없을까 함께 할 부분이 없을까 그런 생각을 해야 되기 때문에 좀 이해하고 그냥 그다음에 그래서 같이 좀 키우겠다는 마음, 뭐 그런 게 필요한 것 같아요.
>
> ☑ 정계숙 외(2016: 169)에서 발췌한 A 교사의 이야기

한편, 어린이집 교사는 20~30대가 절반 이상을 차지하고 대부분이 여성으로 구성되어 있기 때문에, 의사소통 방식이 사적이며 관계 중심적일 수 있다(김문희, 2011). 최미미와 서영숙(2013)에 따르면, 어린이집 교사는 동료교사와의 관계 속에서 경력에 따른 위계질서로 인한 갈등, 미흡한 사회적 관계 맺기 기술에서의 어려움, 개인이 가진 가치관 및 교육관의 차이로 인한 갈등, 비지원적인 동료교사와의 관계 등으로 인해 어려움을 겪고 있다. 그러나 한편으로는 교사가 갈등을 긍정적인 요소로 보고 갈등 상황에 따라 적절한 갈등관리 전략을 사용하여 기관 내의 내부 갈등을 조절할 수 있다면, 갈등은 유아교육기관의 질적 수준 향상에 있어 중요한 자원이 될 수 있다(송미선, 김동춘, 2005; 최희주, 2011).

 교사의 목소리

> 초임시절 교사로의 나의 삶은 정말 열심히 하루하루를 지냈던 것 같아요. 무엇이 그리 즐거운지 수업준비를 하면서도 재미있었고, 수업 준비, 수업, 청소 같은 힘든 업무들도 크게 힘들다고 느끼지 못했어요. 선생님들과 함께 늦게까지 일을 하고도 퇴근하는 길에 먹던 저녁과 야식도 얼마나 맛있었는지…… 그 모든 것이 다 행복했던 것 같아요.
>
> ☑ 심은주(2016: 92)에서 발췌한 교사의 이야기

3) 학부모와의 관계

교사와 학부모 관계의 출발은 어디일까? 일반적으로 교사란 일정한 자격을 가지고 학생들을 가르치는 사람을 말하며, 학부모는 학생의 아버지나 어머니라는 뜻으로 학생의 보호자를 일컫는다. 이때 학부모는 '자녀가 학생이라는 특정 시기의 부모'라는 의미를 갖는 부분적인 부모 개념과 '일상적인 부모의 역할' 외에 특별히 '교육과 관련된 역할이 추가되거나 강조된 특정 부모역할을 수행하는 부모'라는 의미를 갖는 추가적인 부모의 개념으로 받아들이기도 한다(이윤미, 2010).

 교사들의 목소리

> 올해 졸업한 은수의 엄마에게 전화가 왔다. 전화의 내용은 은수가 아직도 이곳 어린이집 얘기를 하며 한번 오고 싶다는 것이다. 나는 은수가 얼마나 자랐는지 보고 싶기도 하고, 졸업을 했음에도 잊지 않았다는 것에 고마워서 언제든지 괜찮으니 방문하라고 했다. 다음 날 오후, 은수가 엄마와 함께 어린이집을 방문했다. 아이는 예전 같은 반 친구들을 만난 반가움에 교실에서 놀았고, 아이의 엄마는 졸업 이후에 은수가 적응에 어려움이 있었다는 얘기, 하지만 이제는 잘 적응한다는 등 최근의 근황에 대해 이야기를 나누며 오랜만에 회포를 나누었다.
>
> ↪ 이윤미(2010: 103)에서 발췌한 교사의 이야기

> 어떤 경우는 교사들이 바쁜 부모를 이해 못하는 경우도 있어요. 특히, 육아 경험이 없는 교사들은요. 부모의 하루 일상을 보여 주거나, 교사의 일상을 보여 주는 것을 통해 서로를 이해할 수 있는 경험이 필요할 것 같아요.
>
> ↪ 정계숙 외(2016: 167)에서 발췌한 B 원장의 이야기

4) 유아교육 공동체 만들어 가기

인간은 다양한 사람과 공존하면서 그 속에서 삶의 의미를 찾고 자신의 가치를 확인한다. 이러한 삶의 모습은 교육에서도 예외는 아니며, 특히 최근 다양한 교육 문제에 부딪히고 있는 현장에서는 교육공동체에 대한 다양한 논의와 실천이 이루어지고 있다. 공동체란 '나'와 '너'가 공동의 목적을 가지고 끊임없는 만남 속에서 '우리'를 추구해 가며, 상호존중의 관계를 만들어 가는 공동의 주체됨이다(곽향림, 2008). 그리고 교육공동체는 집단 이기주의, 극단적 개인주의 등 사회적 문제와 관리자 중심의 조직운영을 통해 소외되어 온 교사와 학생, 학부모들이 대화를 통해 교육적 이상을 설정하고, 그 이상을 실현하기 위해 각자 주체로서 참여하여 성장과 상생을 모색한다(서근원, 2005). 유아교육은 유아교육기관의 노력만으로 이루어지지 않으며 가정과 지역사회와의 협력이 중요함은 이미 오래전부터 강조해 왔다. 「2019 개정 누리과정」(교육부, 2019a)에서도 '유아, 교사, 원장(감), 학부모 및 지역사회가 함께 실현해 가는 것을 추구한다.'라고 그 성격을 밝히면서 유아교육 공동체의 협력적 교육과정 실행을 강조한다.

교사, 유아, 학부모, 지역사회가 상호존중하며 협력하는 공동체의 중요성과 함께, 최근에는 유아교사들이 공동체를 형성하여 서로의 지식과 경험을 교류, 공유하며 협력적으로 그들의 실천과 지식을 발전시키고 전문성을 향상시키고자 하는 노력이 이루어지고 있다(서경혜, 2010). 탈근대 시대의 교사들은 개인의 노력을 넘어 동료교사 및 타인과의 상호협력적 관계와 네트워크를 통한 지식과 정보를 공유하고자 한다(김진주, 2005; 문성원, 2008; 박미영, 오율자, 2009). 교사들이 공동체를 형성하여 서로 가르치며 배우고, 함께 공부하고 연구하면서 협력적으로 전문성을 향상시켜 나아가는 움직임이 주목을 받기 시작하면서 전문가 학습공동체, 실천공동체, 탐구공동체 등 다양한 유형의 교사공동체가 등장하여 폭넓게 확산되고 있다(서경혜, 2013).

유아교육 분야에서의 교육공동체 운동은 공동육아와 최근 혁신유치원을 통해서도 찾아볼 수 있다. 공동육아는 1994년에 시작되어 교사와 학부모 간의 신뢰 형성과 소통 노력이 비교적 성공을 거둔 사례로, 교사의 자율권 보장, 부모의 적극적인 참여, 투명한 어린이집 운영의 특징을 가진다(이부미, 2000). 그리고 혁신유치원은 2013년 경기도와 전북의 혁신학교에 혁신유치원이 포함되면서 시작되었다. 유치원교사들은 혁신유치원을 통해 교육과정, 유치원 조직문화, 행정지원 체제의 혁신을 기대하는 것으로 보고된 바 있다(김은주, 2015). 혁신학교는 학교 구성원의 자발성에 기초하여 경쟁보다는 협력을, 가르침보다는 돌봄과 배움을 지향하고 있어 공동육아에서 교사의 자율권과 부모의 적극적인 참여와 협의를 강조하는 것과 일맥상통한다.

한편, 유아교육기관은 초·중등학교에 비해 영유아의 건강한 발달을 위해 교직원과 학부모가 함께 참여하는 문화, 즉 교육공동체적 문화의 특성을 비교적 잘 가꾸어 왔다고 할 수 있다. 정계숙 등(2016)이 따뜻한 유아교육 공동체에 대한 교사와 부모의 이미지를 조사한 결과, 교사는 '소통되는' '배려하는' '정감 있는' '협동적인' '신뢰되는' '가치 있는' '화합하는' '민주적인' '긍정적인' 등의 따뜻한 유아교육 공동체의 이미지를 가지고 있었다. 부모는 '배려하는' '화합하는' '생명 존중의' '지속 발전이 가능한' '조화로운' '안정감 있는' '가치 있는' '정감 있는' '생동감 있는' '연계적인' '적극적인' '민주적인' '의리 있는' '우리 중심의' 등으로 따뜻한 유아교육 공동체의 이미지를 가지고 있었다. 따뜻한 유아교육 공동체의 이상적인 모습을 '상호존중의 진실한 소통' '이야기와 정서의 공유' '우리로 맺어진 관계' '온기가 순환되는 생명체'로 의미화하였다.

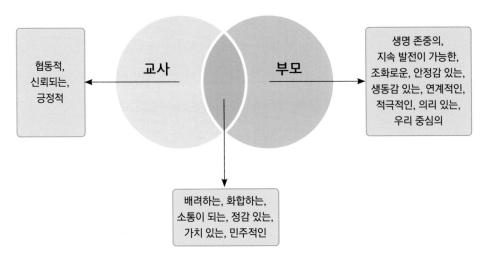

[그림 11-2] 교사와 부모가 인식하는 따뜻한 유아교육 공동체의 이미지

*출처: 정계숙 외(2016: 177).

유아교육 공동체를 포함하여 교육공동체와 관련한 논의들이 지향해야 할 방향은 다음과 같다(신현석, 2004).

첫째, 교육공동체 논의는 우리가 존재하고 있는 오늘날과 같은 다원주의 사회의 맥락에서 교육공동체의 존재와 가치를 탐구하는 데 집중할 필요가 있다.

둘째, 미래의 교육공동체는 시민사회와 같이 자유주의적 함축을 지니면서도 공동체주의적 특성을 보완한 이념적 모형으로서 시민공동체(civil community)를 지향하는 것이 바람직하다.

셋째, 집단의 다양한 가치 추구 형태로 분화되는 다원주의 사회에서 이상적인 교육공동체는 서로의 '다름'을 인정하면서도 '함께'라는 의식을 공유하는 '으뜸'의 기능적 조화와 균형에 바탕을 두는 것이 바람직하다.

넷째, 미래의 교육공동체 논의는 개인의 권리와 공동선(common good)의 변증법적 규합을 통해 '옳은 것'과 '좋은 것'이 상호 보완되는 열린 사회의 교육논리로 발전되어야 한다. 현대적 의미의 공동체는 동질성과 통일성을 모태로 하는 전통적 공동체주의에서 출발한다. 오늘날 추구되고 있는 공동체는 합리적 이성의 개별성과 절차적 보편성을 바탕으로 형성된 열린 사회 속에서의 '다름'의 인정을 통해 '함께'하는 의식을 공유하는 절충적 공동체라 할 수 있다.

생각 나누기

1. 자신이 직간접적으로 경험한 유아교육기관의 조직특성과 조직문화의 사례를 이야기해 봅시다.

2. 교육공동체로서 유아교육기관은 어떤 모습이며, 유아교육기관이 교육공동체로 제대로 기능하기 위해 교사는 무엇을 실천해야 할지 토론해 봅시다.

Movement in Early Childhood Teacher Education

Chapter
12

유아교육 정책에 참여하기

유아교육 정책은 어떻게 결정되는가? 교육정책을 변화시키는 힘은 교육현장의 외부에 있지 않다. 신자유주의와 같은 경제이념이 교육에 침투되는 것에 저항하고, 급변하는 세상에 관심을 갖고 더 나은 교육으로 나아가는 노력은 교육현장에서부터 만들어져야 한다. 그 중심에 유아교사가 있다. 교육주체로서 현장의 목소리가 반영되어 시대에 적합한 유아교육 정책이 수립될 수 있도록 적극적으로 참여하는 것, 그것은 유아교사의 권리이자 책임이다.

책을 마무리하는 이 장에서는 교육정책의 배경이 되는 지배담론과 유아교육 정책의 변화 과정에 대해 살펴보고, 정책과 교육의 주체로서 유아교사가 담당해야 할 역할과 노력을 제안하고자 한다.

1 사회 지배담론

1) 후기진리사회와 담론

미래 사회를 상상하며 교육에 대해 이야기를 나눌 때 함께 등장하는 키워드에는 어떤 것들이 있을까? '4차 산업혁명' '인공지능' '빅데이터' '포스트휴먼(김민우, 2018)' '뇌과학(이연선, 2019)' '융합(이연선, 정혜영, 2018)' '역량(김선영, 2019)' 등이 떠오를 수 있다. 빅데이터 시대에 살고 있는 우리들의 사고체계를 지배하고 있는 담론이 무엇인지 찾아보는 일은 어렵지 않다. 지배담론은 그 시대에 어떤 사건들이 발생했고, 사람들이 어떤 것들에 관심이 있었고, 어떤 개념들이 중요하게 다루어졌고 논쟁이 되고 있는지를 담고 있다. 그것은 그 시대를 살아가는 사람들과 직접적으로 연결되며 삶의 바깥을 결정하는 정책과 얽혀 궁극적으로 삶 속으로 침투한다. 이렇듯 담론은 사회적 힘을 가지며 늘 우리의 삶에서 공명한다(Fairclough, 1992a, 1992b, 2011; Foucault, 1980, 1981).

2000년대부터 최근에 이르기까지 한국의 교육정책에서 5대 과제로 선정되어 큰 부분을 차지하고 있는 이슈는 '다문화'였다. Mitchell과 Salsbury(1996)가 40개국을 대상으로 다문화교육정책을 조사한 국제비교연구에서, 한국은 민족주의를 중심으로 자국민들의 문화적 동질성을 강조하는 나라로, 다문화교육정책 자체가 고려되지 않는 국가로 분류되었다. 인구 유입이 급격히 증가하면서 다문화사회로 진입하게 되자 UN은 한국의 교과서에서 '단일민족'이라는 용어를 쓰지 않을 것을 권고하였고(Lee, 2013), 교과서에서 '단일민족'이나 '순수혈통'과 같은 용어는 더 이상 남아 있지 않게 되었다.

이처럼 우리는 한국이라는 국가와 지역에 살고 있지만 국제적 영향력과 급변하는 사회 변화와 맞물려 오랫동안 진리(truth)이자 사실(fact)이었던 용어들이 더 이상 그 힘을 갖지 못하는 이른바 후기진리(post-truth)사회로 이미 들어와 있다. 문법론자들이 주장해 온 언어의 법칙성과 규정성은 이론처럼 텍스트로 존재하나 디지털 공간에서는 줄임말과 신조어, 언어 파괴가 자연스럽게 자리를 차지하고 있다. 셀카가 먼저인가? 셀프카메라가 먼저인가? 셀카가 셀프카메라의 줄임말인 것을 모르는 것이 셀카라는 단어를 모르는 것보다 문제가 될까? 이처럼 후기-진리적 관점에서 진리와 진리 현상은 주어진 것이 아니며 사회 속에서, 역사를 통해, 문화 속에서 구성되는 것으로 볼 수 있다(Olsson, 2017).

2) 유아교육과 담론

한국의 유아교육을 둘러싸고 있는 지배담론은 무엇인가? 누리과정? 놀이? CCTV? 유보통합? 유아발달? 조금 더 과거로 돌아가 보자. 1950년대의 유아교육을 둘러싼 지배담론은 무엇이었을까? 아마도 '누리과정'이나 'CCTV' '어린이집 평가'에 관한 담론은 포함되지 않았을 것이다. 1990년대는 어떠했을까? 유아교육 분야에서 '아동인권' '아동권리'와 '발달적 차이' 등이 가장 큰 이슈였을 것이다. 1989년 11월 20일, UN총회에서 채택된 유엔아동권리협약(UN Convention on the Rights of the Child)은 유아교육 분야에 큰 영향을 미치게 되었다. 1991년 11월 20일에 우리나라에서도 아동의 생존권, 보호권, 발달권, 참여권으로 구성된 국제협약에 비준하였고, 이후 전 세계의 어린이 인권 협약으로 영유아 정책과 관련하여 큰 영향력을 발휘하고 있다. 다시 말해, 국제협약을 통해 아동이 4가지의 권리를 가진 존재라는 새로운 개념이 생기게 되었고, 각국의 유아교육 정책과 제도 변화를 야기했으며, 이로 인해 아이들의 삶도 달라졌다. 이와 같이 그 당시의 지배담론은 교사, 부모, 아이들의 삶에 크고 작은 영향을 미친다. 따라서 유아교사가 당시의 지배담론이 무엇인지를 알고, 담론과 현장과의 관련성에 대하여 알고자 하는 노력이 요구된다.

디지털 원주민(Digital natives)이라는 단어를 들어 본 적이 있는가? 디지털 원주민이란 "태어나면서부터 디지털 네트워크에 놓여 풍부한 디지털 테크놀로지 경험을 갖고 있으며, 앱 등의 디지털 언어를 자유롭게 사용하는 세대"(이연선, 2013)로 디지털(digital)이 그들이 접하는 첫 번째 언어이자 모국어가 됨을 일컫는 용어이다(Jukes, McCain, & Crockett, 2010). 후기산업 지식경제사회 이후인 디지털 사회에서 아동기를 바라보는 관점을 이미 많은 교육연구에서 디지털 세대 아이들의 특성에 대해 밝히며 아동기에 대한 새로운 개념을 만들어 내고 있다(Kelly, McCain, Jukes, 2009; Ophir, Nass, & Wagner, 2009; Prensky, 2010; Tapscott, 1999; Vega, 2009). 시대의 흐름에 따른 아동관의 변화를 정리하면 〈표 12-1〉과 같다.

〈표 12-1〉 시대별 아동기에 대한 관점 변화

시대	산업혁명과 그 이전	산업혁명 이후	지난 30년간 (1980~2010년)	미래 후기산업 지식경제사회
특징	아동기와 성인기에 대한 개념이 분리되어 있지 않았음	학교와 교육제도가 출현함에 따라 이때부터 교사/학생의 개념이 분리됨	유엔아동권리협약과 발달적으로 적합한 교육(DAP) 개념의 보편화	급격한 디지털 테크놀로지 발달로 세대 간 격차 가속화
아동	-성인의 축소판 -노동력 -경제적 도구	-성인이 될 때까지 보호와 교육을 받아야 할 존재 -백지 상태의 의존적 존재	-성인과 동등한 권리를 가진 존재	-디지털 원주민 -평생학습자

*출처: 이연선(2013: 12).

 시대의 흐름에 따라 '유아'와 '교육'을 둘러싼 상황들이 변하면서 그 당시에 진리로 간주되었던 것들이 변화하였고, '아동기'에 대한 개념도 변하고 있다. 뿐만 아니라, 시대의 흐름에 따라 '유아교육'과 '아동'에 대한 개념이 변화하거나 중요도가 달라지면서 유아교육 정책에, 유아교육기관의 역할에, 유아교사의 사회적 가치에 대한 기대에 영향을 미치고 있다. 이는 형식뿐만 아니라 내용도 바꾸어 놓았는데, 가르쳐야 하는 내용의 양과 질에도 깊숙이 들어와 궁극적으로는 유아교육기관에서의 아이들의 삶을 바꾸어 놓고 있다.

 따라서 유아교육을 둘러싼 사회문화적 맥락 변화와 정치적 상황에 유아교사가 깨어 있고자 하는 노력은 지금의 교사양성과정에서 이루어지는 유아수학교육, 유아언어교육, 유아사회교육 등으로 분절된 교과에서 배우는 교육내용만큼이나, 아니 어쩌면 더 중요할 수 있다.

생각 나누기

현재 유아교육 분야에서는 어떤 담론이 지배적일까요? (예비)교사가 지배담론에 대해서 관심을 가져야 하는 이유는 무엇일까요? 떠오르는 생각들을 자유롭게 기술해 봅시다.

2 유아교육 정책

유아교육 정책과 제도 변화는 유아, 부모와 유아교사의 삶에 밀접하게 연결되어 지속적으로 영향을 주고받는다. 국가 수준의 교육정책 중에서 교육현장에 가장 큰 영향력을 행사하는 것은 국가 수준의 교육과정(national curriculum)이다. 국가 수준의 교육과정은 공공성과 법제적 성격을 갖으며 교육현장에서 영유아기의 아이들이 경험해야 할 교육내용, 교사의 역할과 지위를 규정한다(박비송, 2020). 국가 수준의 교육과정은 당시의 사회적 맥락과 요구를 반영하여 변화해 간다.

1) 유아교육 정책의 변화

우리나라 유아교육 체제와 정책의 변화에 관한 내용은 유아교사 양성과정에서 사용하는 '유아교육개론' 교재에 통상 소개되고 있다. 저자들은 유아교육 관련 법의 제정이나 유아교육의 발전단계, 국가 교육과정 제 · 개정을 기준으로 삼아 유아교육 정책의 변화를 소개하고 있다.

📑〈표 12-2〉 '유아교육개론'에 나타난 유아교육 정책의 변화

구분	출처	정책 변화
관련법 제정 기준	이기숙 외 (2014)	• 유치원의 성립 시기(1945년 광복 이전) • 대한민국 수립과 유치원 교육과정 제정 이전 • 유치원 교육과정의 제정과 「유아교육진흥법」 제정 이전 • 「유아교육진흥법」을 통한 유아교육의 기회 확대 기반 마련 • 「유아교육법」 제정을 통한 유아교육 공교육체제의 실현 • 유아교육의 공교육화 체제 추진 • 누리과정 제정
	고문숙 외 (2014)	• 1949년의 「교육법」에 근거 「초·중등교육법」에 따라 시행 • 2004년 이후에 「유아교육법」 제정 • 1998년에 「유아교육진흥법」 개정 • 2013년 3~5세 누리과정 시행
유아교육 발전단계 기준	유구종, 조희정 (2013)	• 유치원의 초기 성립 시기(1945년 광복 이전) • 유치원 기반 형성기(1945~1969년) • 유치원 교육의 발전 도약기(1969~1981년) • 유치원 교육의 발전기(1981~1997년) • 유아교육의 공교육화 체제 추진기(1997~2004년) • 2004년~현재
	최지영 (2014)	• 유아교육 형성기(최초의 유치원 설립~1948년) • 유치원 교육에 관한 법적 규정 형성기(1949~1968년) • 유치원 교육과정 형성기(1969~1980년) • 영유아교육의 확장기(1981~2003년) • 유치원 공교육화와 발전기(2004년~현재)
교육과정 제·개정 기 준	이경화 외 (2013)	• 제1차 유치원 교육과정(1969. 2. 19. 문교부령 제207호) • 제2차 유치원 교육과정(1979. 3. 1. 문교부 고시 제424호) • 제3차 유치원 교육과정(1981. 12. 31. 문교부 고시 제442호)
	이은경 (2013)	• 제4차 유치원 교육과정(1987. 6. 30. 문교부 고시 제87-9호) • 제5차 유치원 교육과정(1992. 9. 30. 교육부 고시 제1992-15호) • 제6차 유치원 교육과정(1998. 6. 30. 교육부 고시 제1998-10호)

	노명희 외
	(2014)
		• 개정 제7차 유치원 교육과정(2007. 12. 19. 교육인적자원부
		  고시 제2007-153호)
		• 3~5세 누리과정(교육과학기술부 제2112-16호, 보건복지부
		  고시 제2102-82호)

유아교육 관련법 제정을 중심으로 기술된 정책 변화를 살펴보았을 때 알 수 있는 역사적 사실은 무엇인가? 유아교육이 독자적으로 자리를 잡으면서 '공교육화'를 위한 제도 마련을 위해 노력해 온 역사를 갖고 있음이 드러난다. 유아교육 정책 변화를 발전단계로 나누어 기술한 경우 또한 '공교육화'가 핵심 화두이자 방향임을 보여 준다. 하지만 교육과정 개편을 중심으로 연대기적으로 기술된 경우는 후기진리(post-truth) 혹은 Foucault의 계보학적 관점에서 볼 때, 사실을 전달하는 것에 가까우므로 주장하는 바를 파악하기 어려울 수 있다. 다시 말해, 어떤 시기에 어떤 변화가 있었으며, 법 제정이나 제도 개편이 현장에 어떤 영향을 미쳤는지 등에 대한 역동적인 현상을 파악하기는 어려울 것이다.

2) 교육-역사사회학적 관점과 유아교육 정책

'유아교사로서 유아교육 정책과 제도 변화를 알아야 하는가?' 이 질문에 대한 답을 얻기 위해 나은경(2016)이 박사논문에서 분석한 교육-역사사회학적 관점을 소개하고자 한다. 지금까지 국내에서 유아교육의 역사와 변천 과정을 소개한 담론은 개혁과 발전의 패러다임(권영임, 2008; 나종민, 안창희, 2017), 공교육화의 패러다임(조건덕, 2008) 혹은 유보통합의 패러다임(나은경, 오경희, 2016)에서 진행되어 왔으나, 최근 들어 유아교육을 둘러싼 사건과 담론, 역사적 의미를 통해 유아교육 정책 방향을 재조명하는 연구들이 증가하고 있다. 손흥숙(2017)은 유보통합정책 형성 과정의 비판적 담론분석을 통해 유보통합정책이란 단순히 유치원과 어린이집의 통합 문제가 아니라 세계화와 지역화라는 사회적 이슈와 관련한 이해집단 간의 복잡한 사회현상임을 밝혔다. 박창현(2017)은 누리과정 정책 수요에 대한 빅데이터 분석을 통해 누리과정 정책은 유아교육과 보육서비스의 공공성 강화와 예산의 안정성으로 더 많이 귀결되고 있음을 밝혔다.

유아교육을 둘러싼 정책이 형성되고 법안이 만들어지는 과정은 '유아'와 '교육'에 초점을 맞추어 이루어지기보다 복잡한 사회관계망 속에서 특정 집단의 담론이 우위에 서게 되면서 불균형적인 힘에 의해 발생하기도 한다. 어린이집 CCTV 설치 의무화와 같은 주요법안이 통과하는 과정에서 유아교사들의 목소리가 거의 주목받지 못했던 것에는 언론이 적극적으로 특정 뉴스보도 내용을 선정하였고, 이를 사회적 담론으로 만드는 데 중요한 역할을 하였기 때문이다(이연선, 연희정, 손하린, 2016). 따라서 유아교육 정책의 변화를 역사와 사회 속에서 살펴보고 맥락과 의미가 무엇인지를 함께 논의하는 일은 매우 중요하다 할 것이다.

유아교육과 관련하여 우리 사회가 갖고 있는 현재의 여러 가지 현상과 문제는 갑자기 생겨난 것이 아니다. 나은경(2016)은 유아교육을 정확하게 바라보기 위해서는 교육-역사사회학적 탐구논리가 필요함을 주장하였다. 단순히 교육정책의 변화를 당시 변화된 제도를 중심으로 나열식으로 기술할 경우, 정책 변화의 역사적 의미와 순기능, 의도되지 않은 결과 등을 정확하게 알 수 없으므로 한국의 유아교육 역사에 대하여 정확하고 냉철한 시각을 갖기가 어렵다.

 연구자의 목소리

역사사회학의 연구방법은 지금까지 '교육사 분야'에서 많이 사용되던 연구방법들과는 성격을 달리한다. 예컨대, '편년체적 기술 방법'은 단순히 교육 목적이나 내용 등과 관련된 사료들을 나열식으로 전개해 놓은 것에 불과했다. 이런 기술식 역사 연구방법에는 '권력'의 이해관계를 파악하는 데 있어 한계를 가진다.

*출처: 나은경(2016: 31).

〈표 12-3〉 교육-역사사회학 관점에서 본 유아교육 정책의 변화

유아교육의 태동기(1897년~일제 강점기)	
역사사회학적 특질	• 무정책의 유아교육 정책 • 사립으로만 설립된 한국의 유치원: 선규사업과 소규모 방식의 운영 • 국가통제권 밖의 유치원교육: 자율과 방임 • 민족운동의 보루로서의 유치원 • 고등교육기관에서 양성된 고학력 엘리트 유치원교사

역사사회학적 의의	• 유아교육의 불평등 태동 • 지역공동체로서 유치원 • 보모가 된 유치원교사 • 유아교육에 대한 회의와 자성
유아교육의 공교육 도입기(해방 후~1970년대)	
역사사회학적 특질	• 소외된 유아교육 정책 • 사교육화된 유아교육: 유아교육의 정체성 혼란 • 유아교육에 대한 인식 변화: 유아교육의 공교육 요구
역사사회학적 의의	• 신자유주의의 자생 • 비전문가로서 유치원교사 위상 형성 • 유아교육 공교육의 기반 조성
유아교육 공교육의 전환기(1980~1991년)	
역사사회학적 특질	• 국정지표로서의 유아교육 • 유아교육의 팽창: 「유아교육진흥법」 제정 • 교육으로의 개념적 일원화 • 대중화된 유아교육
역사사회학적 의의	• 유아교육 팽창의 불편한 진실: 공립(농어촌) 대 사립(대도시) • 유보통합의 결정적 시기 • 유아 교육·보육 갈등의 잠재태: 보육세력 기반 조성
유아교육 공교육의 격동기(1991~2004년)	
역사사회학적 특질	• 탁아의 부활(보육의 활성화): 「영유아보육법」 제정 • 유아교육의 위기와 대처: 유아교육개혁안과 「유아교육법」 제정 • 이익단체 간의 연대와 세력화
역사사회학적 의의	• 유아교육의 이원화체제 고착 • 교육, 보호, 보육 개념 논쟁 • 이익단체 간의 첨예한 갈등과 대립

*출처: 나은경(2016).

〈표 12-3〉과 같이 유아교육 정책 변화를 교육-역사사회학적 관점에서 살펴보면 그 당시의 사회학적 특질과 의의를 알 수 있다. 예를 들어, 무정책이었던 태동기를 거쳐서 공교육 도입기에 사립 유치원을 중심으로 유아교육기관이 확대되면

서 유아교육기관은 처음부터 신자유주의 시장경제에서 시작되었고, 비전문가로서의 유치원교사의 위상이 그때부터 형성되었음을 알 수 있다. 이후 공교육 전환기에 공립 유치원을 농어촌을 중심으로 확대하였으나 이미 형성된 대도시의 사립 유치원과 복잡한 이해관계를 가지는 방식으로 대중화되었고, 「영유아보육법」 제정과 함께 교육과 보육을 둘러싼 지배담론은 이익단체 간의 갈등 속에서 특정 세력들과 함께 성장하고 있음을 알 수 있다. 요약하자면, 유아교육 정책이 변화되어가는 과정은 영유아의 보육과 교육이라는 본질에 초점이 있기보다는 여러 이해집단 간의 갈등의 장 속에서 세력 다툼의 역사적 과정일 가능성이 크다.

한편, 이연선(2020)은 나은경(2016)의 교육-역사사회학적 분석을 토대로 누리과정 고시 이후 정책 변화를 '누리과정 전환기'와 '유아교육 혁신기'로 구분하여 그 특징을 제시하였다. 그는 「3~5세 연령별 누리과정」과 「2019 개정 누리과정」을 통해 예산의 국가통제에 따른 공교육화 가속화와 유치원과 어린이집의 공통교육과정 시행에 따른 교육내용의 통합이 우선적으로 이루어지고 있다고 분석하였다. 유치원과 어린이집의 공통과정으로서 '누리과정'이 도입된 이후 지금까지의 변화를 통해서, 유아교육은 공교육화라는 국가적 과제를 안고 있으며 여러 층위의 갈등 속에서 유아교육과정과 제도가 개편되고 있음을 알 수 있다.

〈표 12-4〉는 나은경(2016)의 박사학위논문(「한국 유아교육의 공교육 형성에 관한 교육역사사회학적 탐색」)에 근거하여 유아교육 정책 변화를 교육-역사사회학적 시선으로 제시한 것이다.

〈표 12-4〉 누리과정 고시 이후 유아교육 정책의 변화

누리과정 전환기(2012~2018년)	
역사사회학적 특질	• 5세 누리과정 및 3~5세 연령별 누리과정 고시 • 유아학비 및 보육료 지원으로 학부모 교육비 경감 • 누리과정 보조금 등 예산 지원으로 교육과정 운영 국가통제 강화
역사사회학적 의의	• 유보통합: 교육과정 내용의 통합 • 누리과정 비용 부담 문제로 중앙정부와 시·도교육청 간의 갈등 • 교사 자율성 축소와 교육현장의 획일화 문제 제기

유아교육 혁신기(2017~2020년)	
역사사회학적 특질	• 2017.7. 국정운영 5개년 계획 발표: 학생중심 교육과정 개편 • 2017년 12.27.: 유아교육 혁신방안 발표: 유아중심 교육과정 • 2018년 유치원 3법-「유아교육법」·「사립학교법」·「학교급식법」 개정안 발의 • 2019년 유아중심 · 놀이중심으로 교육과정 개정: 「2019 개정 누리과정」 고시 • 2020년 「2019 개정 누리과정」의 시행
역사사회학적 의의	• 교육, 놀이, 교육과정 개념 논쟁 • 학회, 연구자, 전문가 간의 첨예한 갈등과 대립 • 유아교육 이해집단 간 세력 분산 • 비리유치원 공개 후 사립유치원 폐원 증가 및 국공립 유치원 · 어린이집 증설

생각 나누기

1. 지난 2019년 7월 「2019 개정 누리과정」이 고시되었습니다. 교육과정 개정 이후 유아교육현장에는 어떤 변화가 일어나고 있는지 조사해 봅시다. 책, 논문, 인터넷 보도자료 등을 찾아보거나 현장 변화를 직접 경험한 유아교사와 면담을 해도 좋습니다.

2. 2019년 6월 12일부터 시행된 '어린이집 평가제'에 따라 앞으로 모든 어린이집은 의무적으로 평가를 받아야 합니다. 어린이집 평가의무제는 어떤 목적으로 시행되며 이 제도가 보육현장에 어떤 영향을 미치게 될까요? 책, 논문, 인터넷 보도자료 등에서 찾거나 관련 경험이 풍부한 보육교사와 면담을 해도 좋습니다.

3 유아교육 정책에 참여하기

1) 유아교육 정책과 현상을 복잡계로 바라보기

유아교육 정책이나 현상을 복잡계의 관점에서 바라보는 노력이 필요하다. 복잡계란 무엇인가? 지난 20~30년 동안 교육을 둘러싸고 있는 전체를 교육정책 '복잡계(Complex System)'로 보고자 하는 인식의 전환과 시도들이 있어 왔다. 일반적으로 복잡성을 바라보는 시각은 제한적 접근과 일반적 접근으로 구분된다. 제한적 접근이란 혼돈이론에 근거하여 사회현상의 복잡성을 수학적으로 접근하기 때문에 복잡계의 비선형적이고 상대적인 특성을 인정하며 복잡성을 실증주의와 환원주의를 강화하는 방식으로 길들여 왔다. 일반적 접근에서는 이와 같은 관점으로 복잡계를 바라보는 것의 제한점을 인정하고, 복잡계 내부 현상을 표현할 수 있는 새로운 언어가 필요함을 주장했다. 그것은 바로 중립성과 객관성이라는 계몽주의 사상을 넘어서는 실재를 보는 언어가 필요하다는 주장이다.

교육현상을 복잡계로 바라보게 되면 다른 것들이 더 중요해질 수 있다. 교육은 중립성과 객관성을 바탕으로 예측이 가능한 닫힌 체계가 아니라 개방계(open system)라는 점이다. 예를 들어, 유아교육 정책의 결과보다는 정책 수립의 배경이나 수립 과정에서 작동하는 힘과 그에 따른 사회 변화 등을 얽혀 있는 실재 현상을 함께 읽어 내는 것이다. 개방계 내에서는 개념의 창조와 발현이 가능하다(Biesta, 2010). 개념의 창조와 발현, 즉, 교육을 바라보는 새로운 관점과 언어가 교육의 변화를 이끌어 낸다.

유아교사는 교육의 주체로서 복잡한 것을 축소시키는 힘, 혹은 단순한 것을 복잡하게 하는 힘 등을 감지하고 민감해질 필요가 있다. Biesta(2010)는 학교교육이 복잡한 인간의 학습과 배움의 과정을 단순하게 보도록 만들었음을 비판하였다. 즉, 인간의 배움을 교과로 나누어 학습이 일어나는 것처럼, 일률적이고 정해진 수업의 방식이 있는 것처럼, 복잡한 인간의 학습결과가 평가를 통해 측정되는 것처럼 인간 학습의 복잡성을 축소시켰다는 것이다. 이러한 현상은 유아교육 분야에도 만연되어 있다. 놀이를 계획-실행-평가로 계열화시켜야 할 것으로 단선적으로 본다던가, 유아사회교육, 유아수학교육, 유아언어교육, 유아미술교육 등으로 교과 분절적으로 구성된 유아교사 양성과정의 문제, 발달심리학에 치중하여 인간의 성장과 학습을 단계위계적으로 바라보는 관점 등이 그 예라 할 수 있다.

이제, 정책이 결정되고 실행되는 과정인 유아교육의 거버넌스를 살펴봄으로써 교육정책이 만들어지는 과정의 복잡성을 이해하는 데 필요한 시선과 정치의 장 속에서 주체로서의 교사가 담당해야 할 역할에 관해 논의해 보고자 한다.

2) 유아교육의 거버넌스 이해하기

정책은 '정부가 특정한 목적과 목표를 가지고 행하는 정부의 중요한 활동'(Frietrich, 1963: 700)으로 정의할 수 있다. 국가의 교육정책이 만들어지고 시행되는 과정은 결코 단순하지 않다. 정책이 국가 수준에서 제도화되어 시행될 경우 공공성을 지니게 된다. 공공성이란 개인이나 내가 속한 집단에만 관련되는 특성이 아니라, 내가 속한 국가와 사회 전체 구성원에게 두루 관련되는 특성을 말한다. 교육정책을 결정하고 집행하기 위해서는 다양한 이해집단의 구성원들이 평등하게 참여하는 것을 원칙으로 한다. 민주적 거버넌스란 다양한 집단 구성원의 이해관계가 상호 존중되면서 민주적으로 의사결정이 이루어지도록 하는 정책 결정과정을 의미한다.

교육을 둘러싸고 있는 이해집단은 정책의 방향에 있어 의견이 늘 같은 것은 아니며, 집단적 힘의 크기도 다르고 정책 결정에 참여하는 방식 또한 다양하다. 국제사회의 정치-경제 이념, OECD 등의 국제기구(Spring, 2011), 사회지배담론(박비송, 2020)을 비롯하여, 언론, 매체와 SNS(이민지, 2018), 정당(Apple, 2012/2014; Ratvitch, 2010; Spring, 2010), 교사, 학부모, 학회와 연구소 등이 다른 위치성을 갖고 정책 결정에 참여한다. 그 결과는 교사의 삶(안혜림, 강승지, 이연선, 2019), 부모의 삶(손미진, 이연선, 2019), 그리고 유아의 삶에 깊숙이 영향을 미친다.

(1) 정치-경제적 이데올로기

국가 수준 유아교육과정의 제정, 집행, 실행은 국제기구나 신자유주의와 같은 거시적인 정치-경제 이념에 지배를 받는 정치적인 과정이다. 신자유주의는 "사회의 모든 영역이 상품화, 시장화, 경쟁, 그리고 편익 계산의 논리에 종속될 수 있고 그렇게 되어야 한다는 세계관"(Apple, 2012/2014: 27)이다. 신자유주의적 조치는 유아교육 분야에도 깊이 침투해 있다. 유아교육현장에서 학부모는 소비자로, 교사는 보육/교육 서비스 제공자의 역할로 교사 책무성을 강화하는 형태, 평가제와 같은 지표와 평가의 역할 강조 및 지나친 의존으로 교육기관을 지표의 노예로 전락하게 하는 형태(Apple, 2012/2014), 국가 수준의 표준화된 교육과정을 만들어 예산을 통해 유아교육기관을 통제하는 형태 등에서 그러한 현상을 알 수 있다.

(2) 글로벌 영향력

한국의 교육 거버넌스에 대한 논의는 주로 국가 내에서 이루어졌으나 디지털 문화혁명과 경제세계화가 가속화되고 국제기구가 성장하면서 글로벌 영향력 또한 정책 결정에 강력한 힘을 발휘하게 되었다. 유아교육 분야 또한 예외가 아니며, 각국은 국내의 여러 문제를 해결하거나 새로운 정책을 시행함에 앞서 다른 나라의 교육모델이나 실제 혹은 담론을 도입하기도 한다(Steiner-Khamsi & Quist, 2000). Lee(2013)는 한국이 다문화사회로 진입하면서 다른 나라의 다문화교육 담론을 빌려와 한국 이민자를 적응시키는 방향으로 다문화교육 담론이 형성되었다고 보고하였다. 또 다른 예로, 여러 국가에서 교육제도를 바꾸고자 할 때 OECD의 지표참조, 경쟁과 성과, 표준화된 교육과정과 평가제도, 미리 정해진 수업계획 마련 등과 같이 전 세계적으로 유사하게 발생하는 현상을 마치 세균(Germ) 번식과도 같다고 하여 국제교육개혁운동(Global Educational Reform Movement: GERM)이라고 부르기도 한다(van Damme, 2017).

(3) 유아교사

최근 들어, 교사의 역할을 다루는 많은 전공서적에서는 교권과 관련된 내용들이 점점 늘어나고 있으나 교사의 정치-사회적 역할에 대한 내용은 찾아보기 어렵다. 반면, 유아교육 전공서적에서는 '유아' '보육' '교육' 담론이 여전히 우위에 서 있으며, 유아교사의 역할과 정체성을 규정할 때 유아에게 필요한 양육과 교육을 제공하는 교사로서의 전문성을 강조하거나, 유아교사가 속해 있는 사회를 유아교육기관 내에서의 조직문화로만 규정하거나, 그 사회에서의 적응을 강조하는 경향이 있다.

유아교사 역시 정당, 학부모 등과 마찬가지로 이해집단이다. 교사는 교육 개선을 목적으로 하는 도덕적 비전(moral vision)과 근무조건과 보수개선을 목적으로 하는 이해집단(self-interest) 사이를 오간다(Spring, 2011). 예를 들어, 교원평가제도가 신자유주의 시장경제 논리에 기반을 둔 차등 성과급제로 바뀌게 되면서 일선 학교에서는 교육에 집중하기보다는 기관이나 교사가 평가를 더 잘 받기 위한 일이나 진급과 관련된 점수 쌓기, 행정업무 등에 더 치중하는 문화가 만들어지고 있다고 해도 과언이 아니다.

교사집단은 이해집단으로, 여러 조직을 통해 다양한 형태의 정치활동에 참여하기도 한다. 대표적인 교사모임은 한국교원단체총연합회(한국교총)와 전국교직원노동조합(전교조)이 있다. 두 조직은 교육문제에 대하여 서로 다른 이념으로 움직이며, 대선후보 초청간담회를 열거나 문제가 있을 때 국회의원직의 사퇴를 요구하는 등 당에 영향력을 행사하기도 하고, 지방교육자치에 관한 법률안 헌법 소원이나 교원의 정치활동을 금지한 「국가 공무원법」에 위헌소송을 제기하는 등 사법부에 접근하기도 한다. 전문적 배움공동체나 교사연대를 만들거나 대학원을 진학하여 논문을 쓰고 발표하는 등을 통해 현장을 변화시키고자 하는 노력 또한 포함된다.

(4) 학부모

영유아기 자녀를 유아교육기관에 보내고 있는 학부모는 교육정책을 결정하는 데 강력한 영향을 미친다. Spring(2011)은 교육 관련 정책에 대한 학부모의 시각을 크게 세 가지로 구분하였다. 첫째, 무관심한 집단으로 경제적 부담을 안고 있거나 자녀교육에 대해 깊이 있게 관여할 시간이나 여유가 부족한 집단이다. 둘째, 국가 교육정책을 무비판적으로 그대로 수용하는 집단으로 많은 부모가 이 집단에 속할 가능성이 높다. 셋째, 교육신념에 따라 교육 프로그램을 적극적으로 선택하는 집단이다. 대안학교, 몬테소리, 발도르프, 레지오 접근, 생태교육기관 등을 선택하기도 한다.

(5) 정치인

정치인들은 유권자의 표를 얻기 위해 교육 관련 공약을 제시한다. 사실상 정치인이 유아교육의 정책을 준비하기는 쉽지 않다. 대부분의 정치인들은 교육전문가나 언론의 보도자료, 각종 교육 관련 단체가 제공하는 정보를 바탕으로 유아교육의 현실과 정책 개선에 대한 어젠다를 만든다. 정당 이념과 상관없이 대다수 정치인은 인적 자본 교육론(human capital education)의 관점과 경제 성장의 수단으로서 교육 투자를 바라본다는 지적이 있다(Apple, 2012/2014; Ravitch, 2010; Spring, 2011). 교육의 실질적 개선을 위한 것이 아니라 정치인의 정치적 목적이 배경이 되어 담론이 형성되고 정책이 결정될 수 있다는 점을 주목해야 한다. 이러한 점에서 유아교육자들은 정치적 변화와 그에 따른 유아교육의 정책 및 제도의 변화에 민감해야 하며, 그러한 변화를 비판적으로 검토해야 할 것이다.

(6) 언론

언론은 공공 이슈에 대한 이해 방식을 결정하고 특정 정보를 보편적 정보로 전환하여 수요자들이 소비하는 과정에서 사회적 역할을 담당한다. 언론은 현실을 객관적 현실을 그대로 반영하기도 하지만, 권력구조에 따라 이데올로기적 기능을 수행하면서 권력 창출이나 유지에 도움을 주는 담론을 형성하고 재생산하기도 한다(박성태, 2011).

특히 교육 정책은 우리 사회에서 관심도가 높은 현안으로, 교육에 대한 언론의 보도 태도는 정책 결정에 중요한 변수로 작용할 수 있다. 유아교육의 뉴스를 생산하는 과정에서 언론이 특정 담론을 선택하고 특정 집단의 목소리를 소외시킴으로써(이연선, 연희정, 손하린, 2016), 유아교육 정책을 형성하고 실행하는 데 직·간접적 영향을 줄 수 있다. 각종 매체를 통해 보도되는 유아교육에 관한 기사가 사실을 제시하고 있는지, 유아교육의 현실적 문제를 왜곡하여 보도하고 있는 것은 아닌지, 유아교육에 관한 정책적 제언의 방향이 공공선을 추구하는 내용인지 세심한 분석이 필요하다.

3) 목소리 내기

유아교육의 현상이나 문제를 이해하기 위해서는 그동안 유아교육이 어떻게 변화되어 왔는지 교육-역사사회학적 관점에서 유아교육을 바라볼 필요가 있다. 각 시대마다 당시의 정치적, 사회문화적 맥락이 있었고 그러한 맥락은 유아교육의 담론, 정책 및 제도의 형성·실행·변화에 배경으로써 영향을 미쳤다.

근래 영유아 보육 및 교육 분야의 키워드로는 가정-일 양립, 유아교육·보육통합, 유아교육의 공교육화, 영유아기관평가, 영유아의 인권 보호 및 학대 예방, 유아·놀이중심으로의 국가 교육과정의 패러다임 변화 등을 들 수 있다. 이러한 키워드의 출현은 우리 사회의 정치적, 경제적, 문화적 변화에 따른 것이라 할 수 있다. 오늘날 우리 사회는 저출산화, 가족 구조의 변화, 삶의 태도나 양식의 변화와 함께 빈부격차의 심화나 환경오염과 같은 경제적, 생태적 환경의 위기까지 복합적 맥락 속에 놓여 있다. 이러한 사회문화적 맥락은 공공성과 공동선, 자율과 자치, 민주성과 다양성, 인권과 생명권과 같이 사회가 추구하는 가치와 만나 영유아의 양육 및 교육정책을 만들어 내고 있다. 가정의 전통적 기능이 약화됨에 따라 영유아의 양육 및 교육에 대한 국가적 책임이 그 어느 때보다도 강조되고 있으며, 이에 따라 영유아에 대한 국가의 행·재정적 투자에 대한 요구도 높아지고 있다.

한편, 유아교육 정책을 수립하고 제도화하는 과정에는 다양한 이해집단의 힘이 작용한다. 정치인, 언론, 학부모, 교사, 관련 단체의 목소리가 어떤 방식으로 얼마나 영향을 미치는가에 따라 정책의 방향과 그에 따른 변화 및 개선의 폭이 달라질 수 있다. 유아교사는 유아교육의 정책 및 제도에 의해 직접적 영향을 받는 이해집단익 하나로, 정책 어센다 수립부터 적극적으로 참여하여 목소리를 내는 것이 필요하다.

정책에 적극적으로 참여하여 목소리를 낸다는 것은 사회를 읽을 수 있는 능력, 즉 정치적 문해력(political literacy)의 필요를 전제로 한다(Freire, 1970/2002). 정치적 문해력을 갖추기 위해 유아교사는 유아교육의 현실을 복잡계로 이해하고 유아교육 정책의 변화를 교육-역사사회학적 관점으로 읽는 경험을 충분히 해야 한다. 전·현직 유아교사가 글로벌 트렌드나 지배적 정치 이데올로기, 사회문화적 변화와 관련 정책에 관심을 가지고 이들이 유아교육과 어떻게 연결되어 있는지 비판적으로 사유할 수 있도록, 전·현직교사 교육의 내용과 방식에 변화가 필요하다.

학교교육과 관련된 오늘날의 지배적인 교육이데올로기는 여전히 인간자본 패러다임이다. 순수하게 '학교는 무엇을 하는 곳입니까?'라는 질문을 던지면 '배움과 교육이 발생하는 장소'라는 학교의 가장 본질적인 기능에 대해 답을 할 수 있다. 예비교사 양성과정은 학교가 갖고 있는 가장 본질적인 기능에 근거하여 교과 중심으로 교사를 양성하는 것이다. 그러나 부모, 학생, 교사가 현실에서 만나는 학교의 역할은 전통주의자들이 주장하는 지식 전수의 기능이나 학교교육 개혁가와 미래 교육연구에서 주장하는 사회정의 실현과 다소 거리가 멀 수 있다. 학교는 Althusser(1984)가 말한 것처럼, 이데올로기적 국가기구(Ideological State Apparatus: ISA)로서 훨씬 더 복잡한 기능을 맡고 있다. 즉, 학교라는 교육기관은 사회 속에 존재하므로 한 사회가 이미 형성하고 있는 기능을 도구적으로 맡게 된다. 이와 같은 의사결정 및 정책이 만들어지는 과정에서 본유적 담론인 '유아'와 '교육'은 다른 방식으로 전개될 수 있다.

어떤 유아교사가 되기를 원하는가? 아이들에게 어떤 교육을 할 것인가? 더 나아가, 어떤 사회를 원하는가? 이 모든 담론의 정치적 힘은 일상생활의 실천 속에 존재해야 함을 우리 모두는 알고 있다(Apple, 2012/2014). 사회참여 정신은 실천을 통해서만 사회의 일부로 구성될 것이기에, 유아교육 분야에서 여러분이 자신만의 역사를 만들어 가는 주체적 행위자가 되기를 기대한다.

생각 나누기

　비판적 교육학자인 Apple(2012/2014)은 그의 저서 『또 다른 교육 더 나은 세상: 교육은 사회를 바꿀 수 있을까?(Can education change society?)』에서 다음과 같이 질문합니다. 소그룹을 구성하여 자유롭게 토론해 봅시다.

첫째, 여러분이 만들어 가고자 하는 미래 사회의 모습은 어떠한가요?

둘째, 그 모습을 실현하기 위해 교육비전은 어떠해야 할까요?

셋째, 교사로서 우리는 어떤 실천적 노력을 할 수 있을까요?

부록

Appendix

Movement in Early Childhood Teacher Education

유치원교사 헌장 · 강령

● 유치원교사 헌장

　유아교육은 유아의 삶에 초석이 되며, 우리 사회와 국가의 미래를 결정한다. 우리는 국민의 생애초기 교육을 책임지며 사회로부터 존경받는 교사로서 자신을 연마하고 소명의식을 가지고 유아교육자로서 가야 할 길을 밝힌다.

1. 우리는 유아를 사랑하고 개성을 존중하며 전인발달을 지원하고 평화로운 교실문화를 조성한다.
2. 우리는 미래지향적이며 질 높은 교육을 계획하고 실천하여 교육자로서의 책임을 다한다.
3. 우리는 가정에 대한 이해와 연대를 강화하여 교육복지 사회구축에 공헌한다.
4. 우리는 사회의 변화와 요구에 적극 부응하여 유아교육의 혁신과 발전을 위해 노력한다.
5. 우리는 교육자로서의 품위를 유지하고 부단한 자기개발을 통해 유아교육 전문가로서의 위상을 갖춘다.

● 유치원교사 강령

1 유치원교사와 유아

핵심개념 사랑, 평등, 개성 존중, 전인교육, 안전과 보호

1. 우리는 유아를 사랑하며 유아의 인격을 존중한다.
2. 우리는 유아의 개인적 · 가정적 배경에 관계없이 모든 유아를 평등하게 대한다.
3. 우리는 유아의 개성을 존중하며 개인의 흥미와 잠재력에 적합한 교육을 제공한다.
4. 우리는 유아의 전인발달을 지원하는 교육과 환경을 제공한다.
5. 우리는 유아의 안녕을 위협하는 가정적 · 사회문화적 · 경제적 상황을 적극적으로 파악하고 유아를 보호하기 위해 노력한다.

2 유치원교사와 가정

핵심개념 가족에 대한 이해, 권리 보호, 협력, 지원

1. 우리는 유아를 교육하고 지원하기 위해 가정과 연계하고 협력관계를 구축한다.

2. 우리는 교육적 목적으로 수집한 가족 정보에 대해 기밀을 유지하고 가족의 사생활을 보장한다.

3. 우리는 유치원에서 일어난 안전사고나 위험 상황에 대해 가족에게 충분히 설명한다.

4. 우리는 가족에게 유치원을 개방하며 필요한 정보를 제공한다.

5. 우리는 유치원 운영에 관련된 중요한 의사결정 과정에 부모를 참여시킨다.

6. 우리는 가족에게 필요한 지역사회 자원에 대한 정보를 구축하고 이를 가족에게 적극 제공한다.

3 유치원교사와 사회

핵심개념 사회에 대한 이해, 교원의 지위 향상, 유아교육 위상 강화, 교직문화, 지역사회와의 협력

1. 우리는 사회의 흐름을 파악하고 이를 교육에 반영하고자 노력한다.

2. 우리는 유아에 관련된 법률과 정책을 이해하고, 이를 개선하기 위한 활동에 적극 참여한다.

3. 우리는 교직 관련 단체와 전문가 협회를 통해 교권 확립을 위한 활동에 참여한다.

4. 우리는 유치원 교육을 사회에 널리 알려 유아교육의 위상을 높인다.

5. 우리는 교직원 간의 상호존중과 협력을 통해 건전한 교직문화를 형성한다.

6. 우리는 유치원과 연계하여 지역사회의 생활과 문화 향상에 기여한다.

4 유치원교사의 책무

핵심개념 직업의식과 긍지, 인성(열정, 개방성, 창의성, 자율성), 교사로서의 품위, 연구와 자기개발

1. 우리는 교육전문가로서의 직업의식을 갖는다.

2. 우리는 건전한 국가관과 확고한 교육관을 가지고 교직에 종사한다.

3. 우리는 유아에게 최적의 교육을 제공하기 위해 열과 성을 다한다.

4. 우리는 건전한 언행과 생활태도로 유아에게 모범이 되도록 한다.

5. 우리는 열린 사고와 개방적 태도를 가지고 전문성 향상에 매진한다.

6. 우리는 다양한 분야의 전문가와 교류하고 새로운 지식과 정책을 비판적으로 수용한다.

보육인 윤리 선언

나는 영유아의 건강한 성장과 발달을 지원하는 보육교사(어린이집 원장)로서, 직무상의 윤리적 책임을 다하여 다음 사항들을 지킬 것을 다짐합니다.

1. 나는 내가 영유아에게 지대한 영향을 미치는 존재임을 잊지 않으며, 항상 스스로의 말과 행동에 신중을 기한다.

1. 나는 영유아의 인격과 권리를 존중하며, 어떠한 경우에도 영유아에게 해가 되는 일을 하지 않는다.

1. 나는 영유아 가정의 다양성을 이해하고 존중하며, 상호 신뢰하는 동반자적 관계를 유지한다.

1. 나는 동료를 존중하고 지지하며, 서로 협력하여 최상의 보육서비스를 제공하기 위해 노력한다.

1. 나는 보육의 사회적 책임과 역할을 인식하고, 영유아의 권익과 복지를 위한 활동에 앞장선다.

1. 나는 '어린이집 원장 및 보육교사의 윤리강령'을 직무수행의 도덕적 규준으로 삼아 진심을 다하여 충실히 이행한다.

어린이집 원장 및 보육교사 윤리강령

보육은 영유아를 건강하게 양육하고, 안전하게 보호하며, 발달 특성에 적합한 교육을 제공하는 복지서비스이며, 보육인은 사랑과 존중과 전문지식을 바탕으로 영유아의 전인적 성장에 영향을 미치는 전문직업인이다. 그러므로 보육인은 윤리적 의식과 태도를 가지고 사회적 본분에 임해야 한다.

이에 어린이집 원장과 보육교사는 스스로 책무성을 발현하여 윤리강령을 제정함을 밝힌다. 본 강령을 직무수행의 규준으로 삼아 보육현장에서 발생하는 윤리적 갈등을 해결하고, 생존권, 보호권, 발달권, 참여권 등 영유아의 권리를 보장함으로써 직무상의 윤리적 책임을 다하여 전문직업인으로서의 위상을 공고히 하고자 한다.

더불어 영유아와 그 가정, 동료와 사회의 존엄성을 존중하는 보육의 실천으로 다각적인 신뢰를 구축하고, 영유아의 잠재력을 최대한 발휘시킴으로써 영유아가 긍정적인 자아개념을 형성하고 유능한 사회인으로 성장할 수 있도록 도와, 궁극적으로는 영유아와 그 가정, 동료와 사회의 통합적 · 이상적 복지 실현에 기여하고자 한다.

제 Ⅰ 장. 영유아에 대한 윤리

1. 영유아에게 고른 영양과 충분한 휴식을 제공하여 몸과 마음이 건강한 사람으로 자라도록 돕는다.

2. 성별, 지역, 종교, 인종, 장애 등 어떤 이유에서도 영유아를 차별하지 않고, 공평한 기회를 제공한다.

3. 영유아는 다치기 쉬운 존재임을 인식하여 항상 안전하게 보호한다.

4. 영유아에 대한 정서적 · 언어적 · 신체적 학대를 행하지 않는다.

5. 어린이집 내외에서의 영유아 학대나 방임을 민감하게 관찰하며, 필요한 경우 관련 기관('아동보호전문기관' 등)에 보고하고 조치를 취한다.

6. 영유아의 인격을 존중하고, 개인의 잠재력과 개성을 인정한다.

7. 개별적 상호작용 속에서 영유아의 요구를 수용하기 위해 노력한다.

8. 영유아의 사회·정서·인지·신체 발달을 통합적으로 지원하는 보육프로그램을 실시한다.

9. 특별한 도움을 필요로 하는 경우, 전문가와 협력하여 영유아의 입장에서 최선의 대안을 찾는다.

10. 보육활동을 계획, 실행, 평가하는 모든 과정에 영유아의 흥미와 의사를 반영한다.

11. 영유아의 개인적 기록과 정보에 대해 비밀을 보장한다.

제Ⅱ장. 가정에 대한 윤리

1. 상호 신뢰를 바탕으로 영유아의 가정과 동반자적인 관계를 유지한다.

2. 각 가정의 양육가치와 의사결정을 존중한다.

3. 경제적 수준, 가족 형태, 지역, 문화, 관습, 종교, 언어 등 어떤 것에 의해서도 영유아의 가정을 차별 대우하지 않는다.

4. 보육 활동 및 발달 상황에 관한 정보를 정확하게 제공하여 영유아에 대한 가정의 이해를 돕는다. 다문화, 심신장애 등으로 의사소통에 도움이 필요한 경우 문제를 해결할 최선의 방법을 도모한다.

5. 어린이집 운영 전반에 관한 정보를 공개하여 영유아 가정의 알 권리에 응한다.

6. 보육프로그램과 주요 의사결정에 영유아의 가정이 참여하도록 안내한다.

7. 필요한 사회적 지원, 전문서비스 등 관련 정보를 제공하여 영유아 가정의 복리 증진을 돕는다.

8. 영유아 가정의 사생활을 보호하고 익명성을 보장한다.

제Ⅲ장. 동료에 대한 윤리

[어린이집 원장]

1. 최상의 보육서비스 제공에 필요한 인적·물적 환경의 조성 및 유지를 위해 노력한다.

2. 보육교사를 신뢰하고 존중하며 전문성과 자율성을 인정한다.

3. 성별, 학연, 지연, 인종, 종교 등에 따라 보육교사를 차별하지 않는다.

4. 업무 관련 의사결정이 필요한 경우, 보육교사의 의견 개진 기회를 보장한다.

5. 보육교사에게 지속적 재교육 등 전문적 역량 제고의 기회를 부여한다.

6. 보육교사에게 적정 수준의 보상(보험, 급여 등)을 안정적으로 제공하며, 복지증진에 힘쓴다.

7. 보육교사 개인의 기록과 정보에 대한 비밀을 보장한다.

[보육교사]

1. 존중과 신뢰를 바탕으로 협력하며, 서로의 전문성과 자율성을 인정한다.

2. 상호 간 역량계발과 복지증진에 부합하는 근무환경이 되도록 힘쓴다.

3. 어린이집 원장 및 동료와 영유아 보육에 대한 신념을 공유한다.

4. 보육교사로서의 전문성 향상을 위해 스스로 노력한다.

5. 어린이집 내에서 영유아 및 보육교사의 인권과 복지를 위협하는 비윤리적 사태가 발생한 경우, 법률 규정이나 윤리 기준('한국보육시설연합회 윤리강령위원회' 참조)에 따라 조치를 취한다.

제Ⅳ장. 사회에 대한 윤리

1. 공보육에 대한 책임을 인식하고, 항상 질 좋은 보육서비스를 제공한다.

2. 영유아의 안전을 위협하는 환경이나 정책이 발견될 시 관계 기관과 협의하여 개선한다.

3. 공적 책임이 있는 어린이집으로서 재정의 투명성을 유지하고, 부정한 방법으로 사적 이익을 취하지 않는다.

4. 영유아의 권익보호를 위해 관련 정책 결정 및 법률 제정에 적극 참여하며, 사회적으로 이를 널리 알리는 데 앞장선다.

5. 지역사회 실정에 맞는 어린이집의 책임과 역할을 인지하고, 실천하고자 노력한다.

부록

4 교권 관련 법률[1]

법령	교권 관련 조문
「헌법」	(제31조 제4항) "교육의 자주성·전문성·정치적 중립성 및 대학의 자율성은 법률이 정하는 바에 의하여 보장된다."
「교육기본법」	(제14조 제1항) "학교교육에서 교원의 전문성은 존중되며, 교원의 경제적·사회적 지위는 우대되고, 그 신분은 보장된다." (제12조 제3항) "학생은 학습자로서의 윤리 의식을 확립하고, 학교의 규칙을 준수하여야 하며, 교원의 교육·연구 활동을 방해하거나 학내의 질서를 문란하게 하여서는 아니 된다."
「교원의 지위 향상 및 교육활동 보호를 위한 특별법」	(제1조-목적) 교원에 대한 예우와 처우를 개선하고 신분 보장을 강화함으로써 교원의 지위를 향상시키고 교육 발전을 도모 (제2조 제2항) 국가, 지방자치단체, 그 밖의 공공단체는 교원이 학생에 대한 교육과 지도를 할 때 그 권위를 존중받을 수 있도록 특별히 배려 (제4조) 교원의 불체포 특권 (제5조) 교육 활동 중에 발생하는 사고로부터 교원과 학생을 보호하여 교원이 그 직무를 안정되게 수행할 수 있도록 학교안전공제회를 설립·운영 (제6조) 교원의 신분 보장 (제7조 이하) 교원소청심사위원회의 설치
「교육공무원법」	(제49조) 신분보장, 징계, 소청의 제목으로 휴직, 불체포 특권, 고충 처리
「국가공무원법」	(제8장-신분 보장) 국가 공무원인 교원에 대하여 의사에 반한 신분조치, 직권 면직, 휴직 등을 규정 (제9장-권익의 보장) 고충 처리를 위하여 고충심사위원회 관련 규정

---

1) 출처: https://edup.goe.go.kr/views/cms/eapc/i1_002/i2_005.jsp (2019.12.30 인출)

부록

5

유치원 정교사 2급 자격취득을 위한 교과목[2)]

구분		교과목		기준
교직	교직이론	• 교육학 개론 • 교육철학 및 교육사 • 교육과정 • 교육평가 • 교육방법 및 교육공학 • 교육심리 • 교육사회 • 교육행정 및 교육경영 • 생활지도 및 상담 • 기타 교직이론에 관한 과목		14학점 (7과목) 이상
	교직소양	• 특수교육학개론(2학점 이상) • 교직실무(2학점 이상) • 학교폭력 예방 및 학생의 이해(2학점 이상)		6학점 (3과목) 이상
	교육실습	• 학교현장실습(2학점 이상) • 교육봉사활동(2학점 이내)		4학점 이상
전공	기본이수과목	• 유아교육개론 • 영유아발달과 교육 • 유아사회교육 • 유아수학교육 • 유아음악교육 • 유아동작교육 • 유아교육기관운영관리 • 유아건강교육 • 부모교육	• 유아교육과정 • 유아언어교육 • 유아과학교육 • 유아미술교육 • 유아교사론 • 유아놀이지도 • 아동복지 • 유아관찰 및 실습 • 유아안전교육	21학점 (7과목) 이상
	교과교육영역	• 교과교육론 • 교과 논리 및 논술 • 교과별 교육과정	• 교과교재연구 및 지도법 • 교과별 교수법 • 교과별 평가방법론	8학점 (3과목) 이상

---

2) 출처: 교육부(2017). 2017년도 교원자격검정 실무편람.

보육교사 자격취득을 위한 교과목[3)]

영역		교과목	이수과목(점수)
가. 교사 인성		보육교사(인성)론, 아동권리와 복지	2과목 (6학점)
나. 보육 지식과 기술	필수	보육학개론, 보육 과정, 영유아 발달, 영유아 교수방법론, 놀이지도, 언어지도, 아동음악(또는 아동동작, 아동미술), 아동수학지도(또는 아동과학지도), 아동안전관리(또는 아동생활지도)	9과목 (27학점)
	선택	아동건강교육, 영유아 사회정서지도, 아동문학교육, 아동상담론, 장애아 지도, 특수아동 이해, 어린이집 운영 관리, 영유아 보육프로그램 개발과 평가, 보육정책론, 정신건강론, 인간행동과 사회환경, 아동간호학, 아동영양학, 부모교육론, 가족복지론, 가족관계론, 지역사회복지론	4과목 (12학점) 이상
다. 보육 실무		아동관찰 및 행동연구, 보육실습	2과목 (6학점)

※ 비고

1. 교과목의 명칭이 서로 다르더라도 교과목의 내용이 비슷하면 같은 교과목으로 인정하고, 다목의 교과목 중 보육실습은 교과목 명칭과 관계없이 보육실습 기관과 보육실습 기간의 조건을 충족하면 보육실습으로 인정한다.

2. 각 교과목은 3학점을 기준으로 하되, 최소 2학점이어야 한다.

3. 17과목 이상, 51학점 이상 이수하여야 한다.

---

3) 출처: 한국보육진흥원(2017).

2019 개정 누리과정[4]

누리과정의 성격

누리과정은 3~5세 유아를 위한 국가 수준의 공통 교육과정이다.

가. 국가 수준의 공통성과 지역, 기관 및 개인 수준의 다양성을 동시에 추구한다.

나. 유아의 전인적 발달과 행복을 추구한다.

다. 유아 중심과 놀이 중심을 추구한다.

라. 유아의 자율성과 창의성 신장을 추구한다.

마. 유아, 교사, 원장(감), 학부모 및 지역사회가 함께 실현해 가는 것을 추구한다.

제1장. 총론

I. 누리과정의 구성방향

1. 추구하는 인간상

누리과정이 추구하는 인간상은 다음과 같다.

가. 건강한 사람

나. 자주적인 사람

다. 창의적인 사람

라. 감성이 풍부한 사람

마. 더불어 사는 사람

---

4) 교육부 고시 제2019−189호, 보건복지부 고시 제2019−152호

2. 목적과 목표

누리과정의 목적은 유아가 놀이를 통해 심신의 건강과 조화로운 발달을 이루고 바른 인성과 민주 시민의 기초를 형성하는 데에 있다. 이를 실현하기 위한 목표는 다음과 같다.

가. 자신의 소중함을 알고, 건강하고 안전한 생활 습관을 기른다.

나. 자신의 일을 스스로 해결하는 기초능력을 기른다.

다. 호기심과 탐구심을 가지고 상상력과 창의력을 기른다.

라. 일상에서 아름다움을 느끼고 문화적 감수성을 기른다.

마. 사람과 자연을 존중하고 배려하며 소통하는 태도를 기른다.

3. 구성의 중점

누리과정 구성의 중점은 다음과 같다.

가. 3~5세 모든 유아에게 적용할 수 있도록 구성한다.

나. 추구하는 인간상 구현을 위한 지식, 기능, 태도 및 가치를 반영하여 구성한다.

다. 신체운동 · 건강, 의사소통, 사회관계, 예술경험, 자연탐구의 5개 영역을 중심으로 구성한다.

라. 3~5세 유아가 경험해야 할 내용으로 구성한다.

마. 0~2세 보육과정 및 초등학교 교육과정과의 연계성을 고려하여 구성한다.

II. 누리과정의 운영

1. 편성 · 운영

다음의 사항에 따라 누리과정을 편성 · 운영한다.

가. 1일 4~5시간을 기준으로 편성한다.

나. 일과 운영에 따라 확장하여 편성할 수 있다.

다. 누리과정을 바탕으로 각 기관의 실정에 적합한 계획을 수립하여 운영한다.

라. 하루 일과에서 바깥 놀이를 포함하여 유아의 놀이가 충분히 이루어지도록 편성하여 운영한다.

마. 성, 신체적 특성, 장애, 종교, 가족 및 문화적 배경 등으로 인한 차별이 없도록 편성하여 운영한다.

바. 유아의 발달과 장애 정도에 따라 조정하여 운영한다.

사. 가정과 지역사회와의 협력과 참여에 기반하여 운영한다.

아. 교사 연수를 통해 누리과정의 운영이 개선되도록 한다.

2. 교수 · 학습

교사는 다음 사항에 따라 유아를 지원한다.

가. 유아가 흥미와 관심에 따라 놀이에 자유롭게 참여하고 즐기도록 한다.

나. 유아가 놀이를 통해 배우도록 한다.

다. 유아가 다양한 놀이와 활동을 경험할 수 있도록 실내외 환경을 구성한다.

라. 유아와 유아, 유아와 교사, 유아와 환경 간에 능동적인 상호작용이 이루어지도록 한다.

마. 5개 영역의 내용이 통합적으로 유아의 경험과 연계되도록 한다.

바. 개별 유아의 요구에 따라 휴식과 일상생활이 원활히 이루어지도록 한다.

사. 유아의 연령, 발달, 장애, 배경 등을 고려하여 개별 특성에 적합한 방식으로 배우도록 한다.

3. 평가

평가는 다음 사항에 중점을 두고 실시한다.

가. 누리과정 운영의 질을 진단하고 개선하기 위해 평가를 계획하고 실시한다.

나. 유아의 특성 및 변화 정도와 누리과정의 운영을 평가한다.

다. 평가의 목적에 따라 적합한 방법을 사용하여 평가한다.

라. 평가의 결과는 유아에 대한 이해와 누리과정 운영 개선을 위한 자료로 활용할 수 있다.

제2장. 영역별 목표 및 내용

I. 신체운동 · 건강

1. 목표

실내외에서 신체활동을 즐기고, 건강하고 안전한 생활을 한다.

1) 신체활동에 즐겁게 참여한다.

2) 건강한 생활습관을 기른다.

3) 안전한 생활습관을 기른다.

2. 내용

내용 범주	내용
신체활동 즐기기	신체를 인식하고 움직인다.
	신체 움직임을 조절한다.
	기초적인 이동운동, 제자리 운동, 도구를 이용한 운동을 한다.
	실내외 신체활동에 자발적으로 참여한다.
건강하게 생활하기	자신의 몸과 주변을 깨끗이 한다.
	몸에 좋은 음식에 관심을 가지고 바른 태도로 즐겁게 먹는다.
	하루 일과에서 적당한 휴식을 취한다.
	질병을 예방하는 방법을 알고 실천한다.
안전하게 생활하기	일상에서 안전하게 놀이하고 생활한다.
	TV, 컴퓨터, 스마트폰 등을 바르게 사용한다.
	교통안전 규칙을 지킨다.
	안전사고, 화재, 재난, 학대, 유괴 등에 대처하는 방법을 경험한다.

II. 의사소통

1. 목표

일상생활에 필요한 의사소통 능력과 상상력을 기른다.

1) 일상생활에서 듣고 말하기를 즐긴다.

2) 읽기와 쓰기에 관심을 가진다.

3) 책이나 이야기를 통해 상상하기를 즐긴다.

2. 내용

내용 범주	내용
듣기와 말하기	말이나 이야기를 관심 있게 듣는다.
	자신의 경험, 느낌, 생각을 말한다.
	상황에 적절한 단어를 사용하여 말한다.
	상대방이 하는 이야기를 듣고 관련해서 말한다.
	바른 태도로 듣고 말한다.
	고운 말을 사용한다.

읽기와 쓰기에 관심 가지기	말과 글의 관계에 관심을 가진다.
	주변의 상징, 글자 들의 읽기에 관심을 가진다.
	자신의 생각을 글자와 비슷한 형태로 표현한다.
책과 이야기 즐기기	책에 관심을 가지고 상상하기를 즐긴다.
	동화, 동시에서 말의 재미를 느낀다.
	말놀이와 이야기 짓기를 즐긴다.

III. 사회관계

1. 목표

자신을 존중하고 더불어 생활하는 태도를 가진다.

1) 자신을 이해하고 존중한다.

2) 다른 사람과 사이좋게 지낸다.

3) 우리가 사는 사회와 다양한 문화에 관심을 가진다.

2. 내용

내용 범주	내용
나를 알고 존중하기	나를 알고 소중히 여긴다.
	나의 감정을 알고 상황에 맞게 표현한다.
	내가 할 수 있는 것을 스스로 한다.
더불어 생활하기	가족의 의미를 알고 화목하게 지낸다.
	친구와 서로 도우며 사이좋게 지낸다.
	친구와의 갈등을 긍정적인 방법으로 해결한다.
	서로 다른 감정, 생각, 행동을 존중한다.
	친구와 어른께 예의 바르게 행동한다.
	약속과 규칙의 필요성을 알고 지킨다.
사회에 관심 가지기	내가 살고 있는 곳에 대해 궁금한 것을 알아본다.
	우리나라에 대해 자부심을 가진다.
	다양한 문화에 관심을 가진다.

IV. 예술경험

1. 목표

아름다움과 예술에 관심을 가지고 창의적 표현을 즐긴다.

1) 자연과 생활 및 예술에서 아름다움을 느낀다.

2) 예술을 통해 창의적으로 표현하는 과정을 즐긴다.

3) 다양한 예술 표현을 존중한다.

2. 내용

내용 범주	내용
아름다움 찾아보기	자연과 생활에서 아름다움을 느끼고 즐긴다.
	예술적 요소에 관심을 갖고 찾아본다.
창의적으로 표현하기	노래를 즐겨 부른다.
	신체, 사물, 악기로 간단한 소리와 리듬을 만들어 본다.
	신체나 도구를 활용하여 움직임과 춤으로 자유롭게 표현한다.
	다양한 미술 재료와 도구로 자신의 생각과 느낌을 표현한다.
	극놀이로 경험이나 이야기를 표현한다.
예술 감상하기	다양한 예술을 감상하며 상상하기를 즐긴다.
	서로 다른 예술 표현을 존중한다.
	우리나라 전통 예술에 관심을 갖고 친숙해진다.

V. 자연탐구

1. 목표

탐구하는 과정을 즐기고, 자연과 더불어 살아가는 태도를 가진다.

1) 일상에서 호기심을 가지고 탐구하는 과정을 즐긴다.

2) 생활 속의 문제를 수학적, 과학적으로 탐구한다.

3) 생명과 자연을 존중한다.

2. 내용

내용 범주	내용
탐구과정 즐기기	주변 세계와 자연에 대해 지속적으로 호기심을 가진다.
	궁금한 것을 탐구하는 과정에 즐겁게 참여한다.
	탐구과정에서 서로 다른 생각에 관심을 가진다.
생활 속에서 탐구하기	물체의 특성과 변화를 여러 가지 방법으로 탐색한다.
	물체를 세어 수량을 알아본다.
	물체의 위치와 방향, 모양을 알고 구별한다.
	일상에서 길이, 무게 등의 속성을 비교한다.
	주변에서 반복되는 규칙을 찾는다.
	일상에서 모은 자료를 기준에 따라 분류한다.
	도구와 기계에 대해 관심을 가진다.
자연과 더불어 살기	주변의 동식물에 관심을 가진다.
	생명과 자연환경을 소중히 여긴다.
	날씨와 계절의 변화를 생활과 관련짓는다.

참고문헌

강경석, 김영만(2006). 교사발달단계와 교사의 직무능력 및 직무만족 간의 관계 연구. 교육행정학연구, 24(1), 119-142.

강선보(1992). 마르틴 부버의 「만남」의 교육. 서울: 양서원.

강선보, 신창호(2001). 부버의 교사관과 유학(儒學)의 교사관 비교 연구. 한국교육, 28(2), 113-136.

강주연, 정정희(2018). 유아교사의 발달단계에 따른 자기장학 활동을 통한 교사 전문성 변화 양상. 열린유아교육연구, 23(2), 247-272.

고려대학교 민족문화연구원(2009). 고려대 한국어대사전. 서울: 고려대학교 민족문화연구원.

고문숙, 김세루, 김영주, 김은정, 김혜윤, 손혜숙, 정연희, 정재은, 조경서, 주봉관, 최애경, 한은숙(2014). 유아교육개론. 서울: 정민사.

곽덕주(2007). 새로운 교직윤리의 정립을 위한 실험적 탐색: 전문직 윤리와 천직 윤리의 갈등의 관점에서. 교육철학, 40, 7-32.

곽향림(2008). 교실공동체를 지원하는 구성주의 교사의 위치. 유아교육연구, 28(4), 289-313.

교육과학기술부(2008). 유치원 교육과정 해설. 서울: 교육과학기술부.

교육부(2019a). 교원의 지위 향상 및 교육활동 보호를 위한 특별법. 세종: 교육부.

교육부(2019b). 『교육활동 보호 지침서』 개정본 보급. 보도자료 (2019. 3. 5.).

교육부(2019c). 2019 개정 누리과정(교육부 고시 제2019-189호).

교육부(2019d). 2019년도 교원자격검정 실무편람. 세종: 교육부.

교육부, 보건복지부(2019a). 2019 개정 누리과정 해설서. 세종: 교육부, 보건복지부.

교육부, 보건복지부(2019b). 2019 개정 누리과정 놀이이해자료. 세종: 교육부, 보건복지부.

교육부, 보건복지부(2019c). 2019 개정 누리과정 놀이실행자료. 세종: 교육부, 보건복지부.

구수경(2007). 근대성의 구현체로서의 학교: 시간, 공간, 지식의 구조화. 한국교원대학교 대학원 박사학위논문.

구은미, 정혜영(2015). 네트워크 분석을 통한 유아교사의 권리 개념 연구. 아동과 권리, 19(3), 343-366.

국립국어원(2019). 표준국어대사전(http://www.korean.go.kr). (2019. 12. 28. 인출).

권건일, 신재흡(2010). 유아교사론. 경기: 양서원.

권경(2009). 초등학교 교직의 여성화 경향에 대한 교사들의 인식과 직무스트레스 실태 분석. 건국대학교 교육대학원 석사학위논문.

권귀염(2013). 돌봄과 가르침에 대한 오해와 이해. 보육공감, 7, 6-9.

권미경(2016). 신자유주의 교육에 따른 학부모의 수요자 중심적 권리인식과 교사의 정체성 변화. 전북대학교 대학원 박사학위논문.

권선영(2017). 유아와 교사가 경험하는 실존적 공간으로서 유치원의 장소성. 경성대학교 대학원 박사학위논문.

권선영, 정지현, 김경은(2013). 유치원 실내공간구성의 관계론적 고찰. 어린이문학교육연구, 14(2), 395-421.

권영임(2008). 영국 유아교육개혁에 대한 분석적 고찰. 유아교육 · 보육복지연구, 12(1), 111-131.

김경애, 임부연(2016). 고경력 유아교사의 삶: 교사실존을 중심으로. 한국교원교육연구, 33(1), 267-296.

김경은, 이대균(2018). 10년 이상 경력의 보육교사가 직무에 대해 느끼는 고민과 요구. 열린유아교육연구, 23(3), 305-333.

김경철, 박혜정(2016). 저경력 유아교사의 이야기나누기 도입, 전개, 마무리 단계적 맥락 들여다보기. 유아교육학논집, 20(4), 165-189.

김남희(2019). 경계 허물기를 통한 유치원 놀이 공간 혁신. 부산유아교육, 통권(58), 6-11.

김대현, 김석우(2011). 교육과정 및 교육평가(4판). 서울: 학지사.

김문희(2011). 보육시설의 조직문화와 교사의 직무만족도에 관한 연구. 중앙대학교 사회개발대학원 석사학위논문.

김미애(2018). 누리과정 운영의 노동과정에 나타난 유아교사의 일에 대한 탐색. 어린이미디어연구, 17(1), 215-249.

김미화(2011). 교사인가, 미술가인가? 미술가로 활동하는 초등학교 교사의 정체성과 전문성에 대한 생애사적 연구. 부산대학교 대학원 박사학위논문.

김민우(2018). 4차 산업혁명시대의 포스트휴머니즘과 미래 유아교육: 포커스 그룹 토론을 중심으로. 부산대학교 대학원 석사학위논문.

김보영(2011). 보육교사의 권리와 의무에 관한 인식조사 연구. 유아교육 · 보육복지연구, 15(2), 7-24.

김선영(2019). 역량기반 교육과정의 '교과 교육내용 구성방식'에 대한 국제 비교연구. 서울대학교 대학원 박사학위논문.

김선영, 소경희(2014). 교사들이 기대하는 '교육과정 자율권' 탐색. 아시아교육연구, 15(4), 55-79.

김선영, 신화식, 이순영, 이윤경, 임승렬(2007). 대학에서 유아교사(보육·유치원 교사) 양성교육과정 일원화. 유아교육체제 정립을 위한 교원정책 발전 방향, 한국유아교육학회·한국교원교육학회 공동 학술 토론회 자료집, pp. 17-33. 서울: 프레스센터 국제회의장.

김성숙(2015). 심미적 수업컨설팅을 통한 유아교사의 존재론적 '되어가기(becoming)'의 의미. 부산대학교 대학원 박사학위논문.

김성숙, 임부연(2015). 심미적 수업컨설팅을 통한 유아교사의 존재론적 '되어가기(becoming)'의 의미. 유아교육연구, 35(4), 397-424.

김성천, 서용선, 오재길, 이규철, 홍섭근(2015). 교사, 어떻게 살아야 하는가. 서울: 맘에드림.

김성훈(2008). Ted Aoki의 교사론-교사와 교육과정의 관계론. 인간연구, 15, 236-255.

김수향(2007). 교사-유아 간 이야기 나누기 시간에 나타난 언어적 상호작용 분석. 사고개발, 3(1), 49-72.

김순희(2009). 교사의 반성적 수업 실천을 위한 방안 탐색. 한국교원교육연구, 26(2), 101-121.

김용택(2013). 김용택의 참교육 이야기: 사랑으로 되살아나는 교육을 꿈꾸다. 서울: 생각비행.

김유동(2010). 비움, 배움, 관계맺음: 깨달음을 자극하는 인문치료. 인문과학연구, 26, 463-490.

김은영, 강은진, 염혜경(2017). 3-5세 연령별 누리과정 개정(안) 개발 연구. 육아정책연구소 연구보고 2017-26.

김은주(2015). 유아교사의 혁신유치원에 대한 고민과 기대-공립유치원교사를 중심으로. 교사교육연구, 54(2), 241-254.

김진주(2005). 들뢰즈의 '욕망론'은 새로운 주체를 이야기하는가? 시대와 철학, 16(4), 39-70.

김재춘, 배지현(2012). 플라톤과 들뢰즈 철학에서의 '문제'의 성격 탐색: 재현의 교육 대 생성의 교육을 중심으로. 아시아교육연구, 13(1), 187-213.

김정호(2016). 마음챙김 명상 매뉴얼. 서울: 솔과학.

김진아(2008). 보육종사자가 지각한 보육시설의 조직문화와 조직효과성. 동덕여자대학교 대학원 박사학위논문.

김진아, 이종희(2008). 보육종사자가 지각한 보육시설의 조직문화. 한국영유아보육학, 55, 119-149.

김현미, 권귀염(2016). 돌봄과 유아 교사 전문성. 아동교육, 25(3), 135-156.

김현주(2004). 사립유치원 교사 문화의 특질: 어느 사립유치원 교사들의 이야기. 중앙대학교 대학원 박사학위논문.

심혜진, 손유진(2016). 언어네트워크 분석을 통한 부모의 유아교사 역할 및 자질에 대한 인식 연구. 유아교육연구, 36(4), 313-334.

김호, 곽혜숙, 김수옥, 노현애, 이성희, 정효진, 최윤미(2019). 매일 놀이해도 괜찮아! - 놀이로 행복한 여섯 교실 이야기. 경기: 공동체.

김호현, 장희선(2017), 영유아교사의 영유아 권리침해 인식의 모호성과 그 근거에 관한 혼합연구. 유아교육학논집, 21(2), 169-194.

나귀옥, 곽정인(2013). 자연적 공간의 자유놀이에 나타난 창조와 변형. 미래유아교육학회지, 20(3), 249-280.

나은경(2016). 한국 유아교육의 공교육 형성에 관한 교육역사사회학적 탐색. 부산대학교 대학원 박사학위논문.

나은경, 오경희(2016). 유보통합을 위한 유아교육진흥법 재조명: 역사사회학적 접근으로. 미래유아학회지, 23(1).

나종민, 안창희(2017). 의미연결망 분석을 통한 유아교육 발전 계획의 경향 분석: '유아교육 정책의 성과와 과제' 연구보고서 중심으로. 유아교육연구, 37(3), 411-434.

남궁상운, 이현근, 정태식, 강영기, 손수경(2017). 학교혁신의 길, 아이들에게 묻다. 서울: 살림터.

남명자(2006). 교사 전문성 맥락에서 본 유아교사의 "돌봄" 실천의 의미-장애유아통합 어린이집 사례를 중심으로-. 유아교육학논집, 10(4), 201-232.

남억우 (편). (1996). 교육학대사전. 서울: 교육과학사.

노길영(2000). 경력 유치원 교사를 통해 본 교사 발달의 제요인 및 유형. 이화여자대학교 대학원 석사학위논문.

노명희, 윤은종, 이상미(2014). 유아교육개론. 서울: 동문사.

노상충(2013). 일터영성이 조직효과성에 미치는 영향: 리더십에 대한 매개효과 및 조직문화의 조절효과를 중심으로. 성균관대학교 대학원 박사학위논문.

류태호(2000). 체육교사의 직업정체성 형성에 관한 생애사적 연구. 서울대학교 대학원 박사학위논문.

문성원(2008). 생산하는 욕망과 욕망의 딜레마. 코기토, 64, 63-86.

문혁준, 김경회, 김영심, 김혜연, 배지희, 서소정, 안효진, 이경열, 이미정, 이희경, 조혜정(2014). 유아교사론. 서울: 창지사.

박미영, 오율자(2009). 니체의 '힘에의 의지'와 관련한 무용의 예술적 충동. 움직임의 철학. 한국체육철학회지, 17(2), 325-338.

박봉환(2017). 유아교사의 이직의도에 관한 인식유형 연구-Q 방법론적 접근. 대구한의대학교 대학원 박사학위논문.

박봉환, 남미경(2017). 유아교사의 이직의도에 대한 Q 방법론적 분석. 한국보육지원학회지, 13(3), 57-83.

박비송(2020). 교육과정에 나타난 유아교사의 이미지에 대한 비판적 담론 분석: 호주, 뉴질랜드, 한국을 중심으로. 부산대학교 대학원 석사학위논문.

박성철, 송병준, 조진일(2016). 한국과 일본 유치원의 공간구성 실태 비교. 한국교육·녹색환경연구원학술지, 15(1), 19-29.

박성태(2011). 사회 갈등적 공공이슈에 대한 언론의 보도태도연구: 정권교체기 보수와 진보언론의 교육정책 관련 보도태도 분석. 한국공공관리학보, 25(3), 97-118.

박은혜(2013). 유아교사론. 서울: 창지사.

박은혜, 이미정(2011). 취학전 교육담당 교사의 양성과 임용에 대한 정치학적 접근. 한국교육정치학회 학술대회논문집. 2011(1), 44-72.

박은혜, 이성희(2010). 유치원 교사의 정체성에 영향을 주는 정서경험 탐색. 유아교육보육행정연구, 14(1), 167-188.

박창현(2017). 누리과정 정책 수요에 대한 빅데이터 분석: 워드 클라우드와 의미망 분석을 중심으로. 유아교육연구, 37(3), 73-91.

박창현, 양미선, 조혜주(2016). 누리과정 질 제고를 위한 운영 다양화 방안. 육아정책연구소 연구보고 2016-25.

박창현, 이민희, 이경화(2017). 국가수준의 유아교육과정 성격에 부응하는 누리과정 운영 개선 방안. 육아정책연구소 연구보고 2017-18.

박휴용(2019). 포스트휴머니즘과 교육의 미래. 전북: 전북대학교출판문화원.

반미령, 이경화(2018). 초록반 아이들의 놀이-되기: 나무동산에서 펼쳐지는 놀이의 의미 해석. 열린유아교육연구, 23(3), 283-303.

배지현(2012). Deleuze 철학에서의 '배움'의 의미 탐색. 영남대학교 대학원 박사학위논문.

백승관(2003). 교사의 발달과정에 관한 탐색모형. 교육행정학연구, 21(1), 29-50.

백은주, 조부경(2004). 유치원 교사의 전문성 발달 수준 자기 평가 도구 개발. 유아교육연구, 24(4), 95-117.

보건복지부(2018). 보육통계. 세종: 보건복지부.

서경혜(2005). 반성과 실천: 교사의 전문성 개발에 대한 소고. 교육과정연구, 23(2), 185-310.

서경혜(2010). 교사공동체의 실천적 지식. 한국교원교육연구, 27(1), 212-148.

서경혜(2013). 교사 학습에 대한 공동체적 접근. 교육과학연구, 44(3), 161-191.

서근원(2005). 교육공동체의 교육인류학적 재해석: 산들초등학교 사례를 중심으로. 교육인류학연구, 8(2), 127-179.

서도식(2008). 공간의 현상학. 철학논총, 54(4), 335-358.

서영숙, 이미화, 임승렬, 조부경(2005). 한국유치원/보육교사 교육의 역사와 미래: 유아교육·보육의 질적 향상과 유아교사의 전문성 제고를 위한 교사교육. 한국유아교육과 보육의 자리매김, 한국유아교육학회 추계학술대회 자료집, pp. 107-130. 서울: 서울여자대학교.

서영채(2013). 인문학 개념정원. 경기: 문학동네.

석은조, 신성철(2008). 유아교사가 지각한 유아교육기관의 조직문화유형에 따른 직무스트레스와 스트레스 대처방안. 미래유아교육학회지, 15(1), 327-347.

손미진, 이연선(2019). 상업실내공간 키즈카페 경험을 통해 본 영아를 양육하는 어머니의 실존적 육아의 의미. 교육혁신연구, 29(1), 139-161.

손봉호, 김해성, 조영제(2001). 교직 윤리관 정립을 위한 기초 연구. 시민교육연구, 33, 191-222.

손영민(2007). 교사의 전문능력 개발을 위한 포트폴리오. 한국교원교육연구, 24(2), 175-198.

손원경(2015). 보육교사 자존감 회복을 위한 고찰. 한국영유아보육학, 94, 45-64.

손주희(2019). 한국어교사 학습공동체 프로그램 개발. 부산대학교 대학원 박사학위논문.

손흥숙(2017). 유보통합정책 형성 과정의 비판적 담론분석. 유아교육학논총, 21(5), 399-419.

송미선, 김동춘(2005). 유치원 교사의 갈등관리 유형과 조직효과성의 관계. 유아교육연구, 25(5), 55-75.

송순재, 고병헌, 황덕명(2002). 영혼의 성장과 자유를 위한 교사론. 인천: 내일을 여는 책.

신현석(2004). 교육공동체의 형성과 발전: 동·서양 공동체론으로부터의 시사. 교육행정학연구, 22(1), 135-156.

심은주(2016). 쿠레레적 접근의 교사공동체를 통해 본 유아교사의 삶의 의미와 일터영성의 변화. 부경대학교 대학원 박사학위논문.

심은주, 이경화(2012). 교육학 분야 영성연구의 동향과 과제: 2000년부터 2011년까지 발표된 국내논문을 중심으로. 열린교육연구, 20(4), 137-158.

심은주, 이경화(2015). 쿠레레를 통해 본 두 명의 사립유치원 교사의 삶. 한국교육교육연구, 32(3), 327-355.

심은주, 이경화(2016). 쿠레레적 접근의 교사공동체를 통해 본 유아교사의 일터영성의 변화: 다섯 교사의 이야기. 열린유아교육연구, 21(3), 337-364.

안경식(2000). 한국전통 아동교육사상. 서울: 학지사.

안혜림, 강승지, 이연선(2019). 23년차 보육교사의 이야기: 살아내기에서 살아가기로. 아동과 권리, 23(3), 521-551.

양다경, 이연승(2012). 교권에 대한 유치원과 초등학교 교사의 인식 비교. 어린이미디어연구, 11(1), 25-51.

양세희(2016). 집단 구성원의 감성지능, 커뮤니케이션, 신뢰, 집단 창의성 간의 구조적 관계. HRD연구, 18(2), 101-129.

양옥승(2004). 보살핌의 텍스트로서 유아교육과정 이해. 유아교육연구, 24(4), 247-262.

양옥승, 손복용(2008). 보살핌 텍스트로서 유아교육과정 이해(II): 다문화주의와 생태주의의 적용. 사회과학연구, 14, 75-90.

연희정, 이연선(2016). 은유분석을 통한 영유아부모의 CCTV에 대한 인식고찰. 교육혁신연구, 26(2), 179-199.

염지숙(2005). 유아교육현장에서 돌봄의 실천과 한계. 유아교육연구, 25(5), 147-171.

염지숙, 방유선(2013). 영유아교사의 직업의식과 윤리: 포스터모던 윤리를 중심으로. 유아교육학논집, 17(5), 229-249.

염지숙, 오채선(2010). 희망분교 나비반 유아들의 '돌봄' 이야기. 유아교육연구, 30(2), 381-403.

염지숙, 이명순, 조형숙, 김현주(2014). 유아교사론. 경기: 정민사.

염지숙, 이영애(2015). 경력 유아교사의 대학원 과정 경험: 이상과 현실의 간극 좁히기. 유아교육연구, 35(3), 81-99.

오한별, 이대균(2016). 사립유치원 주임교사로 살아가는 이야기. 어린이문학교육연구, 17(2), 301-332.

우정순, 김영옥, 차승환, 배진희, 김란옥, 김정실(2017). 보육교사론. 서울: 태영출판사.

위미숙(2005). 교원의 권리와 의무에 관한 분석적 연구. 교육행정학연구, 23(1), 209-237.

유구종, 조희정(2013). 영유아교육개론. 경기: 공동체.

유영의, 이미선, 송미정, 장은정(2018). Borich 공식을 통해 살펴 본 유아의 놀이권리에 대한 교사의 중요도와 실행도에 대한 인식. 학습자중심교과교육연구, 18(15), 131-156.

유주연, 이승연(2015). 영아교사들이 경험하는 전문적 정체성의 혼란과 극복의 힘. 한국교원교육연구, 32(2), 257-288.

유한나, 엄정애(2014). 교사의 놀이 개입에 대한 유아의 생각과 기대. 한국교원교육연구, 31(2), 255-284.

육아정책연구소(2016). 어린이집 CCTV 의무화 이후, 실효성 제고를 위한 과제들. 육아정책 Brief(2016. 5. 10). 서울: 육아정책연구소.

윤성희(2015). 만 5세 유아의 그림으로 본 유치원과 초등학교 이미지. 부산교육대학교 교육대학원 석사학위논문.

이가형, 성선아(2015). '돌봄'의 관점에서 유아교사 삶의 특성. 한국교원교육연구, 32(4), 307-316.

이경란, 이경화(2015). 초록유치원의 교사학습공동체 이야기: 유아의 몸에 대한 교사의 인식과 교육 실천의 변화. 생태유아교육연구, 14(4), 253-277.

이경하, 석은조(2010). 예비교사와 현직교사가 생각하는 좋은 유아교사의 자질. 열린유아교육연구, 15(5), 167-187.

이경화(2013). 유아교사의 일 플로우와 역할갈등요인의 관계. 직업교육연구, 32(2), 25-44.

이경화(2014). 국가수준 영유아교육기관평가의 평가지표에 대한 비판적 탐색. 한국교육, 41(2), 107-137.

이경화(2016a). 메타포를 통해 본 유아교사의 '교육과정'에 대한 실천적 지식의 한계. 한국보육지원학회지, 12(4), 131-149.

이경화(2016b). 3-5세 누리과정의 한계와 유아교육자의 과제. 생태유아교육연구, 15(4), 1-23.

이경화(2018). 영유아기관 평가의 현실과 개선 방향 탐색. 생태유아교육연구, 17(1), 49-73.

이경화(2019). 「2019 개정 누리과정」의 성격과 그 실천을 위한 유아교사의 역량 탐색. 어린이교육비평, 9(2), 7-33.

이경화, 김동춘, 김정연, 조화연, 전선옥, 이연규, 이문정(2013). 유아교육개론. 경기: 양서원.

이경화, 김정숙(2016). 예비유아교사를 위한 교육봉사활동의 현황과 인식. 아동교육, 25(3), 293-310.

이경화, 김정원(2014). 유아교육기관 운영관리. 경기: 공동체.

이경화, 손유진(2014). 유아교사들이 인식한 '가르침의 순간'의 의미 분석. 유아교육연구, 34(3), 175-196.

이경화, 심은주(2013). 유아교사의 영성과 직무만족 및 직장 내 사회적 지지에 대한 인식 간의 관계. 열린유아교육연구, 18(3), 179-199.

이경화, 주미정, 이희영(2011). 유치원 교사가 지각하는 교사효능감과 사회적 지지가 교사의 소진에 미치는 영향. 직업교육연구, 30(1), 157-172.

이기숙, 장영희, 정미라, 엄정애(2014). 유아교육개론. 경기: 양서원.

이미경, 배지현(2016). 자기성찰과정에서 나타난 햇빛어린이집 교사의 정체성 탐색. 열린유아교육연구, 21(3), 281-313.

이미나, 김민정, 김세경, 이영은, 정미라(2016). 유·초등교사의 전문성 증진 프로그램 효과에 관한 메타분석. 한국교원교육연구, 33(2), 367-393.

이미미(2012). 교사의 지식, 왜 중요한가? 역사 교사양성과 재교육에 있어서의 지식 문제 고찰. 역사교육연구, 16, 205-240.

이민지(2018). 온라인 육아커뮤니티 속 유아교육기관 CCTV에 관한 비판적 담론분석. 부산대학교 대학원 석사학위논문.

이부미(2000). '공동육아' 문화의 교육적 해석. 유아교육학논집, 4(1), 131–150.

이분려(1998). 유치원 조직풍토와 직무만족 및 교사 효능감의 관계. 이화여자대학교 대학원 석사학위논문.

이석렬(1997). 학교조직문화, 교장의 수업지도성, 교사의 전문적 수용권과의 관계. 충북대학교 대학원 박사학위논문.

이소희(2009). Merleau–Ponty와 푸코의 신체론 비교–선험적 주체와 자연주의적 신체를 넘어서. 철학연구, 37, 111–139.

이수련(2013). 유아교사의 전문성 인식과 교사–유아 상호작용 관계 분석. 어린이미디어연구, 12(1), 221–239.

이수영, 김주연, 안진근(2012). 생태 유아교육을 위한 공간 구성요소에 관한 연구–발도르프의 이론적 배경을 중심으로. 한국공간디자인학회 논문집, 7(3), 17–27.

이연선(2006). 교사–유아 간 교실 담론 분석. 열린유아교육연구, 11(3), 23–45.

이연선(2013). 급변하는 사회와 교육 생태계 (이찬승, 허경철, 조난심, 이연선, 이승엽, 김태균 공저, 한국 공교육 미래방향 제안, pp. 10–61). 서울: 교육을 바꾸는 사람들 부설 21세기교육연구소.

이연선(2019). 놀이하는 아이들의 유능한 뇌. 교육을 바꾸는 사람들 공교육 희망 칼럼. http://www.21erick.org/bbs/board.php?bo_table=11_5&wr_id=101064.

이연선(2020). 누리과정 시행이후 유아교육정책변화에 대한 교육–역사사회학적 탐색(출판 예정).

이연선, 연희정, 손하린(2016). 어린이집 CCTV 설치에 대한 언론의 보도경향 분석: 10대 주요 신문을 중심으로. 유아교육연구, 36(5), 467–489.

이연선, 정혜영(2018). 회절과 회절분석으로 예비유아교사교육을 실험하기. 교육인류학연구, 21(1), 193–224.

이영미(2014). 팀티칭 상황에서 유치원 초임 부담임 교사들이 인식한 어려움 탐색. 한국보육학회지, 14(3), 207–227.

이영석, 이세나(2004). 유아교사의 전문성 개발을 위한 소고: 반성적 사고를 중심으로. 미래유아교육학회지, 11(4), 229–254.

이오덕(2005). 내가 무슨 선생 노릇을 했다고. 서울: 삼인.

이옥, 김은설, 신나리, 문무경, 최혜선(2006). 육아정책의 효율성 제고를 위한 유아교육·보육의 협력과 통합방안. 서울: 육아정책개발센터.

이윤미(2010). 직장보육시설의 조직문화 탐색. 중앙대학교 대학원 박사학위논문.

이윤진(2007). 일제 식민지 시기 서구 유아교육학 수용 주체와 성격: 아동심리학을 중심
　　으로. 한국교육사학, 29(2), 119-142.

이은경(2013). 유아교육개론. 서울: 동문사.

이은영(2012). '성찰적 전환'을 통한 미술교사의 정체성 형성. 미술교육연구논총, 31, 23-
　　46.

이은화, 배소연, 조부경(1995). 유아교사론. 경기: 양서원.

이재용, 이종연(2015). 초등교사의 자기성찰에 대한 체험분석. 교원교육, 31(2), 219-241.

이정금(2017). 교사의 상상력을 통한 유아교육과정 재구성 과정 연구. 부산대학교 대학원
　　박사학위논문.

이정금, 김성숙(2017). 유아교실에서 교사 상상력에 관한 경력유아교사들의 이해. 유아교
　　육학논집, 21(1), 35-62.

이종근(2015). 교사의 교육활동보호를 위한 법제적 방안에 관한 연구. 법학논고, 49, 893-
　　914.

이주한(2012). Dewey의 반성적 사고 개념에서 본 반성적 교사의 특질. 한국초등교육,
　　23(2), 17-34.

이진화, 유준호(2006). 교수-학습의 실제에서 유아교사가 인식하는 전문가로서의 교사
　　도덕성. 아동교육, 16(1), 89-102.

이혁규(2007). 수업 비평의 개념과 위상. 교육인류학연구, 13(1), 69-94.

이현재(2012). 다양한 공간 개념과 공간 읽기의 가능성-절대적, 상대적, 관계적 공간개념
　　을 중심으로-. 시대와 철학, 23(4), 221-248.

이효원, 조희숙(2016). 유아들이 경험하는 바깥놀이터의 의미. 열린유아교육연구, 21(4),
　　374-400.

임병철(2011). 15세기 피렌체의 아동의 삶과 아동 보호의 역설. 이화사학연구, 43, 333-
　　365.

임부연(2005). 포스트모던 유아교육과정의 미학적 탐색: 해체를 넘어 생성을 위하여. 교육
　　과정연구, 23(4), 207-230.

임부연(2017). 미래사회 준비를 위한 '놀이'중심 국가수준 유아교육과정 개정방향 모색.
　　교육혁신연구, 27(4), 59-78.

임부연, 김성숙, 송진영(2014). 유아교사론. 경기: 양서원.

임부연, 양혜련, 송진영(2012). 유아가 경험하는 교실 공간의 의미. 열린유아교육연구,
　　17(4), 249-272.

임부연, 오정희, 최남정(2008). 비구조적인 자유놀이 시간에 유아들이 보여 주는 '진짜 재
　　미있는 놀이'에 대한 현상학적 연구. 유아교육연구, 28(1), 185-209.

임부연, 이정금(2013). 교육공간으로서 유아들이 경험하는 '숲'의 의미. 유아교육학논집, 17(5), 187-208.

임부연, 최남정, 양혜련(2016). 유아교과교육론. 경기: 공동체.

임수정, 이일랑, 이대균(2013). CCTV와 함께 생활하는 유아교사 이야기. 어린이문학교육연구, 14(3), 433-453.

임승렬(2007). 교원의 권리와 의무에 관한 유치원 교원의 인식 수준에 관한 연구. 열린유아교육연구, 12(3), 1-18.

임승렬, 김연미, 이은정(2014). 영유아를 교사를 위한 보육교사론. 서울: 파워북.

임승렬, 정미라, 김연미(2015). 어린이집 경력교사들의 수업계획 과정 들여다보기. 어린이미디어연구, 14(2), 73-104.

장정희(2016). 대한제국기 아동 독물의 탄생과 아동관의 다변화 양상. 아동청소년문학연구, 18, 67-91.

전가일(2010). 관객없는 지휘의 자유: 유아의 혼자놀이 체험에 관한 현상학적 연구. 교육인류학연구, 13(2), 115-146.

전선영(2013). 보육교사의 이직의도에 영향을 주는 관련 변인 연구. 가천대학교 교육대학원 석사학위논문.

정경수(2016). 유아교육과정 실행에서 유아의 몸 읽기: 해석학적 현상학 접근. 부산대학교 대학원 박사학위논문.

정계숙, 윤갑정, 견주연, 차지량, 박희경(2016). 유아교육의 건강성 회복을 위한 따뜻한 유아교육공동체의 모습과 실천과제. 유아교육연구, 36(1), 153-182.

정계숙, 최은아(2019). 어린이집 CCTV에 대한 보육교사의 인식. 한국영유아보육학, 116, 91-122.

정낙림(2016). 놀이와 형이상학-니체, 하이데거, 핑크의 놀이 사유. 니체연구, 29, 7-47.

정선아(2016). '어린이는 놀이로 세상을 배운다'에 대한 비판적 성찰: "세계-내-존재"와 "세계-의-존재" 관점에서. 어린이교육비평, 6(1), 5-21.

정순경(2016). 유아교육자의 삶과 정체성의 변화에 관한 자문화기술지. 열린유아교육연구, 21(6), 155-184.

정순경(2018). 공립유치원 고경력 교사의 삶과 정체성에 관한 내러티브 탐구. 신라대학교 대학원 박사학위논문.

정순경, 손원경(2016). 교사의 정체성 형성요소와 형성과정에 관한 질적 메타분석. 열린부모교육연구, 8(3), 181-202.

정유경(2014). 한국 초등학교 수학수업에서 발현되는 교사 지식의 분석글 탐색. 한국교원대학교 대학원 초등수학교육 전공.

정은경(2017). 유아교사의 소진과 활력에 관한 질적 연구. 육아지원연구, 12(2), 83-103.

정진성, 최남정, 임부연(2013). 유아교육현장에서의 이야기 나누기 시간의 의미 찾기. 교사교육연구, 52(3), 559-574.

정현숙(2002). 유아교사의 자아상 유형에 관한 연구. 건국대학교 대학원 박사학위논문.

정현주, 전영국(2014). 초상화법으로 탐구한 중학교 교사의 정체성 및 비전에 관한 인물사례. 교사교육연구, 53(1), 127-142.

정혜영, 이경화(2014). 사립유치원 교사의 이직 의도에 미치는 사회적 지지와 우울 및 소진의 영향. 유아교육학논집, 19(3), 159-181.

정혜정(2013). 초등 사회과 교사 정체성에 관한 연구. 한국교원대학교 대학원 박사학위논문.

조건덕(2008). 유아교육의 공교육화를 위한 교육비 결정요인 분석. 한국열린유아교육학회 학술대회 발표논문집, 535-551.

조동섭(2005). 교사의 전문성 제고를 위한 정책 방향과 과제. 한국교원교육학회 학술대회 자료집, pp. 3-17. 서울: 사학연금회관.

조벽(2008). 교수계의 마이클 조던! 조벽. (EBS 〈최고의 교수〉 제작팀 저, 최고의 교수, pp, 55-87). 서울: 예담.

조부경, 고영미(2006). 유치원 교사의 학습공동체 참여양상. 유아교육연구, 26(1), 69-100.

조부경, 김경은(2017). 교육 보육과정으로서 누리과정의 성과와 내실화 방안. 유아교육연구, 19(3), 1-22.

조부경, 백은주, 서소영(2001). 유아교사의 발달을 돕는 장학. 경기: 양서원.

조용개(2009). 교수 전문성 향상과 수업 성찰을 위한 티칭 포트폴리오 개발 및 실제. 위덕대학교 교수학습지원센터 교수법 특강 강의자료(2009. 12. 7.).

조용환(2014). 차라투스트라는 이렇게 수업했다: 교육인류학의 눈으로. 교육인류학연구, 17(4), 35-74.

조운주(2007). 유아교사와 유아가 인식한 유아교사의 이미지 이해. 유아교육연구, 27(3), 315-336.

조형숙(2009). 유아교사의 교직윤리관련 딜레마에 나타난 갈등 요인. 유아교육학논집, 13(2), 243-276.

조형숙, 김현주(2005). 유아교사를 위한 집단 멘토링의 의미 탐색. 미래유아교육학회지, 12(1), 227-263.

조형숙, 박수미(2009). 멘토링을 통한 유아교사의 음악 교수 실제 변화와 멘토의 역할 탐색. 유아교육학논집, 13(2), 161-191.

조형숙, 박은주(2009). 유치원 교사가 경험한 윤리적 딜레마 분석. 유아교육연구, 29(3),

73-101.

차주경, 이경화(2011). 사립유치원교사들의 이직 이야기. 직업교육연구, 30(3), 405-426.

채영문, 이성주(2019). 초임 영유아 교사의 교직생활 어려움과 지원요구. 학습자중심교과교
육연구, 19(18), 1051-1071.

채혜경(2019). 유아교사의 대인관계 의미 탐색. 교육혁신연구, 29(1), 467-490.

최고은(2017). 유아가 유아교육기관에서 경험하는 행복의 의미 분석. 부경대학교 교육대
학원 석사학위논문.

최남정(2013). 유아교사 학습공동체에 관한 연구: 심미교육을 중심으로. 부산대학교 대학
원 박사학위논문.

최남정, 오정희(2010). 유아교실에서 발생하는 몰입과 미적 경험: 자유선택활동시간을 중
심으로, 유아교육연구, 30(1), 173-196.

최명희(2016). 영유아교사를 위한 인성지침서 교사다움. 경기: 공동체.

최문기(2007). 교직윤리의 이론적 토대와 통합적 접근. 윤리교육연구, 12, 179-200.

최미미, 서영숙(2013). 보육교사가 인식하는 동료교사와의 갈등 원인 및 대응에 관한 연
구. 한국보육지원학회지, 9(1), 221-239.

최성운(2014). 유아수학교육 학습공동체 참여를 통한 유아교사들의 실천적 지식의 변화.
덕성여자대학교 대학원 석사학위논문.

최승현(2017). 들뢰즈의 배움론이 교사교육에 주는 시사점. 교육철학연구, 39(2), 193-209.

최지영(2014). 유아교육론. 서울: 동문사.

최혜영, 조성연, 권연희(2014). 보육교사의 이직의도에 대한 조직문화와 직무만족도의 영
향, Family and Environment Research, 52(4), 405-414.

최효영(2009). 영아반 교사들의 학습공동체 참여의 경험과 그 의미. 배제대학교 대학원
박사학위논문.

최희주(2011). 유치원 교사의 갈등관리유형과 직무스트레스가 직무만족도에 미치는 영
향. 한양대학교 교육대학원 석사학위논문.

편해문(2015). 놀이터, 위험해야 안전하다. 경기: 소나무.

하지수, 염지숙(2019). 사립유치원 교사의 퇴직과 복직 경험. 열린교육연구, 27(2), 121-
146.

한국교육개발원(2016). 교육통계서비스. 서울: 한국교육개발원.

한솔어린이보육재단(2018). 기록작업을 통해 다시 만난 어린이. 서울: 어가.

한수란, 황해익(2007). 유아교사의 반성적 사고 경험을 통한 교수행동의 변화. 열린유아교
육연구, 12(2), 161-183.

한영란, 정영수(2004). 영성교육의 교육적 의미. 한국교육학연구, 10(1), 5-18.

허미경(2014). 유아교사의 윤리적 딜레마 해결력 증진 프로그램 개발 및 적용. 덕성여자 대학교 대학원 박사학위논문.

허영주(2011). 교사 상상력의 교육과정적 함의. 교육과정연구, 29(1), 137-163.

허영주(2016). 하브루타 활용 수업이 개인 및 집단창의성에 미치는 영향. 교양교육연구, 10(3), 73-106.

홍영숙(2013). 한국초등학교에 비원어민 영어교사로 살아가기: 교사 정체성 형성을 중심 으로. 영어어문교육, 19(4), 427-453.

홍희주(2013). 유치원 교사의 수학 교과교육학지식 수준에 따른 수학교수효능감 차이. 어 린이문학교육연구, 14(2), 349-363.

황은지(2007). 유치원교사의 이직의도에 관한 분석연구. 동아대학교 대학원 석사학위논문.

Ainsworth, M. D. S., Bell, S. M., & Stayton, D. (1971). Individual differences in strange situation behavior of one-year-olds. In H. R. Schaffer (Ed.), *The origins of human social relations* (pp. 17-57). London: Academic Press.

Althusser, L. (1984). *Essays on ideology*. London: Verso.

Apple, M. (2014). 교육은 사회를 바꿀 수 있을까? (강희룡, 김선우, 박원순, 이형빈 공역, *Can education change society?*). 서울: 살림터. (원저 2012 출판).

Ariés, P. (2003). 아동의 탄생 (문지영 역, *L'enfant et la vie familiale sous l'ancien rgim*). 서울: 새물결. (원저 1973 출판).

Barrett, H. (2000). Create your own electronic portfolio: Using off-the-shelf software to showcase your own or student work. *Learning and Leading with Technology, 27*(7), 14-21.

Biesta, G. (2010). Five theses on complexity reduction and its politics. In O. Deborah, & B. Gert (Eds.), *Complexity theory and the politics of education* (pp. 5-13). Boston: Sense Publishers.

Brach, T. (2013). 자기돌봄: 멈추고 살피고 보듬고 껴안다. (이재석 역, *Meditation and psychotheraphy*). 서울: 생각정원. (원저 2011 출판).

Braidotti, R. (2013). *The posthuman*. Cambridge, UK: Polity Press.

Buber, M. (1979). 사람과 사람 사이 (남정길 역, *Between man and man*). 서울: 전망사. (원 저 1947 출판).

Burke, K., Fogarty, R., & Belgrad, S. (1994). *The mindful school: The portfolio connection*. Thousand Oaks, CA: Corwin.

Burke, P. J., Christensen, J. C., & Fessler, R. (1984). *Teacher career stages: Implications for staff development*. Bloomington, IN: Phi Delta Kappa Educational Foundation.

Cannella, G. S. (2002). 유아교육이론 해체하기: 비판적 접근 (유혜령 역, *Deconstruction early childhood education: Social justice and revolution*). 서울: 창지사. (원저 1997 출판).

Dahlberg, G., Moss, P., & Pence, A. (2016). 포스트모던 유아교육: 새로운 이해와 실천을 열어가기: 평가의 언어 (김희연, 신옥순, 임지숙, 유혜령, 정선아 공역, *Beyond quality in early childhood education and care: Languages of evaluation*). 서울: 창지사. (원저 2013 출판).

Davies, B. (2017). 어린이에게 귀 기울이기: '이기'와 '되기' (변윤희, 유혜령, 유은주, 이경화, 이연선, 임부연 공역, *Listening to children: Being and becoming*). 서울: 창지사. (원저 2014 출판).

Davis, B., Sumara, D., & Luce-Kapler, R. (2017). 마음과 학습: 교육학의 복잡계적 접근 (한숭희, 양은아 역, *Engaging minds: Learning and Teaching in a Complex world*). 경기: 교육과학사. (원저 2008 출판).

Day, C. (2004). *A passion for teaching*. London and New York: Routledge Falmer.

Deleuze, G., & Guattari, F. (1994). *What is philosophy?* (trans. G. Burchell, & H. Tomlinson). London: Verso.

Deleuze, G., & Guattari, F. (2001). 천개의 고원: 자본주의와 분열증2 (김재인 역, *Mille Plateaux: capitalisme et schizophrénie 2*). 서울: 새물결. (원저 1980 출판).

Dewey, J. (2004). 아동과 교육과정: 경험과 교육 (박철홍 역, *The Child and the curriculum: Experience and education*). 서울: 문음사. (원저 1902/1938 출판).

Easterbrooks, M., & Biringen, Z. (2005). The emotional availability scales: Methodological refinements of the construct and clinical implications related to gender and at-risk interaction. *Infant Mental Health Journal, 26*(4), 291–294.

Eisner, E. W. (1983). 교육적 상상력 (이해명 역, *The educational imagination: On the design and evaluation of school programs*). New York: Macmillan Pub Co. (원저 1979 출판).

Ellis, J. R., & Others. (1982). *Differences in professional role performance difficulties reported by first year male and female public school teachers*(ERIC Document Reproduction Service No. ED 229–327).

Fairclough, N. (1992a). *Critical discourse analysis: The critical study of languages*. Essex, UK: Longman.

Fairclough, N. (1992b). *Discourse and social change*. Cambridge, UK: Polity Press.

Fairclough, N. (2011). 언어와 권력 (김지홍 역, *Language and power*). 서울: 경진. (원저 1989 출판).

Fernandez, C. (2014). Knowledge base for teaching and Pedagogical Content Knowledge(PCK): Some useful models and implications for teachers' training. *Problems of Education in the 21st Centry, 60*: 79–89.

Fletcher, S. (2000). *Mentoring in schools: A handbook of good practice*. London: Routledge Falmer.

Foucault, M. (1980). *Power/knowledge: Selected interviews and other writings, 1972–1977*. New York, NY: Vintage.

Foucault, M. (1981). The order of discourse. In R. Young (Ed.), *Untying the text: A postructuralist reader* (pp. 48–78). Boston, MA: Routledge.

Foucault, M. (2003). 감시와 처벌: 감옥의 역사 (오생근 역, *Surveiller et punir: naissance de la prison*). 경기: 나남. (원저 1975 출판).

Freire, P. (2000). 프레이리의 교사론 – 기꺼이 가르치려는 이들에게 보내는 편지 (교육문화연구회 역, *Teachers as cultural workers: Letters to those who dare teach*). 서울: 아침이슬. (원저 1998 출판).

Freire, P. (2002). 페다고지 (남경태 역, *Pedagogy of the oppressed*). 서울: 그린비. (원저 1970 출판).

Friedrich, C. J. (1963). *The philosophy of law in historical perspective*. Chicago: University of Chicago.

Fullan, M., & Hargreaves, A. (2006). 학교를 개선하는 교사 (최의창 역, *What's worth fighting for in your school*). 서울: 도서출판 무지개사. (원저 1996 출판).

Fuller, F. F. (1969). Concerns of teachers: A development conceptualization. *American Educational Research Journal, 6*, 207–226.

Fuller, F. F., & Brown, O. H. (1975). Becoming a teacher. In K. Ryan (Ed.), *Teacher Education* (pp. 25–52). Chicago, IL: University of Chicago Press.

Gatto, J. T. (2016). 바보 만들기 (김기협 역, *Dumbing us down*). 서울: 민들레. (원저 2002 출판).

Greene, M. (2017). 블루 기타 변주곡. (문승호 역, *Variation on a Blue Gruitar*). 서울: 커뮤니케이션북스. (원저 2001 출판).

Hamacheck, D. (1999). Effective teachers: What they do, how they do it, and the importance of self-knowledge. In R. P. Lipka, & T. M. Brinthaupt (Eds.), *The role of self in teacher development* (pp. 189–224). Albany, NY.: State University of

New York Press.

Herlihy, D., & Klapisch-Zuber, C. (1985). *Tuscans and their families: A study of the Florentine catasto of 1427*. New Haven: Yale University Press.

Howes, C., & Smith, E. W. (1995). Relations among child care quality, teacher behavior, children's play activities, emotional security, and cognitive activity in child care. *Early Childhood Research Quarterly, 10*(4), 381−404.

Hyun, E. (2007). 유아교육과정의 재개념화와 실천 (손유진, 김남희, 남미경, 정혜영, 이경화, 손원경 역, *Teachable moments*). 경기: 서현사. (원저 2006 출판).

Jukes, I., McCain, T., & Crockett, L. (2010). *Understanding the digital generation: Teaching and learning in the new digital landscape*. Kelona, BC: 21st Century Fluency Project.

Katz, L. G. (1972). Developmental stages of preschool teachers. *The Elementary School Journal, 73*(1), 50−54.

Kelly, F. D., McCain, T., & Jukes, I. (2009). *Teaching the digital generation: No more Cookie-cutter high schools*. Los Angeles, CA: Corwin Press.

Kincheloe, J., Slattery, P., & Steinberg, S. (2000). *Contextualizing teaching*. NY: Longman.

Koehler, M. J., & Mishra, P. (2012). http://matt-koehler.com/tpack2/tpack-explained. (2019. 12. 3. 인출).

Latour, B. (1999). *Pandora' hope: Essays on the reality of science studies*. Cambridge, MA: Harvard University Press.

Leavitt, R. N. (2014). 어린이집에서의 권력과 정서 (양옥승, 신은미 공역, *Power and emotion in infant-toddler day care*). 서울: 학지사. (원저 1994 출판).

Lee, Y. (2013). Critical discourse analysis of multicultural education policies and their local implementation in Korea. Unpublished doctoral dissertation. New York, NY: Columbia University.

Mishra, P., & Koehler, M. J. (2006). Technological Pedagogical Content Knowledge: A Framework for Teacher Knowledge. *Teachers College Record, 108*, 6, 1017−1054.

Mitchell, B. M., & Salsbury, R. E. (1996). *Multicultural Education: An international guide to research, policies, and programs*. New York: Greenwood Publishing Group.

Munk, C. (2016). 행복을 찾아가는 자기돌봄: 삶이 고단하고 불안한 이들을 위한 철학 읽기. (박규호 역, *Philosofy your Life*). 서울: 더좋은책. (원저 2014 출판).

Newcombe, E. (1988). *Mentoring programs for new teachers*. Philadephia, PA:

Research for Better Schools.

Noddings, N. (2002). *Educating moral people: A caring alternative to character education*. New York: Teachers College Press.

Nolan, M. (2007). *Mentor coaching and leadership in early care and education*. New York, NY: Thomas Delmar Learning.

Norton, B. (1997). Language, identity and the ownership of English. *TESOL Quarterly, 31*(3), 409–429.

Olsson, L. (2017). Early Childhood Education in a More-Than Human Era. The 9th International Conference of Korean Society for Early Childhood Education, (Dec. 1).

Olsson, L. M. (2016). 들뢰즈와 가타리를 통해 유아교육 읽기: 운동과 실험 (이연선, 이경화, 손유진, 김영연 공역, *Movement and experimentation in young children's learning: Deleuze and Guattari in early childhood education*). 서울: 살림터. (원저 2009 출판).

Ophir, E., Nass, C., & Wagner, A. D. (2009). Cognitive control in media multitaskers. *PNAS Proceedings of the National Academy of Sciences of the Unites States of America, 106*(37), 15583–15587.

Oplatka, I. (2004). The arrival of a new woman principal and teachers' self-renewal: Reflections from life stories of mid-career teachers. *Planning and Changing, 35*(1 & 2), 55–68.

Palmer, P. J. (2003). Teacher with heart and soul: Reflections on spirituality in teacher education. *Journal of Teacher Education, 54*(5), 376–385.

Palmer, P. J. (2013). 가르칠 수 있는 용기 (이종인, 이은정 공역, *The courage to teach: Exploring the inner landscape of a teachers life*). 서울: 한문화. (원저 1998 출판).

Pinar, W. (2005). 교육과정 이론이란 무엇인가? (김영천 역, *What is curriculum theory?*). 서울: 문음사. (원저 2004 출판).

Popkewitz, T. S. (1994). Professionalization in teaching and teacher education: Some notes on it's history, ideology, and potential. *Teaching and Teacher Education, 10*(1), 1–14.

Prensky, M. (2010). *Teaching digital natives: Partnering for real learning*. Thousand Oaks, CA: Corwin.

Ravitch, D. (2010). *The death and life of the Great American school system: How testing and choice are undermining education*. New York: Basic Books.

Robinson, K. (2015). 아이의 미래를 바꾸는 학교혁명 (정미나 역, *Creative schools*). 경기: 21세기북스. (원저 2015 출판).

Rodgers, C. (2002). Defining reflection: Another look at John Dewey and reflective thinking. *Teachers College Record, 104*(4), 842−866.

Saracho, O. N. (1988). A study of the roles of early childhood teachers. *Early Child Development & Care, 38*, 43−56.

Schickendanz, J. A., York, M. Z., Stewart, I. S., & White, D. A. (1990). *Strategies for teaching young children (3rd Ed.)*. Upper Saddle River, NJ: Prentice-Hall, Inc.

Shin, D. J. (2014). Children in Korea. 한국교육문제연구, 32(1), 181−192.

Shulman, L. S. (1986). Those Who Understand: Knowledge Growth in Teaching. *Educational Researcher, 15*(2), 4−14.

Spodek, B. (1985). *Teaching in the early years* (3rd. ed.). New Jersey: Prentice−Hall, Inc.

Spodek, B., & Saracho, O. N. (1988). Professionalism and the early childhood education. In B. Spodek, O. N. Saracho, & D. L. Peters (Eds.), *Professionalism and the early childhood practitioner*. New York: Teachers College Press.

Spring, J. (2011). *The politics of American education*. New York, NY: Routledge.

Steiner-Khamsi, G., & Quist, H. Q. (2000). The politics of educational borrowing: Reopening the case of Achimota in British Ghana. *Comparative Education Review, 44*(3), 272−299.

Stinnett, T. M., & Huggett, A. J. (1963). *Professional as teachers*. NY: Collier-MacMillan. Co.

Tapscott, D. (1999). Educating the Net generation. *Educational Leadership, 56*(5), 6−11.

van Damme, D. (2017). Are countries ready to invest in early childhood education? http://oecdeducationtoday.blogspot.kr/2017/06/are-countries-ready-to-invest-in-early.html (2017. 12. 16. 인출).

van Manen, M. (2012). 가르친다는 것의 의미 (정광순, 김선영 공역, *The Tone of teaching*). 서울: 학지사. (원저 2002 출판).

Vega, V. (2009, July). Media multitasking: Implications for learning and cognitive development in youth. Paper presented at the Seminar on the Impacts of Media Multitasking on Children's Learning and Development, Palo Alto, CA.

찾아보기

저자 소개

이경화(Lee Kyeonghwa)
부경대학교 유아교육과 교수

손원경(Son Wonkyoung)
신라대학교 유아교육과 교수

남미경(Nam Mikyoung)
대구한의대학교 아동복지학과 교수

정혜영(Jung Hyeyoung)
대동대학교 유아교육과 교수

김남희(Kim Namhee)
강원대학교 유아교육과 교수

손유진(Shon Yoojin)
동의대학교 유아교육과 교수

정혜영(Jung Hyeyoung)
부산대학교 유아교육과 교수

이연선(Lee Younsun)
부산대학교 유아교육과 교수

유아교사론(2판)
유아교사-되기 운동
Movement in Early Childhood Teacher Education
- Becoming-Early Childhood Teacher -

2018년 3월 15일 1판 1쇄 발행
2020년 2월 28일 2판 1쇄 발행

지은이 • 이경화 · 손원경 · 남미경 · 정혜영 · 김남희 · 손유진 · 정혜영 · 이연선
펴낸이 • 김진환
펴낸곳 • (주) **학지사**

04031 서울특별시 마포구 양화로 15길 20 마인드월드빌딩
대표전화 • 02)330-5114   팩스 • 02)324-2345
등록번호 • 제313-2006-000265호

홈페이지 • http://www.hakjisa.co.kr
페이스북 • https://www.facebook.com/hakjisabook

ISBN 978-89-997-2064-2 93370

정가 20,000원

이 도서의 국립중앙도서관 출판시도서목록(CIP)은 서지정보유통지원
시스템 홈페이지(http://seoji.nl.go.kr)와 국가자료공동목록시스템
(http://www.nl.go.kr/kolisnet)에서 이용하실 수 있습니다.
(CIP 제어번호: CIP2020007330)

출판 · 교육 · 미디어기업 **학지사**

간호보건의학출판 **학지사메디컬** www.hakjisamd.co.kr
심리검사연구소 **인싸이트** www.inpsyt.co.kr
학술논문서비스 **뉴논문** www.newnonmun.com
원격교육연수원 **카운피아** www.counpia.com